KB233969

10일 안에 만드는
아이의 집중력

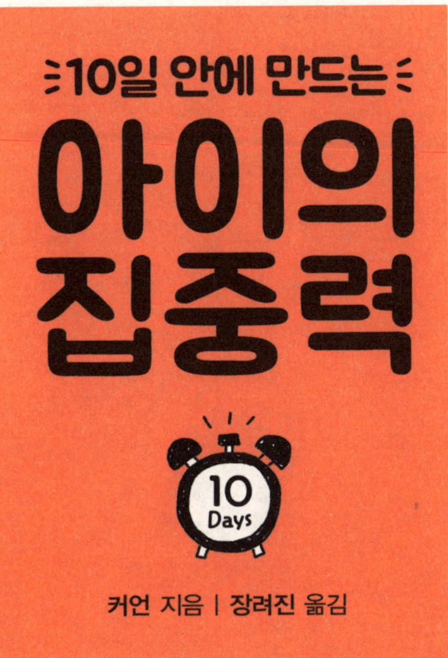

N 넥스웍

훈련을 통한 집중력 향상

교육의 대가 마리아 몬테소리Maria Montessori는 '아이에게 가장 좋은 학습방법은 스스로 공부에 열중하도록 하는 것이다.'라고 말했다. 하버드대학이 세계 일류 대학으로서 그 명성을 유지할 수 있는 이유는 학생들의 연구에 간섭하지 않기 때문이다. 하버드대 학생들과 이야기를 나누어 보면, 자신들이 공부하는 분야에 얼마나 큰 열정을 갖고 집중하는지 느낄 수 있다. 전 세계에서 가장 뛰어난 영재들이 하버드로 가는 이유는 자신의 집중력을 최고로 끌어 올릴 수 있는 환경이 조성되어 있기 때문이다.

하지만 아이들은 천성적으로 놀기 좋아하고, 수업시간에 집중하기 힘들어한다. 진지하게 칠판을 보고 있는 듯하지만 머릿속은 다른 생각으로 가득 차 있는 아이, 수업 시작종이 울리고 10분이 지나도록 공부 모드로 전환하지 못하는 아이, 수업내용에 집중을 못 해

숙제는 더 말할 것도 없는 아이, TV에 정신이 팔리거나 화장실에 들락날락하는 아이, 주변의 작은 소리에도 민감하게 반응하는 아이, 한 가지 일에 20분 이상 관심을 갖지 못하는 아이…….

수많은 학부모가 아이의 집중력 때문에 걱정하면서도 뾰족한 해결 방법을 찾지 못해 고민한다. 하버드대학의 연구결과에 따르면 사람의 집중력은 연령에 따라 점차 강화된다고 한다. 일정한 목적을 가지고 한 사물에 계속 집중하는 시간을 비교해보면, 3세는 3~5분, 4세는 약 10분, 5~6세는 10~15분, 7~8세는 15~20분, 9~10세는 20~25분, 11~12세는 25~35분 정도이며, 성인이 된 후에 30분 이상 계속 집중할 수 있는 것으로 나타났다.

이런 연구결과나 하버드대학의 교육경험에 비추어 보면 아이들의 집중력은 훈련을 통해 키워지며 그 훈련 시기는 빠를수록 좋다.

하버드대학의 심리학자가 아이들의 집중력을 올리는 미니게임을 진행해 보았다. 25개의 빈 칸으로 된 표를 준비하여 1~25까지의 숫자를 무작위로 적은 후 7~8세의 아이들에게 손가락으로 순서대로 가리키며 읽게 하고 그 시간을 기록했다. 처음에는 25까지 다 짚으며 읽는 데 40~42초가 걸렸다. 매일 동일한 게임을 반복하며 일주일이 지나자 25~30초로 단축되었고, 한 달이 지나자 십 초 때까지 시간이 단축되었다. 이를 통해 우리는 제대로 된 방법만 알고 있다면 아이들의 집중력이 훈련 가능하다는 사실을 알 수 있다.

우리를 노력하게 만드는 원동력은 목표다. 아이들 역시 마찬가지다. 따라서 아이에게 분명하고 합리적인 목표를 설정해준다면 훨씬 강력한 성장의 원동력이 되어 자신의 활동에 집중하고 완성하고자 할 것이다. 아이를 세심하게 관찰하는 부모라면 아이가 흥미 없는 물건이나 일에는 쉽게 집중하지 못한다는 사실을 알고 있으리라. 관심이 있을 때 비로소 궁금해하고 알고 싶어하며 자연스럽게 몰두하고 노력한다. 따라서 흥미를 갖는 것부터 시작하여 집중력을 높여가야 한다.

하버드대학의 연구 결과에 따르면 산만하고 정신없는 아이는 어떤 일이든지 쉽게 인내심을 잃고 대충 일을 처리하는 경우가 많다고 한다. 숙제를 하다가도 금방 지루해하고 밖에 나가 놀고 싶어 하거나 무엇인가를 먹고 싶어 한다. 따라서 집중력을 끌어올리려면 먼저 인내심부터 키워주어야 한다.

"다른 아이는 20분이면 충분히 하는 숙제를 우리 아이는 1시간이나 걸린다니까요."라며 아이의 낮은 효율성을 걱정하는 부모도 있다. 학업의 효율성을 높여야만 아이의 집중력도 자연스럽게 상승한다. 또한 경쟁심은 위기감과 긴박함을 더 잘 느끼도록 하여 아이가 공부에 더 집중할 수 있고 그에 따라 효율성도 더 높아진다. 이 외에도 창의적이고 사고력이 뛰어난 아이일수록 탐구하는 과정에 더 큰 만족감을 느끼기 때문에 집중력의 향상으로 이어진다.

따라서 우리 아이의 집중력을 키우고 싶다면 학습과 사고에 더 집중하도록 하자. 아이에게 매일 목표훈련, 흥미훈련, 탐구훈련, 인내심훈련, 집중력훈련, 효율훈련, 경쟁훈련, 사고훈련, 그리고 창의력훈련을 진행하는 한편 부모도 아이의 훈련 과정을 관찰하여 우리아이의 집중력 향상과 성장을 도와야 한다.

DAY
01

목표 훈련

아이가 더 큰 비전을 갖게 해라

우리 아이에게 뚜렷한 목표가 있다면 아마 인생의 결과뿐 아니라 앞으로 아이가 걸어야 할 인생 여정에도 큰 역할을 할 것이다. 목표는 성공으로 이끄는 이정표다. 아이는 그 이정표를 따라 능동적으로 본인에게 주어진 바를 정확하게 인지하고 우선순위를 정하며, 잠재력을 끌어내 자신이 바라는 목적지를 향해 운명의 노를 젓는다. 그렇기에 정확하고 합리적인 목표 설정은 매우 중요하다. 어른들도 눈앞에 많은 일들이 산적해 있으면 주의력이 흐트러지는데 아이는 더욱 그렇다. 하지만 분명하고 확실한 목표가 있다면 자연스럽게 집중력이 올라 모든 일을 이룰 수 있다.

꿈과 목표가 있는 아이가
성공에 더 가까이 간다

몇 년 전, 하버드대학교에서 목표가 인생에 어떠한 영향을 미치는지 연구하기 위해 졸업생 일부를 대상으로 조사를 진행했다.

조사 대상 학생들은 학교를 떠나기 전에 인생의 목표에 대해 응답했다. 그 결과 27%의 학생들은 목표가 없다고 답했고, 60%는 불분명, 10%는 명확한 단기목표가 세우고 있다고 답했다. 남은 3%의 학생만이 뚜렷하고 장기적인 목표를 가지고 있었다.

25년이 지난 후 하버드대학교는 응답했던 학생들을 추적해서 현재 어떤 삶을 사는지 알아보았다. 목표가 없다고 답했던 27%는 일과 삶 모두 성공하지 못했고, 불분명했던 60%는 큰 성과를 이루지 못한 채 재능을 발휘할 기회가 없었다고 아쉬워했다. 명확하지만 비교적 단기목표를 설정했던 10%의 학생들은 상류사회에 진입하여 비교적 윤택한 삶을 누리고 있었지만 목표 외의 것에는 더 노력하지 않아 그들이 성취한 성과는 제한적이었다.

마지막으로 뚜렷하고 장기적 목표를 설정했던 3%의 학생들은 그동안 사람들이 짐작할 수 없는 많은 어려운 일과 부딪혔지만 강한 의지로 극복하고 이겨내어 완벽한 생활을 영위했고, 일적으로도 크게 성공하여 사회의 엘리트로 자리 잡았다.

이 조사결과는 미국의 작가 헨리 데이비드 소로Henry David Thoreau 가 "만약 꿈을 향해 용감하고 자신 있게 나아가고, 그 꿈을 이루기 위해 모든 것을 바친다면 반드시 이룰 수 있다."라고 한 말과 일맥상통한다.

우리 인생이 진짜 그렇지 않은가. 꿈과 목표가 있는 아이는 어디에 있든지, 무슨 일을 하든지, 그것이 공부나 일, 혹은 취미라도 자신의 꿈을 놓지 않는다. 그리고 그 꿈은 아이의 세포 세포마다 싹을 틔워 불굴의 집념으로 포기하지 않고 목표를 향해 나아도록 도와준다. 아이의 집중력도 바로 이런 과정을 통해 키워진다.

■■■■ 미국의 농구 황제 마이클 조던Michael Jordan은 어릴 때부터 농구 스타를 꿈꾸었다.

어느 날, 아들의 꿈을 들은 조던의 어머니는 꿈이 생긴 아들을 진심으로 축하하며 유명한 농구선수들을 보고 배울 수 있게 격려했다. 시간을 내어 아들과 함께 신문과 잡지에 실린 농구 스타들의 활약상과 몸을 날려 덩크슛을 하는 멋진 사진을 보며, 아들이 항상 볼 수 있도

록 가위로 오려 방에 붙여놓도록 했다. 그렇게 꿈을 키운 조던은 노
력 끝에 마침내 미국에서 가장 유명한 농구 선수가 되었다.

꿈이 있는 인생은 절대 무기력하거나 무의미할 수 없다. 오히려
희망이 넘치고 가늠할 수 없는 멋진 일들로 가득 찬다. 조던도 꿈과
목표가 있었기에 미국의 농구 황제가 될 수 있었다.
한번 생각해보자. 한 아이가 자신이 정한 방향을 향해 끊임없는
노력을 시작한다. 이 작은 행동이 의미하는 어마한 가치를 어느 누
가 짐작할 수 있을까? 중학교나 대학교에서 다른 친구들이 진로와
직업선택을 고민하며 시간을 보낼 때, 목표가 있는 아이는 그 시간
조차 낭비하지 않고 자신의 목표를 향해 용감하게 달려간다. 먼저
달린 아이가 먼저 날아오르니 성공하지 않을 이유가 있겠는가.
성공의 길을 걷는 아이로 키우기 위해 부모가 해야 할 일을 알아
보자.

아이가 꿈에서 벗어나지 않도록 해라

많은 아이가 목소리 높여 자신의 꿈이나 목표를 외치지만, 과연
어른이 된 후에 어릴 적 꿈을 기억하는 이가 몇이나 될까? 기억에서
사라진 꿈을 위해 노력했을 리도 없다. 목표를 잃지 않는 사람은 극
히 드물다. 포기했기 때문이 아니라, 자신의 꿈을 실현 가능성이 없
는 헛된 꿈으로 치부했기 때문이다. 아니면 하고 싶은 것이 있었지
만 어떤 연유로 위축되어 자신의 꿈을 '수정'하기도 한다.
그렇기에 부모는 아이가 자신의 꿈에서 도망치거나 벗어나지 않

도록 지켜주고 부정적인 생각에 잠식되지 않게 도와주어야 한다. '못 할 것 같다.'라고 생각하는 아이의 부정적인 생각을 '넌 할 수 있어.'라는 긍정의 메시지로 전환시켜 꿈에 대한 아이의 믿음을 단단하게 만들어야 한다.

아이가 바로 실천할 수 있도록 해라

마음으로만 생각하거나 입으로만 말하고 정작 실천하지 않는 목표는 저물어가는 아름다운 일몰과 다를 바 없다. 아이 스스로 꿈이라는 돛을 달고 인생이라는 작은 배에 올라타 바다 건너에 있는 성공을 향해 출발해야 비로소 목표에 가까와질 수 있다.

아이의 목표는 유지하고, 타인의 간섭은 배제해라

'진정한 성공이란 남들과 상관없이 나의 목표를 완성하는 것'임을 확실하게 알려주어야 한다. 어떤 산 정상에 오르고 싶은지 즉, 자신의 목표가 무엇인지 결정할 수 있을 때가 되면 스스로 결단하도록 한 후, 그 목표가 지닌 의미를 깨닫고 확고히 하여 실천으로 이어지게 해야 한다.

단, 그 무엇도 목표에 향한 아이의 주의력을 흩트려 놓거나 방해해서는 안 된다. 아이가 이 점을 이해한다면 스스로 목표를 지켜나갈 수 있게 된다.

아이가 원대한 이상을
가지도록 돕자

'인간은 물질로 생존할 수 있지만, 이상이 있어야 비로소 사람답게 살 수 있다. 인간과 동물의 가장 큰 차이는 동물은 생존하지만 인간은 사람답게 산다는 것이다.' 프랑스의 유명 작가 빅토르 위고Victor Hugo는 사람에게는 동물과 달리 이상理想이 있음을 말했다.

이상은 강한 정신적 원동력으로 아이가 성장하고 재능을 키울 수 있는 자양분을 제공한다. 원대한 꿈을 꾸는 것만으로는 부족하니 자신의 꿈을 확립하고, 이를 위해 노력할 수 있는 인생의 이상과 목표를 세워야 한다.

━━━ 영국의 유명한 물리학자 뉴턴Isaac Newton은 7세부터 자연의 수

수께끼를 풀고 싶다는 꿈을 품고, 진지하게 여러 가지 물리 현상을 관찰하기 시작했다. 10세에 천문현상을 관찰하며 천체물리학의 규칙을 발견했고, 16세에는 실험을 통해 풍속 같은 물리량을 측량했다. 23세에는 이미 만유인력의 법칙을, 24세에는 수학 미적분을 발견하였고, 26세에는 유명한 과학자가 되어 물리학계에 막대한 업적을 남겼다.

뉴턴 역시 어린 시절 원대한 이상을 세우고 강한 의지로 실천했기에 자신의 꿈을 이룰 수 있었다. 혹자는 뉴턴과 우리 아이에게 주어진 환경 자체가 다르다고 생각할 수 있다. 하지만 이런 성공 사례는 가까운 중국에서도 찾아 볼 수 있다. 자신의 이상을 좇아 성공한 두 중학생 장보친張博欽과 두웨이杜月의 이야기다.

■■■■ 두 친구는 한 생물학자를 통해 멸종위기 동물인 흰머리랑구르White-headed langur에 대해 듣게 되었다. 그 동물은 중국의 광시廣西 지역에만 200마리 정도가 서식하고 있어 중국 국보급 동물인 판다 못지않은 연구가치가 있다고 했다. 그 순간 장보친과 두웨는 야생동물의 생태조사와 보호라는 꿈을 품게 되었고, 2003년부터 방학마다 흰머리랑구르를 추적 조사하기 시작했다.
하지만 아이들에게 광시 지역의 환경은 너무나 열악했다. 끝도 없이 펼쳐진 원시삼림은 야생동물과 벌레의 천국이었다. 매일 저녁 잠자리에 들기 전에 이불을 들춰 뱀이 있나 확인해야 했고 아침에는 신발에 전갈이 들어 있나 털어봐야 했다. 보고 싶었던 흰머리랑구르는 보이지도 않았다. 전문 사냥꾼들조차 평생 한 번 볼까 말까라고 하니 두 아이들의 연구가 쉽지 않은 건 당연한 일이었다. 그렇지만 그때마다 흰머리랑구르의 생태연구라는 장보친과 두웨의 꿈이 원동력이 되어 끝까지 포기하지 않게 해주었다.

노력은 배신하지 않는다는 말처럼 두 학생의 연구는 마침내《야생 흰머리랑구르 일일식사량 평가방법에 관한 검토》라는 논문으로 발표되어 2005년 인텔 국제과학기술경진대회Intel Intel International Science and Engineering Fair 동물학 3위에 입상했다.

인간은 기본적인 생존욕구가 충족되면 마음의 소리에 따라 자신의 원대한 이상을 세운다. 그리고 그 이상은 노력의 방향과 목표로 전환된다. 어려움과 고난을 만나도, 또는 막다른 길에 이를지라도 아이는 꿈이 인도하는 길을 따라 극복하고 이겨낼 것이다. 따라서 부모는 아이가 어릴 때 큰 꿈을 꾸고 정상을 향해 한 걸음씩 나아갈 수 있도록 이끌어 주어야 한다.

아이의 장점과 관심, 그리고 사회적 필요에 부응해 스스로 원대한 꿈을 꾸도록 해주는 것이 부모의 역할이다. 이를 위해 다음의 내용을 살펴보자.

적절한 때에 아이의 이상을 물어보자

적절한 때에 아이의 이상이 무엇인지 물어보자. 단, 아이 스스로 이상을 세울 때 자신의 성향에 맞도록, 처음부터 높은 이상보다 점진적이고 단계적으로 설정하도록 한다. 아이가 중학생 정도 되면 어느 정도 지식이 쌓이고, 개성도 드러나며, 어떤 일에 흥미를 가지기 시작한다. 이때 부모는 아이의 관심사와 성향을 잘 파악하여 아이가 설정한 이상이 잘 부합하는지 충분히 고려해야 한다.

아이와 함께 미래의 모습을 그려보자

아이들은 이미지화된 사물에 깊은 인상을 받는다. 선생님이나 과학자, 음악가가 되는 아이의 미래를 함께 그려보면서 꿈을 확인하고 유지하도록 도울 수 있다.

위인전기를 많이 읽게 하자

꿈을 꾸는 아이가 되도록 위대한 인물에 대한 이야기를 들려주는 것도 좋은 방법이다. 위인전기를 읽고 함께 느낌과 경험을 나누면, 아이는 이야기를 통해 교훈을 얻고 점차 스스로의 꿈을 세우고 이를 위해 노력할 것이다.

이상은 공상이 아님을 분명하게 알려주자

이상은 공상이 아니기 때문에 꾸준한 인내와 노력을 해야 이룰 수 있음을 분명하게 알려주어야 한다. 이상의 실현은 바다에서의 항해와 같다. 예상치 못한 여러 어려움과 좌절의 파도가 밀려오고 순탄치만은 않지만, 굳건한 정신력으로 견디고 강한 의지로 난관과 장애를 뚫고 헤쳐 나가야 '이상'이라는 항구에 도착할 수 있다고 알려주자. 포기하지 않고 견디는 그 노력 속에 성공이 존재한다.

'나는 어른이 되면…'이라는
대화를 공유해라

　　　　　　　　누구나 어린 시절 '나는 어른이 되면….'이
라는 주제로 글을 쓰며 과학자, 선생님, 기자, 발명가, 파일럿 등 어
른이 되면 어떤 사람이 되고 싶은지 수많은 생각과 환상을 품었던
경험이 있을 것이다. 그 시절 우리의 마음이 풍요롭고 다채로웠던
만큼 우리의 글도 풍성하고 다채로웠다.

　하버드대에는 이런 말이 전해진다. '노벨상은 영원히 꿈꾸는 자
의 것이다.' 아이의 마음 성장은 꿈을 필요로 하고 아이들은 모두
꿈을 갖는다. 어린 시절은 꿈의 고향이고, 꿈은 날개와 같다. 날개
를 펼치지 않는다면 얼마나 멀리 날 수 있는지 영원히 알 수 없다.
가슴에 꿈을 품고 있다면 희망으로 삶의 기적을 계속 만들겠지만,
꿈이라는 날개를 펼치지 못한다면 평생 높이 날지 못한 채 낮게 깔

린 길을 쓸쓸히 걷게 될 것이다.

    ━━━ 어린 두 아들과 함께 양을 모는 가난한 양치기가 있었다. 어느 날, 양과 함께 산기슭에 이르렀을 때 한 무리의 기러기떼가 크게 울며 머리 위를 지나 멀리 사라졌다. 양치기의 아들이 아빠에게 물었다.

"저 기러기들은 어디로 가는 걸까요?"

"따뜻한 곳으로 가는 거란다. 추운 겨울을 그곳에서 나는 거지."

아버지의 대답에 큰 아들이 눈을 크게 뜨며 부러운 듯이 말했다.

"나도 나중에 커서 기러기처럼 훨훨 날 수 있으면 좋겠어요."

작은 아들도 말했다.

"맞아. 나도 저렇게 하늘을 나는 기러기가 되고 싶어!"

양치기는 잠시 생각하다가 두 아들에게 말했다.

"너희들이 원한다면 얼마든지 날 수 있지 않을까?"

아버지의 말에 아이들은 바로 날아보려 뛰어보다가 이내 의심 어린 눈으로 아버지를 바라보았다. 양치기는 "내가 직접 보여주마."라고 말하고 두 팔을 나는 시늉을 했다. 날지는 못했지만 양치기는 확신에 찬 목소리로 아이들에게 말했다.

"아버지는 나이가 들어서 날지 못하는 거야. 너희들은 아직 어리니까 계속 노력하면 분명히 날아올라 가고 싶은 곳으로 자유롭게 마음껏 갈 수 있을 거란다."

두 아들은 아버지의 말에 따라 하늘을 나는 꿈을 품고, 끊임없이 노력했다. 하루는 양치기가 고무줄을 감아 하늘로 날릴 수 있는 작은 장난감 하나를 가지고 왔다. 두 형제는 이 신기하고 재미있는 장난감을 보고 직접 비슷하게 만들어 하늘로 날려보았다. 자신들이 만든 장난감도 성공적으로 하늘을 날자 아이들의 기쁨은 더 커졌고 이번에는 장난감이 아닌 진짜 비행기를 만드는 꿈을 품었다. 그렇게 수많은 도전 끝에 세계 최초로 비행기가 발명되었다. 바로 이 두 형제가 미국의 라이트 형제다.

수많은 위인들의 성공 사례를 통해 얼마큼 멀리 날아오를 수 있는가는 대부분 어린 시절 얼마나 큰 꿈을 품었는가에 달려 있음을 알 수 있다. 꿈을 품은 자에게 세상은 광활하게 열려 있다. 싹 틔운 꿈은 자라고 싶어 하고, 꿈의 실현여부와는 별개로 꿈 자체가 우리에게 끊임없는 자극을 준다. 이런 자극이 가득한 삶이 절대 평범할 리 없다. 불타오르는 열정으로 매일 멋진 하루를 보내게 될 것이다.

주변을 돌아보면 아이의 의견은 무시한 채 자신의 욕심을 주입시키고 아이를 통해 본인이 이루지 못한 꿈을 이루고자 하는 부모를 종종 볼 수 있다.

아이를 사랑하는 현명한 부모라면 조용히 관찰하면서, '나는 어른이 되면…'이라는 꿈을 주제로 아이와 함께 허심탄회하게 이야기를 나누어야 한다. 부모가 품었던 꿈과 아이의 꿈에 대해 자연스럽게 이야기하면서 더 깊이 서로의 생각을 공유해야 한다.

아이는 수많은 꿈을 통해 상상력과 창의력을 키운다. 그리고 상상력은 무한한 두뇌 잠재력을 깨운다. 결국 아이의 잠재력을 얼마큼 이끌어 낼 것인가는 부모에게 달려 있다. 어떻게 아이의 꿈을 자극하고 무한한 발전 가능성을 제공하는지에 따라 꿈을 대하는 아이의 태도도 결정되기 때문이다.

따라서 아이에게 꿈을 갖도록 하자. 꿈을 품고 사는 아이는 우리에게 더 많은 놀라움과 기쁨을 선사해준다. 그러니 아이와 함께 꿈을 계획하고 인생을 설계하자. 이때, 부모는 과학적이고 이성적인 방법으로 아이를 이끄는 방법을 고민하고, 기초교육을 통해 아이 인생의 이상과 진로를 정확하게 안내해야 한다.

부모가 절대 하지 말아야 할 말,
"불가능해, 꿈도 꾸지 마."

━━━ 미국 오하이오Ohio 주에 한 꼬마 아이가 살고 있었다. 말 사육사였던 부모를 따라 아이는 어릴 때부터 이 승마장에서 저 승마장으로, 이 농장에서 다른 농장으로 옮겨 다녀야 했다. 잦은 이동생활로 아이의 학업도 순조롭지 않았다.

중학생이 되고, 선생님이 반 아이들에게 장래희망에 대한 에세이를 써오도록 했다. 아이는 그날 밤 일곱 장에 걸쳐 자신의 원대한 포부를 거침없이 써내려갔다. 아이의 꿈은 말을 방목하여 키울 수 있는 농장주였다. 아이가 글과 함께 그린 13만 평방미터 규모의 농장 설계도에는 마구간과 승마경기 트랙도 있었고, 농장 한가운데에는 400 평방미터 정도의 커대란 저택도 그려져 있었다.

이틀 후, 아이는 첫 장에 "F"라는 붉은 글씨가 적힌 평가결과를 받았다. 꿈으로 가득했던 아이는 수업이 끝나자 평가표를 들고 선생님을 찾아갔다.

"왜 F를 주신 거죠?"

"실현 불가능한 꿈은 꾸지 않는 게 좋단다. 농장을 짓는다는 건 엄청나게 큰돈이 필요한 일이야. 땅도 사야 하고, 순종마도 사야 하고 말을 돌보는 것도 돈이 들어가는 일이잖아. 집안 사정도 안 좋은데 좀 더 실현 가능한 꿈을 적어온다면 점수를 높여줄게."

집으로 돌아간 아이는 선생님의 말을 곰곰이 생각해보고 아빠에게 조언을 구했다. 아빠는 아들에게 이렇게 이야기했다.

"얘야, 이건 진짜 엄청난 결심이구나. 네가 하고 싶은 대로 하면 돼."

아이는 며칠 동안 이 문제에 대해 깊이 고민한 후, 원래 썼던 에세이를 그대로 제출하며 선생님에게 말했다.

"낙제점을 주신다고 해도 저는 제 꿈을 포기하지 않을 거예요."

20여 년이 흐른 뒤, 선생은 30명의 학생을 인솔하여 자신에게 꿈에 대해 이야기했던 그 아이의 농장으로 일주일간의 야영을 떠났다. 야영이 끝나고 떠나기 전 선생은 농장주가 된 아이에게 말했다.

"부끄러운 말이지만 그때 내가 너의 꿈을 깨뜨릴 뻔했었어. 요즘에는 아이들에게 그때처럼 말하지 않는단다. 네가 목표를 지켜나가서 다행이야."

아마 우리 아이의 꿈이 너무 유치하고 말이 안 된다고 생각하는 부모들도 많을 것이다. 하지만 절대 아이의 꿈을 무시하면 안 된다. 아이들은 천진난만하고 유치한 그 꿈과 함께 즐겁게 자라기 때문이다. 아이들 마음속에 있는 순수하고 엉뚱한 그 꿈을 어른의 마음으로 무정하게 짓밟지 말아야 한다.

지금은 부모의 입장이지만 우리 또한 꿈과 호기심으로 가득했던 어린 시절이 있었다. 그 시절 우리가 꾸었던 그 많은 꿈들도 터무니없고 유치하지 않았던가. 그런데 왜 우리 아이의 꿈은 깨뜨리려고 하는가? 아이의 꿈을 지켜주는 것이 아이의 인생에 도움이 된다는 점을 꼭 명심해야 한다.

꿈이 있는 아이와 없는 아이의 차이는 크다. 꿈을 포기할 수는 있지만 꿈 없이 하루하루를 흘려보내는 것과는 분명히 다르다. 아이는 자신이 품은 꿈으로 스스로를 반성하고 때로는 한계를 뛰어넘는다. 아이의 꿈을 인정해주면 아이는 존중받는 느낌과 자신감과 자존감을 느끼고 사람들 사이에서 동등한 가치를 만끽한다.

그런데 꿈이 있다고 해도 마냥 놀고만 싶은 어린아이의 본성과 아직 불완전한 사고방식 때문에 종종 꿈을 포기해 버리곤 한다.

━━━ 소피아는 어려서부터 발레리나가 꿈이었으나, 딸이 착실하게 공부하기를 바란 엄마는 늘 딸에게 말도 안 되는 꿈이라고 말했다. 발레리나가 되기 위한 고된 과정 앞에서 엄마의 지지도 받지 못하자 소피아는 발레리나에 대한 꿈을 접어야 하나 망설였다.

그런데 이런 딸의 고민에 대해 엄마는 응원이 아니라 "내가 뭐라고 했니. 너한테 발레는 아니야. 진짜 하고 싶은 의지가 강한 것도 아닌 거잖아."라고 말했다. 상처받은 소피아는 "맞아, 나한테 진짜 재능이 없는 걸지도 모르지."라고 결론 내리고 꿈도 포기했다.

꿈을 고민하는 아이를 보고서 꿈을 포기했다고 단정하거나 실망해선 안 된다. 더욱이 부모가 먼저 아이의 꿈을 깨뜨리며 불가능한 것이라 말해서도 안 된다. 오히려 이런 상황일수록 부모는 아이의 꿈을 조심스럽게 지켜주며 약해진 의지를 북돋아주어야 한다. 그러면 아이는 부모가 자신의 꿈을 존중해 준다고 느끼고, 원대한 자신의 꿈이 노력할 만한 가치가 있다고 받아들여 쉽게 포기하지 않는다.

'인생'을 비유한 이런 말이 있다. "멋진 꿈을 품은 사람상상이 좋은 말을 타고신체, 자신의 목표를 향해 달리면성취, 혹여 말에서 떨어지더라도 다시 말에 오르도록 도와주는 사람교제이 있다." 하지만 실제로 많은 부모들이 자녀가 좋은 말을 타고 목표를 향해 달리는 것에만 몰두하여 아이가 어떤 아름다운 꿈을 꾸는지 간과한다. 그리고는 아이가 중도에 흥미를 잃거나 포기하면 오히려 부모가 스트레스를 받곤 한다.

그러니 우리 아이가 다시 말에 오른다면, 아이의 꿈을 또다시 깨뜨리지 말고 멋진 꿈을 꼭 붙들고 즐겁게 달릴 수 있도록 응원하자.

아이에게 분명한 학습동기를 부여해라

요즘 아이들 중 갈수록 공부의 이유나 목적을 상실하는 경우가 많다. 공부하는 이유를 물어보면 아이들이 내놓는 답은 대체로 '엄마·아빠' 때문, '새 옷'이나 '농구화'라고 답한다. 이렇듯 공부의 가장 근본적인 동기인 '재미'가 사라진 지 오래다. 과연 그 이유는 무엇일까? 가장 큰 원인은 부모가 아이들의 학습과 성장을 관심사나 취미, 성향이 아닌 각종 보상과 연결하여 교육하기 때문이다.

다음의 이야기를 통해 쉽게 이해해보자.

──── 제니스 타운 대로에 위치한 한 노인의 집 앞에서 한 무리의 아이들이 시끌벅적하게 놀고 있었다. 아이들 때문에 소음이 몇 일째

계속되자 노인은 참다못해 집 밖으로 나와 이렇게 말했다. "우리 집 앞에서 이렇게 활기차게 노니 사람 사는 것 같구나. 이건 내가 고마워서 주는 거란다." 노인은 아이들에게 25센트씩 쥐어주었다. 신이 난 아이들은 다음 날에도 노인의 집 앞에서 시끄럽게 떠들며 놀았다. 이번에 노인은 돈이 조금밖에 없다며 15센트씩 나누어주었다. 전날보다 적은 돈이었지만 아이들은 여전히 신이 나서 돌아갔다.

삼 일째, 노인이 이번에는 5센트씩 주자 아이들은 화를 내며 말했다. "에이! 겨우 5센트예요? 우리가 얼마나 고생했는데!" 투덜거리던 아이들은 다시는 오지 않을 거라며 노인의 집 앞을 떠났고 그렇게 노인은 고요함을 되찾았다.

이 이야기를 통해 우리가 짚어보아야 하는 것은 노인의 기지가 아니라 사람의 행동 동기다. 일반적으로 우리가 어떤 일을 할 때 작용하는 동기는 내적동기와 외적동기로 나눠 볼 수 있다. 내적동기에 의해 행동한다면 자기주도형 인간이고, 외적동기에 따라 행동한다면 외부환경에 의해 좌우되는 종속형 인간이다.

앞에 이야기에서 노인의 해결 방법은 아주 간단했다. 자신들의 즐거움, 즉 내적동기에 따라 놀던 아이들이 외적 동기인 '돈' 때문에 놀기 시작하면서, 노인이 돈이라는 외적 요소를 조정하자 아이들의 행동 또한 함께 통제되었다.

다시 돌아와 학습 동기에 대해 말해보자. 외부평가를 자신의 성과지표로 여기는 아이는 수동적인 정서를 지니기 쉽다. 아이가 직접 외부요소를 통제할 수 없기 때문에 내적동기와 쉽게 간극이 생기고 결국 불만을 갖게 된다. 이런 부정적인 정서가 지속되면 아이는 스스로를 방어하기 위해 자신의 내적기준을 낮추고 더 적은 노력을 하게 된다.

부모들은 말이나 물질적인 보상으로 아이를 통제하길 좋아하면서 정작 아이의 내적동기에는 관심이 없다. 시간이 지날수록 아이는 외부의 평가만 신경 쓸 뿐 처음의 학습동기였던 호기심이나 흥미, 재미는 모두 잊어버린다.

━━━ 엘리사는 집에서는 착한 딸, 학교에서는 좋은 학생이었고 학교성적도 언제나 상위권을 유지했다. 엘리사의 성적이 부진하거나 학업에 문제가 생기면 그녀의 엄마는 "열심히 공부해야지. 엄마·아빠나 선생님을 위해 공부하는 게 아니잖아? 지금 열심히 공부해야 나중이 편해지는 거야. 우리가 무슨 네 덕을 보려고 하겠니?"라고 말했다.

어느 날, 엘리사의 엄마는 딸의 일기를 우연히 보게 되었다. 일기장에는 '엄마·아빠 눈에 나는 공부하는 기계인가 보다.', '내 성적 말고는 내가 무엇을 원하는지 관심도 없다.', '엄마·아빠는 매일매일 공부만 이야기 하는데, 귀찮아 죽겠다.' 등등 원망의 말들이 가득 적혀 있었다.

엘리사에게 공부란 재미있어서 하는 것이 아니라, 부모의 뜻을 거역할 수 없어 마지못해 하는 존재였다.

심리학 연구에 따르면 7~8세부터 11~12세 사이의 아동의 심리는 미성숙 단계여서 세계관이나 인생관이 아직 완전히 자리 잡지 못한 시기다. 이 연령대 아이들은 학습동기가 비교적 비슷하거나 외부요소에 직접적 영향을 받는 경향이 있다. 가령 선생님에게 칭찬받기 위해서, 친구들의 부러움을 받고 싶어서, 반에서 질하는 사람이 싫어서, 혹은 선생님이나 부모를 만족시키고 싶어 하는데, 아직 자신이 왜 공부해야 하는가나 장래희망과 연결시키는 단계는 아니다.

그렇기에 공부 문제를 다룰 때 부모가 "네 자신을 위해 공부하는 거야."라고 말하며 훈육하여도 아이들의 심리발달 단계상 맞지 않을 뿐 아니라 효과도 없다.

문제의 핵심은 아이의 학습 동기다. 교실에서 찾지 못한 아이의 흥미를 교과서에서 찾아낼 방법은 없다. 학교에 재미를 못 느끼는 현상은 중학생들에게 보편적으로 나타난다. 학습동기를 비교적 빨리 설정하여 적극적으로 학업에 집중하는 아이가 있는 반면, 그렇지 못한 아이들도 생긴다. 모든 부모가 진지하게 고민해 보아야 할 문제다.

롤모델의 힘을 빌려
스스로를 자극하게 해라

롤모델이란 학업이나 생활에서 모범이 되는 사람으로, 아이들은 학업이나 생활을 하며 자신보다 더 나은 사람과 비교하고 닮아가려고 하는 경향이 있다. 부모는 아이들의 이런 모방심리를 이용하여 적절한 롤모델 선택을 도와주고 스스로를 자극하도록 할 수 있다.

━━━ 물리학자 헤르츠Hertz의 부모는 어린 그를 삼촌의 집으로 보내 공부하게 했다. 그의 삼촌은 19세기 유명한 전자기학 학자로 하루종일 바쁜 일정이지만 30분씩 시간을 내어 헤르츠를 가르쳤다. 그는 헤르츠의 롤모델이었다.

헤르츠가 8살이 되던 해, 37세에 불과했던 삼촌이 세상을 떠났다.

국왕과 왕비를 포함한 수많은 학자와 과학자들이 먼 곳에서 찾아와 그의 장례식에 참석했다. 헤르츠의 엄마는 아들의 손을 잡고 긴 조문 행렬을 바라보며 말했다. "삼촌은 과학에 헌신하셨기 때문에 많은 사람들의 무한한 존경을 받았단다. 너도 삼촌과 같은 사람이 되렴."

헤르츠는 그 말을 깊이 새겨 삼촌이 남겨놓은 모든 책과 일기를 읽기 시작했다. 슬럼프에 빠져 힘들 때마다 삼촌의 일기를 꺼내보며 자신을 격려했고, 훗날 헤르츠 역시 성공한 과학자가 되었다.

롤모델은 실제로 비교대상을 제공하여 아이에게 노력해야 하는 목표를 찾아준다. 하지만 누구나 주변에 헤르츠의 삼촌 같은 인물이 있진 않다. 그래서 우리아이에게 적합한 롤모델 찾기란 쉬운 일이 아니다. 롤모델이 너무 뛰어나거나 반대로 너무 뒤처지면 원하는 기대효과를 이끌어낼 수 없다.

그런 차원에서 볼 때 아이에게 가장 가까운 비교대상은 부모, 선생님, 친구로 이들이 아이의 가장 좋은 롤모델이 될 수 있다. 우리아이 주변의 친구, 이웃, 길에서 만난 낯선 사람들을 자세히 관찰하면 충분히 좋은 롤모델을 발견할 수 있다.

예를 들어, 부모는 아이에게 "저길 봐, 저 친구 넘어져서 피가 나는데 울지 않고 씩씩하게 일어나네. 진짜 용감하다!", "저기 봐봐, 저 친구는 앞이 안 보이는 할아버지가 길을 건너는 걸 도와주네. 진짜 착하다!" 하고 이야기하거나, 선생님은 "아무개가 오늘 칠판을 깨끗하게 닦아 놓았네!"라는 말을 하면서 아이들에게 롤모델을 제시할 수 있다.

하버드대에서 진행한 심리학 연구결과에 따르면 어느 정도 성장한 아이들은 부모보다 또래 집단을 통해 더 큰 영향을 받는다고 한다. 즉, 아이의 습관이 부모보다 또래 친구들의 영향을 받는 만큼 아이들에게 좋은 친구를 찾아 롤모델로 삼아주는 과정이 필요하다.

만약 아이의 친구가 생활환경이나 지금까지의 경험, 화법, 심지어 좋아하는 프로그램까지 비슷하다면 아이들은 더 많은 것을 공유할 수 있다.

사람들의 생각이나 감정, 행동은 외부의 영향을 많이 받는다. 특히 조기 인격 형성 과정에서 다른 사람의 언행과 사고방식을 배우는 것은 사회화의 중요한 과정이다. 아이의 단짝친구가 숙제를 잘해서 선생님의 칭찬을 받는다면, 우리 아이는 자연스럽게 '나도 저렇게 해야지.'라고 생각하고, 반대로 친구가 게임기에 푹 빠져 있다면 우리 아이도 같이 해보고 싶어서 손이 근질거릴 것이다.

대부분은 부모들이 자신의 아이가 본받을 만한 친구를 사귀길 바라는데, 과연 어떻게 찾을 수 있을까?

우리 아이를 먼저 파악하고, 상황에 맞게 선택해라

우리 아이의 장점과 단점, 강화시켜야 할 부분 등 아이에 대한 구체적인 분석이 선행된 후, 아이의 관심과 흥미를 고려하여 롤모델을 선택해야 한다. 만약 우리 아이의 롤모델이 적합하지 않다고 판단되면, 그 이유부터 시작해서 자녀를 존중하는 동시에 진정한 롤모델이 무엇인지, 무엇을 배워야 하는지 알려주어야 한다.

아이에게 롤모델을 정해줄 때, 가장 민감한 부분이 바로 성적비

 목표 훈련

교다. 제일 잘하는 아이와 비교하면 우리 아이는 언제나 뒤처져 자신감마저 잃게 된다. 대신 반에서 학업성적이 좋고 괜찮은 그룹을 설정해 그 아이들과 같은 수준에서 비교해보자. 이런 방식으로 롤모델을 설정하면 아이가 그 그룹을 따라가기 위해 노력하고 잠깐 느슨해져도 금방 제자리로 돌아온다. 앞서 나가기 싫어하는 사람이 어디 있겠는가? 아이도 당연히 다른 사람을 따라잡기 위해 노력하게 된다.

아이 친구의 부모를 만나 보자

가정환경이 사람에게 미치는 영향을 생각해 본다면, 우리 아이 친구의 부모와 자주 만나 그 친구의 가정환경을 살펴볼 필요가 있다. 그 가정과 부모를 통해 친구가 어떤 존재인지 알 수 있다. 이를 위해 두 가정이 함께 할 수 있는 활동을 준비해서 즐거운 시간을 보내며 서로 배우고 익히는 것도 좋은 방법이다.

아이의 친구를 집으로 초대해라

행동학습을 위해서는 부모가 아이에게 기회를 만들어줘야 한다. 아이의 친구를 집으로 초대하여 부모의 진행에 따라 게임도 해보고, 소풍도 함께 간다면 아이의 친구를 이해할 수 있을 뿐 아니라 아이들의 행동도 함께 지도할 수 있다.

아이에게 행동원칙을 정해라

아이들은 옳고 그름을 판단하는 능력이 제한적이고, 그렇다고 부모가 매 순간 아이들 뒤를 따라 다닐 수도 없다. 따라서 친구들과 놀 때 해도 되는 것과 해서는 안 되는 행동 규칙을 정해 주어야 한다.

롤모델이 주는 영향이 크기는 하지만 그 기준이 너무 높거나 낮으면 허울에 불과하다. 아이에게 적합한 롤모델은 목표 설정과 마찬가지로 너무 높거나 낮아서는 안 된다. 아이의 학습과 생활에 맞게 선택해야 한다.

아이가 명확하게
실질적인 목표를 세우도록 해라

　　　　　　　하버드대학교에서 졸업생들을 추적하는 연구를 진행한 적이 있다. 연구 초반에 참가자들에게 이런 질문을 했다. "목표가 있습니까?" 응답자 중 3%만이 그렇다고 대답했고, 20년 후 이 3%의 학생들은 사업이나 생활수준에서 나머지 97%보다 앞섰으며, 이들이 소유한 재산은 나머지의 총합보다 훨씬 많았다.

　나머지 97%는 평생 알게 모르게 혹은 직간접적으로 목표가 있던 3%의 목표를 위해 숨 가쁘게 움직이고 있었다.

　사람에게는 목표가 필요하다. 목표 없는 삶은 조타수 없는 배처럼 표류할 뿐만 아니라 실패하고 낙담하여 결국 좌초하고 만다. 인생에 목표 하나쯤은 갖고 있어야 그에 대한 책임감을 어깨에 지고 사명감으로 1분도 허투루 보내지 않고 무엇이라도 하게 된다.

많은 부모와 교사들은 아이들이 어릴 때부터 학습목표를 세우도록 방법을 알려주어야 한다. 부모들 중 많은 사람들이 매 학기 아이에게 "이번 학기는 더 잘해야 돼.", "이번에는 몇 등 안에 들어야 해." 같은 목표 아닌 미션을 부여한다. 막연한 목표는 명확하지 않다. 정확한 시간제한이나 구체적인 등수는 학습목표라고 할 수 없다. 인생의 다른 목표도 마찬가지다.

부모는 아이에게 명확한 목표를 비롯하여 노력으로 실현 가능한 목표를 제시해줘야 한다. 실현 불가능한 목표는 아름다운 비눗방울처럼 사라져버리고 이런 식의 목표 설정은 아이에게 좌절감만 안겨줄 뿐이다. 좋은 목표란 현재 관심사나 장점들을 포함한 나의 조건과 외적 요인이 적절히 결합되어야 한다.

그렇다면 아이들이 확실하고 실절적인 목표를 세우기 위해서는 어떻게 해야 할까?

아이의 특징과 모든 분야의 잠재력을 파악해라

확실한 목표를 수립하려면 아이의 상태를 명확하게 파악해야 한다. 아이가 학습목표를 세우도록 돕기 위해서는 부모가 먼저 아이의 학습 상황을 세심히 분석해야 한다. 암기력은 좋은 편인지, 아니면 빨리 잊어버리는지, 문제는 꼼꼼하게 푸는지, 아니면 대충 넘겨버리는지 등 어떤 장단점을 가지고 있는지, 어떤 과목을 잘하고 어떤 과목이 부족한지 알아야 한다. 그리고 나면 아이와 함께 현재 반에서 어느 정도의 수준인지, 각 영역에서 얼마큼 발전할 수 있을지 이야기를 나누어 보자. 아이가 명확하게 자신의 학습 상태를 알고 어떤 부분을 잘할수 있고, 어떤 부분을 더 노력해야 하는지를 아는 것이 중요하다.

조급하게 요구하지 말고 아이의 말에 귀 기울여라

많은 부모들이 쉽게 범하는 실수 중 하나가 자신의 생각대로 아이에게 요구하고, 계획하고, 목표를 늘어놓는 것이다. 부모가 먼저 인내심을 갖고 아이의 생각과 아이가 어떤 노력을 하는지 경청해 보자. 목표 설정과 노력 모두 아이의 몫이니 아이의 뜻을 충분히 존중하여 스스로 목표를 세우도록 해야 한다. 부모의 간섭이 최대한 배제되어야 아이가 목표달성을 위해 더욱 노력할 수 있다.

아이가 목표를 조정할 수 있게 적절하게 유도해라

만약 아이가 높은 수준의 목표 때문에 고생 중이라면, 현명한 부모일수록 칭찬을 통해 아이가 자신의 직면한 문제를 해결할 수 있도록 적극적으로 도와준다. 만약 아이의 꿈이 너무나 비현실적이라 절대 실현될 수 없는 것이라면 부모는 아이에게 이런 꿈이 인생에 미치는 부정적인 영향에 대해 함께 이야기해야 한다. 대신 아이가 이왕 원대한 꿈을 꾼 이상 이런 꿈이 현실을 기반으로 만들어져야 함을 말해주어 명확한 이상과 인생관을 갖도록 해야 한다.

총체적이고 장기적인 목표를 세분화하여 기억하기 쉬운 목표로 만들 수 있게 해라

세계 최고의 장대높이뛰기 선수인 세르게이 부부카Sergey Bubu-ka는 '1cm의 신'이라 불린다. 주요 국제경기에서 거의 매번 자신의 기록을 1cm씩 경신했기 때문이다. 그가 6.25m에 성공했을 때 그는 감격스러워하며 "처음부터 목표를 6.25m로 정했다면 두려워서 시도조차 못 했을 겁니다."라고 말했다.

물론 장기적인 목표를 세워야 하지만 그 목표를 작은 단계의 단기목표로 세분화하는 것도 필요하다. 아이마다 발전 속도가 다르기 때문에 아이의 상황에 맞춰 그에 맞는 단계별 맞춤형 목표를 세워야 한다. 당연히 이 단계별 목표 또한 너무 높아 아이가 닿을 수 없다고 느껴서도 안 되고, 반대로 너무 쉬워서 노력 없이 가능하다고 느껴서도 안 된다. 물론 목표는 목표일 뿐이다. 부모가 목표를 달성한 자신의 모습을 상상하도록 해준다면 아이 스스로 더 노력하고 아름다운 미래를 꿈꾸며 나아간다.

아이의 목표에 필요 없는 부담을 주지 말자

요즘 많은 부모들이 아이들에게 목표를 세워주는 동시에 필요 없는 헛된 부담을 심어주곤 한다. "내 인생은 이제 별거 없으니 너만 보고 살 거야."라거나 "아빠는 일등 한 적 없지만 너한테는 기대해 보마."라는 식으로 말이다. 실제로 요즘 아이들 역시 자기가 이루려

하는 목표가 본인의 뜻이 아니라 대부분 부모가 아이들에게 강요
한 부담이라는 걸 알고 있다.

흥미 훈련

아이의 호기심과 잠재력을 자극해라

유명한 심리학자 장 피아제Jean Piaget는 다음과 같이 말했다. "강요에 의해 이루어지는 것은 심리적으로 좋지 않으며, 흥미가 전제되어야 원하는 성과를 이끌어 낼 수 있다." 하지만 실생활에서 대다수의 부모들이 아이의 흥미와 취미를 무시하고, 심지어 강제로 빼앗아 버리기도 한다. 당연한 결과로 아이의 발전은 더뎌진다. 부모는 아이의 흥미를 존중하는 법을 익혀야 한다. 아이는 어떤 물건이나 일에 관심을 가지면 자연스럽게 집중력이 생기고 그 일을 끝까지 마무리할 수 있다. 내가 관심 없는 것에 아이가 흥미를 느낄지라도 최대한 적극적으로 지원하여 잠재력이 발휘되도록 도와야 한다.

흥미, 아이를 일깨우는
최고의 선생

최고의 과학자 알버트 아인슈타인Albert Einstein은 '흥미는 최고의 선생'이라고 말했다. 어떠한 일에 관심이 생기면 능동적으로 탐구하고 연구하며 실천하게 된다. 그리고 무엇보다 이 과정에서 즐거움을 체험하게 된다.

하버드대 학생들의 학업과정은 매우 고되지만 그들은 그 속에서 즐거움을 느낀다. 고된 학업과정이 즐거움으로 전환될 수 있는 가장 큰 이유는 바로 '해당 분야에 대한 강한 흥미' 때문이다. 만일 우리 아이가 어떤 것에 깊은 관심을 보인다면 탐색하고 깊게 파고드는 것에 즐거움을 느낄 것이다.

아이가 공부에 즐거움을 느끼면 공부를 좋아하게 된다. 일반적으로 어린아이일수록 흥미를 느끼는 것을 공부하고자 한다. 가령, 그림 그리기를 좋아하는 아이는 크레파스로 다양하게 색칠하고, 종이 위의 그려진 알록달록한 선과 함께 상상의 나래를 펼친다. 비록 잘 그린 그림이 아닐지라도 선생님은 아이의 활동을 칭찬해 준다면, 원인이 무엇이든 간에 흥미는 아이의 지능개발을 도와 더 많은 지식을 갖추게 하고 세상을 바라보는 눈을 만들어 준다. 또한 주변 환경에 잘 적응하고 열정 가득한 생활을 만끽하는 아이로 자라게 한다.

미국의 실용주의 철학자이자 교육가인 존 듀이John Dewey는 흥미를 공부의 원동력이라 보았다. 그는 "특정 대상에 대한 생각과 관심이 사람을 움직이게 한다."고 말했다. 수많은 과학자들이 괄목한 만한 성과를 만들어 낼 수 있었던 것은 바로 그 일에 강한 흥미를 느꼈기 때문이다.

■■■■ 1828년 어느 날, 런던 외곽의 어느 숲 속에서 어떤 대학생이 오래된 나무 옆을 서성이고 있었다. 곧 떨어질 것 같은 나무껍질 밑에서 꿈틀거리는 곤충을 발견하고 나무껍질을 벗겨보니 신기하게 생긴 딱정벌레 두 마리가 후다닥 기어가고 있었다. 그는 딱정벌레를 손에 올려 이리저리 돌려가며 관찰하기 시작했다.

이때, 어디선가 또 한 마리의 딱정벌레가 튀어나왔다. 손에 있는 두 마리 때문에 그 벌레를 잡을 수 없자 그는 그 두 마리를 입 속에 넣고 세 번째 딱정벌레를 잡았다. 그리고는 세 번째 딱정벌레에 정신이 팔려 입 안에 넣은 두 마리는 까맣게 잊고 말았다. 입 안에 갇혀 있던 딱정벌레가 탈출하기 위해 쏜 따끔한 독으로 혀에 고통과 마비가 일어나자, 그제서야 그는 입 안에 넣었던 벌레를 뱉어냈다.

그는 다시 고통 따위는 잊고 기분 좋은 발걸음으로 케임브리지대학교University of Cambridge로 돌아갔다. 그는 바로 우리가 잘 아는 찰스 로버트 다윈Charles Robert Darwin이었고, 그가 처음으로 발견한 이 딱정벌레는 훗날 '다윈'이라 명명되었다.

자연 생태에 관심이 없었다면 곤충 몇 마리에 특별한 관심도 없었을 뿐더러, 더욱이 입에 넣을 생각은 하지도 못했을 거다. 생물에 엄청난 관심이 있던 다윈이기에 가능한 일이었다.

다윈은 자서전을 통해 이렇게 회고했다. "내 인생에 가장 큰 영향을 미친 것은 학창시절에 가졌던 다양한 분야에 대한 강렬한 흥미였다. 한번 관심이 생기면 푹 빠져 어떤 복잡한 문제나 사물이라도 깊이 이해하고 싶었다.'

실제로 흥미와 관심은 학습과정에서 가장 중요한 요소다. 관심이 있어야 학습욕구와 적극성이 자극을 받아 능동적이며 지속적인 학습이 가능해질 뿐 아니라 즐거움을 느끼게 된다. 이 과정에서 아이는 '해야 하는 공부'를 '하고 싶은 공부'로 바꾼다. 관심이 있어야 공부가 더 이상 강요가 아니라 즐거움으로 바뀌고 능동적으로 집중할 수 있다.

부모가 좀 더 주의 깊게 관찰하면 아이가 무엇에 흥미를 갖는지 발견할 수 있다. 상상력과 창의력이 풍부한 아이들은 모형 만들기에 완전히 몰두함으로써 자신의 관심사를 표출한다. 또 그림을 좋아하는 아이들은 그림 한 장을 완벽하게 완성해서 스스로 이뤄낸 성취를 만끽하기도 한다. 우표수집에 매료된 아이라면 소장가치나 감상가치는 물론 지식 축적과 정서적 만족감이 모두 충족되기에 우표를 많이 소장할수록 풍족함을 느끼고 노력의 투입만큼 관심과 흥미도 함께 높아진다.

　이렇듯 관심과 흥미는 아이들의 세계를 다채롭게 꾸며주고 점차 적극성과 창의력을 발휘하며 높은 집중력으로 부모들이 모르는 잠재력을 끌어낸다.

아이의 흥미를
인정하는 법을 배워라

부모가 아이의 관심사를 인정할 때, 기적을 만들 수 있다면 믿을 수 있겠는가?

━━━━ 이탈리아 최고의 테너 엔리코 카루소^{Enrico Caruso}는 자신의 성공에 대해 회상하며 "어머니의 긍정적인 말이 오늘의 저를 만들었습니다."라고 했다.

카루소는 10살이라는 어린 나이에 공장에서 일해야만 했다. 유명한 가수가 꿈이었지만 첫 번째 선생은 "너는 음정이 불안해서 가수가 되긴 힘들어. 네 노래는 커튼 사이로 부는 바람소리 같아."라고 평가했다. 상처받은 그는 집으로 돌아와 가난한 농부의 아내였던 어머니에게 선생님과의 일을 말했다.

카루소의 어머니는 아들을 보듬으며 밝은 목소리로 말했다. "아가, 너에겐 진짜 재능이 있어. 들어보렴. 어제보다 오늘 부른 노래가 더 낫지 않니? 엄마는 우리 아들이 최고의 오페라 가수가 될 거라고 확신해."

어머니의 말에 위로받은 그는 실제로 당대 최고의 오페라 가수가 되었다.

아마 그녀는 아들이 진짜 불멸의 테너가 될 것이라 생각하지 못했을 것이고, 하물며 자신의 몇 마디 말이 아들의 운명을 바꾸리라고는 더더욱 상상하지 못했을 것이다. 하지만 아들을 인정해준 그 말이 당대 최고의 오페라가수를 만들어냈다.

그럼 이제 다시 우리 아이에 대해 '된다', '안 된다'라는 부모의 판단이 아이 인생에 얼마나 큰 영향을 미칠지 한번 생각해 보자. 부모의 인정과 믿음은 "나는 할 수 있어."라는 긍정 에너지가 되어 아이 스스로가 '가능한 일'이라고 인식하게 된다. 반대로 과도한 걱정이나 보호는 오히려 '안 될 것 같아.'라는 부정적 신호가 되어 진짜 '불가능한 것'으로 받아들이게 된다. 모든 아이에게 잠재되어 있는 무한가능성의 발현은 아이에게 보내는 어른들의 인정과 깊게 관계를 맺는다. 신뢰의 눈길로 아이를 바라볼 때 아이들의 단순했던 흥미가 특별한 재능으로 변하고 기적의 출발점이 된다.

조애나는 피아노반 선생님이다. 이 피아노반 아이들 대부분이 실제로는 피아노를 그닥 좋아하지 않았는데, 로타라는 어린 친구 한 명만은 예외였다. 어느 날, 로타가 조애나에게 다가와 "저는 하루 중에 피아노 치는 시간이 제일 좋아요. 엄마·아빠가 제 피아노 소리를 제일 좋아하시거든요."

로타는 말했다. "어느 날 집에서 피아노를 치다가 뒤를 돌아봤는데, 엄마·아빠가 침대 옆에 앉아서 가만히 제 피아노 소리를 듣고 계시더라고요. 그런데 아빠 눈에 눈물이 글썽거렸어요. 제가 너무 놀라서 여쭤봤거든요. '아빠! 왜 그래요? 제가 뭐 잘못했어요?' 아빠가 웃으시면서 '아니, 우리 딸 피아노 소리가 너무 좋아서 그래. 엄마·아빠는 우리 딸 피아노 소리 들을 때가 제일 행복하단다. 하루 피로가 싹 사라지거든.' 전 제 피아노 소리에 이렇게 큰 힘이 있을 거라고는 상상도 못 했어요."

로타는 신이 난 채 계속 말했다. "하루는 우리 집에 손님이 오셨는데요. 아빠가 저보고 피아노를 쳐보라고 하시면서 손님에게 속삭이시더라고요 '우리 딸 피아노 솜씨가 대단해. 감상할 만한 수준이라니까.' 그분이 들으시더니 칭찬해 주시면서 '미래의 위대한 음악가가 이 집에서 나올 거라고는 상상도 못 했네.'라고 하시더라고요. 그 말을 들으니 제가 진짜 위대한 음악가가 될 것 같았고 피아노에 더 빠져들었어요. 진짜 기분 최고였어요!"

이처럼 아이가 어떤 분야에 흥미를 싹틔우기 시작할 때 부모는 비판가가 아니라 환호를 보내는 관중이 되어야 한다. 재능발견은 전문가가 되기 위함이 아니라 흥미를 이끌어내고 소질을 키우기 위한 것이다. 만약 하루 종일 '지시봉'을 휘두르며 아이와 씨름만

흥미 훈련

할 거라면 차라리 배우지 않는 편이 낫다

인정은 아이의 흥미를 이끄는 최고의 자양분이지만, 질책이나 훈계, 꾸짖음은 아이를 피아니스트나 화가로는 만들 수 있을지 몰라도 절대 예술가로 만들 수는 없다. 천재란 강한 열망과 의지로 탄생하며 관심과 흥미가 깊은 사람이 그 분야의 뛰어난 인재가 될 수 있다.

그렇다면 부모는 아이의 흥미를 어떤 방식으로 인정해줘야 할까? 이에 대한 방법으로 세 가지를 들고자 한다.

'인정'하기에 앞서 부모가 먼저 느껴야 한다. 아이가 배우는 것을 함께 즐겨라

아이가 그림을 배운다면 아이가 그린 그림을, 글짓기를 배운다면 아이가 쓴 글을 감상하고 바둑을 둔다면 지켜 봐보자. 배우기 전에는 그 어떤 것도 다 재미있다고 생각하겠지만 막상 배우기 시작하면 노력이 수반된다. 아이가 만약 노력한 만큼 인정받지 못한다고 느끼면 점점 소극적이게 된다.

부모가 느낀 바를 크게 칭찬해라

평생 우리 아이의 장점은 자랑스러워하되, 단점은 아쉬워하지 말고, 맹목적으로 아이를 다른 아이와 비교해서는 안 된다. 모든 사람은 정서적으로 칭찬과 격려를 필요로 한다. 특히 아이들은 부모와 교사의 칭찬과 응원을 받을 때 용기와 창의력이 훨씬 높아진다. 혹자는 엄격한 지도편달이 좋은 훈육법이라 여기는데 이는 매우 잘

못된 방법이다. 어느 누구도 수동적이고 싶어 하진 않고, 어린아이
는 더욱 그렇다.

거짓이 아닌 진정성을 담아 인정해 주자

미국의 한 젊은 엄마는 아이교육에 관한 강의를 듣고 자신의 무
뚝뚝했던 태도를 바꾸기로 결심했다. 집으로 돌아간 그녀는 아이
를 보고 웃으며 "진짜 잘했어! 우리 아들 최고!"라고 말해주었으나
아이는 오히려 혼란스러워 했다. 마음에서 우러나오는 칭찬이 아
닌 과장된 말은 그저 공허한 말일 뿐이다.

설령 아이가 충분히 잘해내지 못했더라도 아이를 인정해주자. 그
저 아이의 모습을 즐기고, 칭찬해 주고, 믿고 격려하며 아이에게 내
재된 찬란한 빛을 찾아주면 된다. 자존감과 자부심이 넘칠 때 자신
감과 넘치는 열정으로 관심사에 온전히 몰입할 수 있다.

아이를 통해 자신의 꿈을
이루려 하지 말자

영국 켄트대학University of Kent 사회학과 교수 프랭크 프레디Frank Furedi는 요즘 부모들은 아이에게 너무 높은 기대를 하며 아이를 통해 자신이 이루지 못했던 어린 시절의 꿈을 이루기 바란다고 얘기한다. "자기애가 강한 부모들은 아이가 작은 일에 관심을 보이는 그 순간조차 기회로 포착한다. 만일 요한이 바이올린 연주를 하면 그 부모는 즉시 요한이 작곡가가 되길 바라고, 마리가 체조를 하고 있으면 부모는 올림픽 금메달리스트가 되길 바란다. 유명해지길 바라는 문화 때문에 부모의 마음은 어쩔 수 없이 조급해진다."

이것은 비단 영국의 부모들뿐 아니라 우리도 마찬가지다. 많은 부모가 아이를 통해 자신의 못다 이룬 꿈을 이루길 바라며, 아이의 인생 로드맵을 계획하고 자신의 관심사를 아이에게 강요한다. 하버드대 교육이념에 따르면 이러한 교육법은 아이의 발전에 전혀 도움이 되지 않는다. 부모는 아이를 낳은 것이지, 자신의 꿈을 대신해 줄 도구를 낳은 것이 아니다.

━━━ 케이티는 어릴 때부터 춤과 피아노를 좋아했지만 어쩔 수 없는 이유로 꿈을 포기해야 했고, 이는 케이티 인생에 가장 큰 아쉬움으로 남았다. 그래서 그녀는 딸 엘리스가 유명한 무용가나 피아니스트가 되길 바랐다. 어린 엘리스에게 무용과 피아노를 가르쳤고 그 교육에 최대한 부응한 엘리스는 많은 무용 대회와 피아노 대회에서 1등을 하고 교내 유명스타가 되었다. 케이티는 그런 딸을 보며 매우 흡족했다.

하지만 케이티는 최근 딸에게서 변화를 느꼈다. 엘리스가 무용과 피아노에 급격히 흥미를 잃은 것이었다. 처음에는 아이의 컨디션이 나쁘다고 여겼는데, 시간이 흘러도 계속되자 결국 딸에게 강압적으로 무용과 피아노 연습을 강요했다. 그녀의 의도와 달리 온순했던 엘리스는 식사를 거부하거나 수업을 빠지고 심지어 가출을 하겠다며 엄마의 강요에 저항했다. 딸의 거센 반발을 보자 케이티는 딸이 꿈을 포기해버리면 자신의 꿈 역시 사라질 것 같아 낙심했고, 어쩔 수 없이 심리상담을 받기로 했다.

사실, 엘리스는 더 이상 엄마가 정해놓은 대로 따르고 싶지 않을 뿐이다. 자녀가 훌륭한 사람이 되길 바라는 부모의 마음이 틀린 것

홍미 훈련

이 아니라, 아이 본연의 성향에 따라 키우지 않는 점이 잘못된 것이다. 혹자는 이렇게 반문할 수 있다. "하루 종일 아이만 따라다니며 사는데 어떻게 아이를 존중하지 않는다고 할 수 있는가?" 표면적으로는 부모가 아이의 곁은 맴도는 것처럼 보이지만, 실제로는 아이가 부모의 뜻에서 벗어나지 못하는 것이다.

세상 어떤 아이가 부모에게 인정받고 싶어 하지 않을까? 부모의 인정을 통해 아이는 자신감과 자존감 나아가 성취감까지 느낀다. 하지만 원하는 바를 포기하고 부모의 뜻대로 공부하는 아이는 절대 즐거울 수 없다. 오히려 뜻에 따라야만 한다는 압박감으로 삶에 대한 열정조차 식는다.

혹자는 아이의 관심사가 무엇이든 상관없다고 단언할 수 없는 이유가, "뭐가 제일 재미있어?"라고 물어볼 때 '텔레비전 보기'나 '컴퓨터 하기' 같은 대답을 서슴없이 내뱉으면 가슴이 철렁 내려앉기 때문이라고 토로한다. 하지만 아이를 탓하지 말자. 아이가 그런 대답을 하는 이유는 주어진 선택지가 너무 적기 때문이다. 아이들의 넘쳐나는 호기심만 본다면 다양한 선택을 할 것 같지만 실제로 많은 아이들이 부모의 통제에 의해 어쩔 수 없는 선택을 하곤 한다.

스스로 원한 선택이 아니라면 이 선택에 대한 책임도 질 수 없을 뿐 아니라 심지어 선택 자체를 포기하기도 한다. 그러면 부모는 '우리 아이는 재미있어 하는 것도 없고 관심 있어 하는 것도 없고, 그저 인터넷이나 TV만 본다.'라고 생각한다.

그렇다면 부모는 어떤 방법으로 TV나 인터넷에 '빼앗긴 정신'을 되찾아 진짜 흥미를 찾게 해줄까? 이를 위해 두 가지 방법을 제안하고자 한다.

관심사를 탐색할 때 아이를 자유롭게 풀어놓자

━━━ 에이미의 엄마는 태어난 지 얼마 되지도 않은 딸의 재능을 '피아노'로 결정했다. 하지만 어린 에이미는 매일 혹독한 피아노 연습과 변함없이 똑같은 곡을 반복 연습하는 데 아무런 재미를 느끼지 못했다. 피아노 연습 때문에 놀지도 못하자 결국 에이미는 불만을 표출했고, 그녀의 엄마는 딸이 원하는 대로 선택하도록 내버려두었다. 시간이 흐르면서 에이미는 음악뿐 아니라 피아노 작곡에 관심을 갖기 시작했고 엄마의 기대뿐 아니라 자신이 좋아하는 걸 할 수 있었다.

많은 부모들이 아이의 생활은 물론 생각까지 통제하길 원한다. 하지만 아이들은 사고과정에 통제와 간섭이 심하거나 마음속에서 원하는 바가 충족되지 못하면 인터넷이나 TV 등을 현실도피 수단으로 삼고, 마침내 즐거움과 만족감을 찾았다고 생각한다. 아이가 어떤 선택을 하든, 어떤 방법으로 그것을 발견하든지 부모는 아이 스스로 할 수 있게 해야 한다.

아이가 관심 있어 하는 것으로 '빼앗긴 정신'을 찾자

일반적으로 부모는 아이를 위해 환경을 바꿀 필요가 있다. 갑자기 TV를 없애거나 인터넷을 끊는 것이 아니라 아이의 성향에 맞춰 다른 쪽에서 만족감을 느끼도록 올바르게 이끌어야 한다. 아이가 흥미를 느끼는 다른 것으로 인터넷이나 게임을 대체해보자. 예를 들어 피아노, 바둑, 수영, 무용 등 다양한 선택지를 주고 아이가 스스로 재미있어 할 만한 걸 고르도록 하여 자연스럽게 무익한 것에서 '정신'을 되찾아 오지.

아이의 흥미를
이끌어내야 한다

　　　　　　홍미가 아이를 일깨우는 최고의 선생이
라면 우리에게 선생을 선택할 권리가 있을까? 나의 대답은 '그렇다'
이다. 일단 "홍미"의 특징부터 말하면 동기가 약하고 쉽게 바뀐다는
점이다. 따라서 잘 이끌기만 하면 아이의 홍미를 유발할 수 있다.

　아이는 일반적으로 타고난 소질에 따라 홍미를 느끼기 때문에 언
어 수업을 좋아하는 아이가 있는 반면, 수학을 좋아하는 아이가 있
다. 하지만 후천적 유도나 교육도 모두 동일하게 중요한 영향을 준
다. 가령 학교 선생님이 재미있는 방법으로 아이의 공부에 홍미를
느끼도록 하고 부모가 신기한 문구류로 아이가 숙제에 재미를 느
끼게 유도할 수 있다. 이런 방식으로 아이의 학습 홍미를 쉽게 이끌
어 낼 수 있다. 관찰을 통해 아이를 둘러싼 환경에서 어른의 학습

태도가 아이들의 학습흥미에 큰 영향을 미치는 것을 알아낸 사람들도 있다. 부모가 공부를 좋아하여 항상 그 중요성을 이야기하고 아이에게 유익한 서적 등을 적절하게 사주면 공부에 대한 열정을 키우고 다양한 과목에 흥미를 느끼게 할 수 있다. 따라서 부모는 아이에게 좋은 환경을 만들어 주어야 한다.

━━━ 노벨생리의학상을 수상한 과학자 오토 하인리히 바르부르크 Otto Heinrich Warburg 의 아버지 역시 독일에서 유명한 물리학자였다. 그는 아들에게 열심히 공부하라거나 장차 과학자가 되어야 한다고 말하지 않았다. 더욱이 그가 무엇을 해야 하는지 규정하지 않았다. 단지 어떤 과학자가 어떻게 고군분투하며 공부했는지 자주 이야기해 주었다.

바르부르크의 집에는 유명한 학자들이 자주 방문하여 그의 아버지와 학문적 토론을 하곤 했는데, 그때마다 아버지는 아들을 자연스럽게 불러 어른들의 대화를 듣게 했다. 그리고 손님들이 떠나면 아들을 곁으로 불러 함께 토론했다.

아버지는 아들이 경험하고 느낀 바에 대해 언제나 경청하며 칭찬과 찬사를 아끼지 않았다. 바르부르크는 성장하며 점차 과학에 흥미를 느끼고 공부를 즐겼다. 중학교 때부터 쌓아올린 그의 좋은 성적은 훗날 그를 최고의 과학자로 만드는 기초가 되었다.

오토 하인리히 바르부르크의 아버지는 가능한 모든 기회를 포착하여 빗물이 바위를 뚫는 것처럼, 가랑비에 옷이 젖는 것처럼 아들을 물들게 했다. 간접적으로 과학에 대한 아들의 관심을 일깨운 교육이었다. 아들에게 간섭하지 않았지만 언제나 아들의 흥미를 자극했다. 그의 아버지는 흥미가 최고의 선생이며 흥미가 있어야 아들이 과학이라는 길 위에서 지쳐 쓰러지지 않고 불굴의 의지로 진리를 탐구할 것임을 이미 알았던 것이다.

아이의 학습 흥미와 성취욕은 부모가 아이 마음의 밭에 뿌려놓은 작은 불씨라고 비유할 수 있다. 아이 마음속에 흥미라는 작은 불씨를 잘 지피면 마른장작에 불이 붙듯 활활 타오르게 된다. 그렇다면 어떻게 아이 마음에 흥미의 불씨를 피울 수 있을까?

이 질문에 대한 핵심은 '타이밍'과 '선주입'이라고 할 수 있다. 사람이 흥미를 갖는 것은 원론적으로 당연한 일이다. 그런데 구체적으로 무엇에 흥미를 느끼는지는 지극히 우연에 기인한다. 독서를 예로 들어보자. 아이가 어떤 것에 흥미를 느끼긴 하겠지만 그 대상이 독서일지, 아니면 공놀이일지는 우연이라는 요소가 다소 필요하다.

우연이라고 해서 무조건 손 놓고 기다려야만 하거나 통제가 불가능한 것은 아니다. 오히려 우연에 기인하기 때문에 부모가 예측 가능한 방향으로 이끌어 주어야 한다. 다시 비유해보자. 아직 너무 어리거나, 부모가 보기에 분별력이 아직 없을 때, 책에 대해 아무것도 모를 때 아이가 자주 책을 접하도록 하고 책에 흥미를 느끼게 하는 방법으로 아이가 책읽기를 좋아하도록 할 수 있다.

하지만 억지로 아이에게 책을 읽히거나 관심사를 강요하면 아마 아이는 책 읽는 것에 거부감을 느끼고 부모가 원하는 바도 이룰 수 없다. 반대로 어느 순간 아이가 게임기에 흥미를 갖게 된다면 나중에 다시 책으로 흥미를 유도하기도 힘든 일이다.

즉, 기회를 놓치면 다시 돌이킬 수 없으니 타이밍에 맞춰 가장 좋은 시기에 아이에게 흥미를 심어줘야 한다는 뜻이다. 부모가 의식적으로 기회를 '선점'해야 주도권을 확보할 수 있다.

흥미는 타고나는 것이 아니라 성장과정에서 점차 키워 나가야 함을 명심해야 한다. 이렇듯 흥미는 유도 가능하기에 우리 아이를 어떻게 키울 것인가 하는 계획의 시작점으로 삼을 수 있다. 다만 학습 흥미는 아이의 성향에 따라 자연스럽게 형성되어야 하는데 종종 부모의 주관이 개입되어 독단적으로 이루어지는 경우가 있다. 따라서 눈앞의 성과에 급급하여 부모의 의지나 뜻에 따라 아이와 상관없이 '흥미'를 만들면, 이는 오히려 부담이 되어 아이의 학습태도에 악영향을 미칠 뿐 아니라 심할 경우 아이의 반발심을 야기한다는 점을 주의해야 한다.

아이의 학습흥미를
높이자

　　　　　　하버드대의 한 교수의 말에 따르면 흥미
를 느끼지 못하는 공부는 고역이다. 학교에 입학한 후 아이가 모든
과목에 흥미를 느낄 수는 없다. 본인은 최선을 다해 키우지만 아이
들이 따라주지 않는다며 힘들어하는 부모들이 많은데, 사실 그 원
인은 부모가 아이를 제대로 이끌지 못하는 데 있다. 많은 아이들이
학교에 들어가 책을 펼치는 그 순간부터 부모의 보호와 삼엄한 감
시 속에서 공부를 시작한다. 부모는 어느새 '감독관'이 되고 심할
경우 '노예의 주인'처럼 변한다. 굴복하는 습관이 생기면 아이는 부
모가 시킬 때에만 공부하고 자기주도 학습능력이 떨어져 계속 수
동적인 자세를 취한다.

　이런 비효율적인 방식은 아이뿐 아니라 부모도 지치게 한다. 그

러니 부모는 공부가 아이 본인의 일임을 분명히 알도록 설명해야 한다. 열심히 공부하지 않는다고 절대로 꾸짖거나 체벌해서는 안 된다. 아이가 무엇 때문에 공부에 흥미를 잃었는지 분석해보고 적절한 방법을 통해 처방해야 한다. 이에 학습 동기를 높이고 공부에 흥미를 키울 수 있는 방법을 몇 가지 소개해 보고자 한다.

아이의 지적 호기심을 자극해라

지적 호기심은 아이 스스로 강하게 원할 때 나타난다. 이 자극으로 아이의 마음은 공부를 '해야 하는 것'이 아니라 '하고 싶은 것'으로 생각하게 된다. 몇 가지 유도 방식으로 아이의 학습의욕을 자극할 수 있다. 한 예로 아이들에게 잘 알려진 위인들의 고군분투 이야기나 성공 스토리를 들려주면 아이들은 이야기를 통해 자신의 생각과 마음을 키워나간다. 또는 정확한 학습목표를 세우도록 도와 아이가 왜 공부를 해야 하는지 스스로 깨닫도록 해야 한다.

학습의 이유를 설명하기 위해서는 단편적인 시각에서 벗어나야 한다. 예를 들어, 언어 학습은 단순히 글자를 익히는 것이 아니라 언어라는 도구를 통해 문자를 익히고, 책을 읽고, 쓸 수 있는 능력을 갖추어 다른 학문을 배울 수 있는 기반이 된다는 것을 알려주어야 한다. 이렇게 언어를 배우는 게 얼마나 중요한지 깨달아야 아이도 열심히 공부할 수 있다. 다른 공부 역시 마찬가지다.

목표를 통해 흥미를 이끌어라

라이스Rice 라는 흑인 소녀 한 명이 있었다. 11살 때, 부모를 따라 백악관을 견학하러 갔다가 거부당하자 화가 난 그녀는 부모에게 "언젠가 저 백악관에서 일할 거예요."라고 선언했다. 라이스는 어떻게 해야 백악관에 들어갈 수 있는지 아빠에게 물었다. "백인과 똑같이 노력한다면 언제나 뒤처질 거란다. 4배 더 노력한다면 아마 그들과 비슷하게 설 수 있겠지. 그런데 8배 더 노력하면 그들보다 앞서 나갈 수 있을 거란다." 그 후 라이스는 무슨 일을 하든 남들보다 8배 더 많은 노력을 쏟아부어야 한다고 스스로를 자극했다. 훗날 그녀는 박사학위를 받고 꿈에 그리던 백악관에 입성했다. 그녀가 바로 미국의 국무장관 콘돌리자 라이스Condoleezza Rice 다.

그녀의 이야기는 목표의 중요성을 보여준다.

지금 하고 있는 아이의 공부를 앞으로 국가나 사회의 중요한 임무와 결합시켜 이야기해 보자. 아이는 자신에 대한 사회적 요구를 학습 필요성으로 만들어 낼 때 진정한 학습동기와 노력하는 자세를 갖게 된다. 하지만 이런 방법이 아이에게 너무 막연하고 원대한 목표로 받아들여진다면 가시적이고 구체적인 목표를 설정해야 한다. 영어공부를 예로 들어보자. 아이가 애니메이션을 좋아하면 그 자체를 인정하여 원어로 된 영화를 보여주고, 영어를 알아들으면 귀여운 만화 주인공들이 하는 말을 알아들을 수 있다고 격려해줄 수 있다.

성취감으로 흥미를 이끌어라

경시대회마다 참가자들이 몰리는 이유는 상금에 눈이 멀어서가 아니라 자신의 지식과 능력을 인정받는 즐거움을 추구하기 때문이다. 바로 '성취감이 흥미를 유발'하는 전형적인 사례이다.

우리 아이 학습과정에도 이 방법을 적용할 수 있다. 예를 들어, 아이에게 학습 목표를 세분화하여 단계별 목표를 세우게 한다. 첫 단계에서 목표치를 낮게 잡아 쉽게 성공할 수 있도록 하면 계속 도전할 용기를 쉽게 이끌어낼 수 있다. 매 단계마다 자가진단이나 정식 테스트를 통해 아이의 학습 효과를 점검하고, 설령 아주 미미한 발전일지라도 즉시 아이를 칭찬하여 자기 긍정이 강해지도록 한다. 이런 방법을 통해 아이의 자신감과 흥미를 모두 높일 수 있다.

장점으로 흥미를 이끌어라

어떤 공부든 아이들은 좋고 싫은 편향성을 갖는다. 문제는 이러한 편향성이 학습태도를 결정하며 일종의 유도역할을 한다는 점이다. 일례로, 영어공부에 매우 수동적이고 심지어 교사의 질문도 꺼려하는 아이들이 있다. 이런 정서적 거부감을 없애기 위해서는 아이의 학습 상태를 정확하게 파악하여 총체적인 난국에서 실마리를 찾아내듯 눈앞에 펼쳐진 약점 속에서 아주 일부일지 모를 장점을 찾아내야 한다.

예를 들어, 아이의 영어 학습이 전반적으로 좋지 않더라도 글씨를 반듯하게 쓰거나 발음이 정확하다면 이를 바탕으로 '잘 쓰네', '잘 읽네'라는 말들로 긍정적인 반응을 이끌어 내야 한다. 그럼 부분적인 장점으로 자신감을 키우고 흥미를 유발하여 성취감을 느끼게 할 수 있다.

이 밖에도, 부모는 아이의 장점을 찾아내 응원과 칭찬으로 자신감을 더 많이 키워주어야 한다. 자신감의 확대는 아이의 학습 흥미를 더 높여주기 때문이다.

의지력으로 흥미를 더해라

좌절 없는 공부는 없다. 이때 강한 의지로 자신의 관심사를 유지하고 깊게 파고들어야 한다. 의지가 강해야 어려움에 직면해도 이겨내고 스스로를 격려할 수 있다. 있는 그대로를 받아들인다는 것은 참으로 지루한 일이지만 공부의 재미를 끊임없이 찾아내야 한다.

돈보다 아이의 호기심을
소중히 여겨라

아이들에게 세상은 마냥 새롭고 신기한 곳이다. 언제나 호기심 가득한 눈으로 주변을 관찰하고, 어른들에게 이미 익숙한 것에 큰 관심을 보인다. 아이들의 눈에 세상은 신기하기만 하다. 나무한테는 왜 가지랑 잎사귀가 있지? 꽃 색깔은 왜 다 다르지? 풀은 왜 녹색이지? 새는 어떻게 날지? 하늘은 왜 파란색이지? 태양은 왜 뜨고 왜 질까? 저녁에 달과 별은 왜 나타나지 등 모든 것이 아이들에게는 수수께끼이고 강렬하게 호기심을 끈다. 그리고 호기심은 답을 찾아내고 싶어 하는 마음을 동반하는데 이것이 바로 지적 호기심이다.

아이들에게 호기심은 중요하다. 호기심이 없다면 무엇인가 알고자 하는 탐구심 또한 생기지 않기 때문이다. 호기심은 아이들의 본능이며 종종 어른들로서는 상상 불가능한 잠재력을 지니고 있다.
새로운 지식에 대한 탐구심이자 혁신의 원동력인 동시에 지혜를
여는 열쇠가 바로 호기심이다. 또한 아이의 미래 발전을 결정하기
에 아이의 호기심을 지켜주는 것은 곧 아이의 행복을 지키는 것과
같다.

━━━ 위대한 발명가 에디슨Edison은 어려서부터 호기심이 넘쳤다.
항상 '왜' 그럴까 물어보고, 이해할 때까지 답을 찾곤 했다. 하루는 학
교에서 한 자리 수의 덧셈에 대해서 배우고 있었다. 모든 아이들이
귀 기울여 설명을 들을 때, 에디슨은 손을 들어 질문했다. "선생님, 2 더
하기 2는 왜 4인가요?" 그의 갑작스런 질문에 선생은 말문이 막혔고
제대로 된 답도 해주지 못했다.

에디슨의 아버지도 항상 엉뚱한 질문을 받았지만 대답 대신 머리를
쥐어박으며 "엄마한테 가서 물어봐! 네 그 엉뚱한 말에 답해줄 수 있
는 사람은 엄마밖에 없을 게다."라며 면박을 줬다.

어느 날, 에디슨은 부엌에서 바삐 일하는 엄마에게 질문을 던졌다.
"엄마, 우리 집 암탉은 왜 자기 알을 엉덩이 밑에 깔고 앉아 있어요?
이상하지 않아요?" 그녀는 아들의 말이 무슨 소리인가 잠시 의아했
지만 이내 아들의 질문에 웃음이 터졌다. 하던 일을 멈추고 그녀는
에디슨에게 말했다. "어미닭이 새끼를 부화시키는 거란다. 알을 따뜻
하게 품고 있으면 병아리가 알을 깨고 나올 거야. 우리 집에 있는 새
끼 병아리들도 전부 그렇게 어미닭이 품어서 나올 수 있었던 거란다."

에디슨은 너무 신기했다. 곰곰이 생각을 하더니 엄마를 바라보며 "그

럼 엉덩이 밑에 달걀을 놓고 따뜻하게 하면 병아리가 나온다는 거죠?"라고 물었다. "그렇지." 그녀는 머리를 끄덕이며 만족스럽게 아들에게 답했다.

잠시 후 식사시간이 되자 그녀는 아들이 사라졌다는 걸 알았다. 여기저기 찾아보아도 없자 그녀는 다급하게 큰 소리로 아들의 이름을 불렀다. 그때, 창고에서 애디슨의 목소리가 들려왔다. 목소리를 따라 창고로 가보니 애디슨이 달걀 몇 개를 품 안에 품고 둥글게 웅크린 채 엎드려 있었다.

애디슨의 어머니는 아들이 던지는 갖가지 엉뚱한 질문을 무시하지 않고 항상 진지하게 모든 질문에 답해주었다. 이런 부모의 태도는 아이의 강한 탐구력과 호기심이 마르지 않도록 어려서부터 끊임없이 사고하고 용기 있게 탐구하는 습관을 길러주어 상상력과 사고능력이 자라는 데 도움이 된다. 애디슨의 발명품은 그의 호기심이 어떤 결과를 이끌었는지 보여주는 방증이자 아이의 호기심을 지켜봐준 어머니에 대한 최고의 선물이다.

실제로 일상생활에서 대부분의 아이들이 애디슨처럼 강한 호기심을 가지고 있다. 하지만 많은 이들이 이런 엉뚱하고 기상천외한 질문을 장난으로 여기거나 귀찮아하며 아이들의 질문에 냉담하게 반응하거나 대충 얼버무리며 무시한다. 이런 반응은 아이가 지혜의 싹을 틔우는 데 방해만 되고 지적 호기심을 사그라들게 한다.

━━━ 노벨물리학상 수상자인 미국 캘리포니아공과대학California Institute of Technology 교수 리처드 파인만Richard Feynman은 본래 호기심이 워낙 많아 스스로를 '과학 악동'이라 자칭했다. 열한두 살 때 파인만은 자신의 집에 실험실을 꾸며 모터나 광전판을 만들며 놀고, 현미경으로 갖가지 재미있는 동식물을 관찰하곤 했다.

한 번은 짚신벌레가 물이 없으면 어떻게 되는지에 흥미가 생겨 현미경으로 관찰하기 시작했다. 먼저 현미경 아래로 물 한 방울을 떨어뜨린 후 살펴보니 짚신벌레와 '짚단' 같은 풀이 보였다. 그리고는 물이 증발하면 어떤 일이 일어나는지 한참 동안 관찰했다. 파인만은 물이 모두 마른 뒤 짚신벌레가 놀랍게도 아베마처럼 모습을 바꾸더니 천천히 자신을 붙들고 있는 '작은 짚단'에게서 벗어나려 하는 걸 보았다.

이후 파인만은 이 호기심을 더 강하게 키워나가 과학 분야에서 새로운 쾌거를 끊임없이 이루며 결국 노벨상을 수상하였다.

만약 파인만의 부모가 어린 시절에 그의 관심사를 무시했거나 아들의 호기심에 무신경이었다면 혹은 실험으로 본인의 지적 호기심을 충족하려 할 때 간섭하고 제지했다면 과연 오늘날의 성과를 이룰 수 있었을까?

세상 모든 것들이 아이들에게는 그저 신기한 것이며, 아직 알지 못하고 체험하지 못한 것들이다. 그렇기에 호기심을 품고, 즐거워하고, 관심을 갖고, 접근하며 심지어는 끝까지 캐묻고 질문 폭탄을 던진다. 이때 아이의 호기심에 대해 보이는 부모의 태도가 아이의 발전에 직접적인 영향을 미친다. 그리고 많은 성공사례가 이야기

해주듯 부모와 교사는 즉각적인 반응으로 아이들의 호기심을 충족
시켜주고, 아울러 더 많은 질문을 이끌어 내야 한다. 이렇게 하면
아이들의 탐구력은 높아지고 탐구력은 반대급부로 다시 아이의 호
기심을 더욱 강하게 만들어 더 많은 지식을 얻도록 도와준다.

'아가, 이게 뭘까?'

　　아이의 호기심이 중요하다는 것은 알지만 어떻게 그 호기심을 지켜줘야 하는지 난감해하는 부모들이 있다. 핵심은 호기심으로 호기심을 이끌어 내는 것이다. 부연하자면, 어떤 문제로 아이의 호기심을 이끌어 낸 후 이를 통해 아이가 문제를 탐구하도록 하여 사고력을 발달시키는 방법이다.

━━━ 위대한 작가 레프 톨스토이Leo Tolstoy에게는 모두 11명의 자녀가 있었다. 아이들 모두 세네 살 때부터 글자를 알고 책을 읽었다. 톨스토이는 아이들과 많은 질문을 주고받으며 사고력과 독서를 이끌어 내는 것을 매우 중요시했다.

흥미유발을 위해 그는 매일 저녁 시간을 내어 거위털로 만든 펜으로 아이들의 책에 삽화를 그렸다. 비록 그림에 재주가 없어 섬세하지는 않았지만 그는 이런 방법이 아이들에게 책 읽는 즐거움을 준다는 것을 알았다. 왜냐하면 모든 그림마다 아이들이 이해하지 못할 문제를 함께 담았기 때문이다. 아이들은 그림에 담긴 문제에 흥미를 느꼈고 호기심을 강하게 이끌어내기 충분했다. 그래서 아이들은 언제나 기대에 찬 표정으로 그림을 보며 책에서 문제의 답을 찾아 자신들의 호기심을 만끽했다. 이런 방법 때문에 아이들의 독서는 언제나 흥미진진했다.

아이들에게 취하는 즐거운 교육 방식은 즐거운 호기심을 낳는다. 어린아이를 키우는 부모라면 아이에게 "아가, 이게 뭘까?"라고 많이 물어보길 바란다. 이런 질문을 통해 아이의 관심을 유도하고 아이가 한 걸음 한 걸음 호기심을 채워간다면 건강하게 성장할 것이다.

예를 들어 이제 막 말을 하고 사물을 인지하기 시작한 아이와 함께 공원으로 가서 식물을 보여주고 질문을 던지는 방법으로 아이를 가르치는 것도 좋다.

엄마가 형형색색의 꽃을 가리키며 "아가, 이게 뭘까?"라고 물으면 아이는 자연히 꽃을 보면서 머릿속으로 '이게 뭘까' 하며 물음표를 많이 만들어 낸다. 이때 아이는 엄마에게 답을 알려달라는 신호를 보내게 되고 엄마는 "예쁜 꽃이네, 향기로운 꽃이네, 꽃처럼 예쁜 우리 아이네."라고 반응해 준다. 엄마가 차근차근 분명하게 뜻을 전달해주면 아이는 엄마의 말에 따라 "꽃"이라는 단어를 배우게 된다. 그리고 함께 꽃향기를 맡거나 집에서 꽃을 키우면 "꽃"에 대한 이미지를 강하게 남길 수 있다.

만약 나무 한 그루를 보았다면 아이에게 "아가, 이건 또 뭘까?"라고 물어보자. 그럼 아이는 자신이 이미 인지한 꽃과 나무를 비교하면서 새로운 존재를 알게 되어 또 다른 호기심을 느낀다. 아이가 스스로 답을 찾지 못하고 엄마의 답변을 기다린다면 "이건 큰 나무야, 나무는 기둥과 가지, 잎이 있고 어떤 나무는 과일도 열린단다."라고 알려주면 된다.

이 외에도 아이와 함께 계절별로 나무의 변화를 관찰할 수 있다. 봄에는 푸릇한 새싹이 피고, 여름에는 나뭇잎이 무성하고, 가을에는 알록달록 단풍과 낙엽이 거리를 가득 메우고, 겨울에는 앙상한 가지만 남아 있는 나무를 관찰해보자. 아이가 나무의 변화를 인지한다면 아이의 사고력을 키울 수 있는 질문을 던져보자. "아가, 왜 나뭇잎은 계절에 따라 색깔이 바뀔까?"

일련의 질문을 통해 부모는 아이에게 좋은 습관을 길러줄 수 있다. 일생 생활 속에서 알게 모르게 다양한 질문으로 아이들의 호기심을 자극하여 스스로 해답을 찾도록 할 수 있다. 그러면 아이는 사소한 질문에 한없는 호기심을 갖고 다른 아이들보다 더 깊이 생각하고 관찰한다.

우리 주변의 것들을 이용해서 적절한 타이밍에 아이들에게 질문을 건네는 방식으로 아이들의 호기심을 자극할 수 있다. 하버드대에서는 매 학년마다 자신의 호기심과 관련된 수업을 듣도록 되어 있다. 이런 훈련을 통해 학생들은 호기심을 잃지 않고 끊임없이 탐구한다.

━━━ 어느 날, 한 아버지가 아들 제이크와 딸을 데리고 야외로 나
갔다. 제이크는 나무 주변에서 죽어 있는 무당벌레를 발견했고 궁금
한 동생이 다가와 물었다. "왜 그래?", "무당벌레가 죽었어! 무당벌레
야, 빨리 일어나!" 동생은 제이크 옆에 엎드리고 누워 온 신경을 쏟아
무당벌레를 바라보았다. "오빠, 조용히 해. 무당벌레가 자고 있잖아.
깨우면 안 돼." 그녀는 조심스럽게 죽은 무당벌레를 손에 올려놓았
다. "춥지 않니? 옷도 안 입고 있네.", "겨울잠을 잘 수 없을 거야.", "무
당벌레 집이 너무 추운가 봐.", "아빠 무당벌레한테 집을 지어줘야겠
어요."

이런 상황에서 아버지는 적당한 타이밍에 아이들에게 질문을 할
수 있다. 예를 들어 아들에게는 작은 목소리로 "무당벌레가 왜 죽었
을까?"라고 물어 호기심을 유발시킨 후 동물의 생애주기에 대해 생
각하게 하는 것이다.

동시에 아직 어린 딸에게는 단계적으로 이해수준에 맞는 질문을
던져 호기심을 유도함으로써 딸이 실제 상황을 인지하고 자연현상
을 깨닫게 할 수 있다. 예를 들어 "무당벌레가 자는데 어떻게 꼼짝
도 안 하지?", "얼마나 오랫동안 잘까?"라는 질문으로 관찰하고 사
고하도록 시간을 준 뒤 실제로는 어떤 상황인지 천천히 알려주면
된다. 이렇게 호기심과 사고력을 자극하여 아이에게 지식을 전달
하는 것은 사고력 훈련과 생각하는 습관을 기르는 좋은 방법이다.

호기심은 진리를 추구하는 과정에서 충족된다

　아이가 품은 호기심을 촉진제로 활용하지 못하면 아무리 좋은 호기심이라도 발전하지 못한 채 멈추게 되고, 새로웠던 그 느낌도 잃고 만다. 만일 이런 일이 반복된다면 아이의 호기심은 점점 약해지고, 호기심이 결여된 채 주어진 규칙에 따라 적응하게 된다. 그리고 시간이 지나면 생동감으로 반짝이던 아이의 눈빛도 점점 찾아보기 힘들어진다.

　그렇기에 우리 아이가 무엇인가에 호기심을 보일 때 부모는 아이에게 집중해야 한다. 아이가 호기심을 파헤치고 따라가 스스로 얻고자 하는 바를 찾아내도록 최대한 격려해야 한다. 인재들로 가득한 하버드대 학생들의 공통점은 바로 진리 추구의 길을 포기하지 않고 걷는다는 점이다.

━━━ 　아인슈타인은 어린 시절 굼뜬 행동으로 친구들에게 놀림과 비웃음을 받았다. 중학교에 입학한 그는 수학을 좋아했고, 책에서 피난처와 정신적 위로를 얻으며 외로움을 극복했다. 그렇게 아인슈타인은 책을 통해 아르키메데스 Archimedes, 뉴턴Isaac Newton, 데카르트Descartes, 괴테Goethe, 모차르트Mozart 등을 알게 되었다.

어느 날, 그는 자신에게 수학을 가르쳐 주던 외삼촌에게 이런 질문을 했다. "만약 제가 진공 속에서 빛의 속도로 빛과 함께 달린다면 공간 안에서 진동하는 전자파를 볼 수 있지 않을까요?" 외삼촌은 한동안 멍하게 있다가 평소와 다른 눈길로 그를 바라보았다. 칭찬과 염려가 뒤섞인 눈빛이었다. 아인슈타인의 심상치 않은 질문이 아무도 예상치 못한 반향을 일으킬 것을 느꼈기 때문이다. 하지만 외삼촌은 아인슈타인의 생각을 막지 않고 오히려 그가 계속해서 미지의 진리를 좇도록 격려했다.

이후에도 아인슈타인은 줄곧 이 문제에 대해 고민했고 이 궁금증은 그가 지쳐 쓰러지지 않도록 해주었다. 1895년 가을, 그는 고민 끝에 스위스 취리히대학교University of Zurich에 지원하기로 결심했다. 하지만 실패했다. 외국어가 불합격이었기 때문이다. 하지만 그는 낙방에 실망하지 않고 보충수업에 참석했다. 1년 후 그는 보충학습에 대한 합격증을 받고 취리히 연방공대에 입학했다. 당시 그는 이미 자신의 미래에 대한 준비를 했고 수업이 아닌 서적탐독과 실험실에 모든 정신을 쏟아부었다. 하지만 교수들은 전공과 무관한 책을 읽고 일반적이지 않은 그의 행동을 보며 '좋은 학생은 아니다.'라고 판단했다.

그가 대학을 졸업할 무렵 갑작스러운 경제위기가 닥쳤고 그 역시 실업자 신세가 되었다. 생계를 위해 구직광고를 붙이며 물리강의로 겨우 시간당 3프랑을 벌었다. 하지만 이 기간에 그는 전통물리학에 대한 고찰을 하며 전통적 학술관념과 충돌하게 되었다. 5주라는 긴장과 흥분의 시간이 지나고 아인슈타인은 〈움직이는 물체의 전기동역학에 관하여On the Electrodynamics of Moving Bodies〉라는 9천 자 분량의 논문을 썼는데, 여기서 협의의 상대성이론이 탄생이었다. 이 이론은 당시 물리학계와 과학계에 거대한 담론을 던졌고 시간이 흐를수록 더 많은 사람들이 그를 따라 진리탐구에 몰두했다.

아인슈타인이 추구한 진리의 길은 험난했지만 한편으로 그는 운이 좋은 사람이었다. 호기심을 품기 시작한 그때부터 가족들의 지지를 받았고, 이러한 지지를 통해 한평생 진리를 탐구할 수 있는 용기를 얻었기 때문이다. 부모는 아이슈타인의 비범함을 알았을 때 이를 쉽게 흘려보내지 않고 꾸준한 관심과 염려로 지원해주었다. 외삼촌은 그가 아무도 알 수 없는 호기심을 품었음을 알아챘을 때 귀찮아하며 말리거나 어설프게 설득하지 않고 오히려 그를 진심으로 걱정하며 격려하고 지지했다. 이렇게 보이지 않는 힘에 의해 아인슈타인은 고민 없이 진리탐구라는 자신의 길을 걸을 수 있었다.
진리를 향한 영원불변의 그 집념이 아인슈타인을 만들고 기적을 만들어 새로운 세대를 열었다.
그렇다면 아이의 호기심으로 어떻게 진리추구를 이루어낼 수 있을까?

칭찬과 응원을 아끼지 말자

우리 아이가 어떤 것에 호기심을 느끼고 잘 모르는 것을 풀기 위해 노력하고 있다면, 유별나게 군다는 말을 듣더라도 칭찬과 응원을 귀찮아하거나 적당히 얼버무려서는 안 된다. 부모는 아이가 용감하게 탐구할 수 있도록 최대한 격려해야 한다.

아이의 탐구정신을 칭찬해라

우리 아이가 소소한 진리를 발견하고 호기심에 만족하고 있을 때, 아이의 탐구정신을 칭찬하고 집중력과 용기에 진심 어린 응원을 표현해야 한다.

"절대적 진리란 존재하지 않는다. 다만 절대 진리를 추구하는 사람만 있을 뿐이다." 우리가 강조해야 하는 것은 진리 추구의 과정, 즉 탐구하는 자세다. 삶의 수많은 의미가 바로 이 작은 호기심에서 비롯된다. 호기심을 겁내지 않고 따라갈 수 있는 사람이 더 큰 집중력과 성취감을 얻을 수 있다.

탐구 훈련

아이의 탐구력과 실행력을 자극해라

이따금 아이들이 내보이는 범상치 않은 아이디어를 그저 별나게 여겨 꺾어버려선 안 된다. 오히려 응원과 격려를 보내 더 아이가 적극적으로 파고들게 해야 한다. 수많은 발명과 혁신도 모두 "황당무계"한 아이디어에서 출발하여 탐구를 통해 실현되었다.

유명한 교육가 바실리 알렉산드로비치 수호믈린스키V. A. Sukhomlinsky 는 "공부에 대한 아이의 의지나 관심 없이는 우리의 모든 계획과 탐구도 물거품이 될 것이다."라고 말했다. 탐구정신과 실행정신이 없는 공부란 없다. 탐구정신과 실행정신은 강력한 자석이 되어 아이가 관심을 느끼는 대상에 딱 붙어 있게 만든다. 그러니 아이의 탐구정신을 자극하여 지적 잠재력을 끌어올리면 우수한 아이로 키울 수 있다.

놀이를 통해
지적욕구를 자극해라

　　　　　　　　놀이는 모든 아이들의 본능이자 행복이며, 지능개발 도구일 뿐 아니라 신체활동을 통해 두뇌를 자극하여 지식과 능력 개발을 이끄는 좋은 수단이다. 따라서 놀이라고 무조건 반대하거나 놀고 싶어 하는 아이의 마음을 거칠게 다루면 안 된다. 오히려 놀이에 대한 아이의 본능을 적극적으로 활용하여 지능개발을 도모하고 놀이 속에서 아이의 지적 욕구를 자극해야 한다.

먼저 아래의 간단한 질문에 답해보자.

① 아이와 함께 공원이나 놀이동산에 간 적 있는가?

② 놀이를 통해 지적 학습이 가능하다고 생각하는가?

③ 아이가 자기의 관심사나 좋아하는 것에 많은 시간을 할애하도록

하는가?

④ 아이의 사고력을 개발할 수 있는 놀이를 하도록 힘쓰는가?

⑤ 아이의 노는 모습을 주의 깊게 관찰해본 결과 아이가 잠재력이 있
  다고 생각하는가?

⑥ 놀이를 통해 심리적 장애를 해결할 수 있다고 생각하는가?

⑦ 놀이를 통해 좋은 성격을 갖출 수 있다고 생각하는가?

⑧ 놀이를 통해 상상의 나래를 펼칠 수 있다고 생각하는가?

'예'라는 대답이 7~8개라면 놀이학습의 중요성을 이미 충분히 인식하고 있다고 보며, 앞으로 지속적으로 아이와의 놀이과정에 관심 가지면 된다. '예'라는 대답이 4~6개라면 아이가 놀이를 통해 책에서 배우지 못하는 것들을 배울 수 있다는 인식이 부족한 상태이다. 따라서 앞으로 아이의 놀이학습에 좀 더 관심 갖길 권한다. 마지막으로 '예'라는 대답이 1~3개라면 놀이학습을 등한시하는 경우로 지금부터라도 아이의 지덕체를 포함한 모든 부분의 발달을 위해 놀이학습을 활용해 아이의 흥미와 취미를 키워주길 바란다.

독일의 교육가 칼 비테Karl Witte는 "연령별 놀이는 아이들에게 매우 중요하다."고 했다. 놀이는 단순히 재미에 국한된 것이 아니라 놀이 과정에서 더 많은 것을 배울 수 있으며 아이들 입장에서 매우 절묘한 교육방식이다.

━━━ 5살 엘런과 아담은 부모 눈에 마냥 놀기 좋아하는 아이들로, 둘은 만나기만 하면 피곤한 줄도 모르고 정신없이 뛰어다녔다.

두 아이의 부모들은 노는 것만 좋아하다가 학교생활에 적응하지 못할까 걱정했다. 어느 날, 부모들은 아이들의 노는 모습을 몰래 지켜보았다. 엘런은 손님, 아담은 종업원이 되어 역할놀이 중이었다. 아담이 "샌드위치 한 조각 1달러, 두 조각짜리는 2달러, 음료수는 한 병에 3달러입니다."라고 하자 엘런은 말이 끝나자마자 아담에게 5달러를 내밀었다. 두 아이의 부모 모두 깜짝 놀라 "평소에는 수학문제 풀기도 싫어하고 잘 풀지도 못하더니 저렇게 놀면서 하니까 금방 하네요. 억지로 시키는 것보다 저런 방법이 애들한테는 재미있겠어요."라고 말했다.

젊은 세대의 부모들은 아이의 정서교육에 중점을 두고 싶어 하지만, 현실적으로는 아직도 많은 부모들이 성적만으로 '최고'를 이야기 한다. 성적이 좋으면 우수한 아이이고, 1등이나 상위권에 있어야 천재라는 인식이 만연해 있다. 이로 인해 아이의 '놀 권리'는 박탈당하고 사회성을 키울 기회는 점차 줄어드는 대신, 책 속의 딱딱한 지식만 주입되어 종합적으로 보면 아이들의 소질이 꺾이는 결과를 만든다. 더 큰 문제는 이렇게 자란 아이들은 성인이 되어도 문제해결능력을 갖추지 못한다는 것이다. 책에 나온 지엽적인 지식은 알지만 어떻게 활용해야 하는지를 모르기 때문이다. 이 점이 바로 어린 시절 '죽은 학습'의 결과이며, 우리 아이에게 놀이학습이 필요한 이유다.

물론 여기에서 말하는 '놀이'란 아무런 제약 없이 마음대로 논다는 의미가 아니며, 어느 정도 부모의 스킬이 필요하다.

　　　　　　　　　　　　　　　　　　　　　　　탐구 훈련

놀이와 공부를 결합해라

좋은 부모는 학습과 관찰, 기억 활동과 놀이를 잘 융합시켜 아이의 지식 폭을 확장시킨다. 또한 경험을 쌓아 소양을 높이고 아이의 지적 호기심을 자극한다. 놀이는 아이의 성장에서 신체활동을 통한 균형 잡힌 신체발달, 지능개발과 창의력 향상을 이끄는 도구 역할을 한다.

자연과 친구가 되게 해라

아이가 탐구 욕구를 느끼는 대상은 주로 동식물, 바람, 햇빛, 물, 모래 등 자연물과 자연현상이다. 하지만 부모들은 자연현상보다 주로 사회적 현상에 더 많은 관심을 가진다. 아이가 곤충을 들고 와 보여주면 어떤 부모들은 아이의 행동을 말리거나 심지어 비명을 지르기도 한다. 부모는 아이와의 놀이를 거부하지 말고 그때그때 칭찬과 격려로 도와주어야 한다. 아이와 함께 즐긴다면 아이는 과학을 '놀이'뿐만 아니라 '학문'으로 받아들여 흥미 범위를 넓힐 수 있다. 더 나아가 아이 스스로 위대한 과학자라는 꿈을 품을지도 모른다.

장난감은 단순할수록 좋다

아이의 탐구 대상은 어디에서나 존재한다. 자연의 꽃과 나무, 새와 곤충에서부터 일상생활 용품까지 모든 것에 즐거움을 느낀다. 요즘은 생활환경이 좋아져서 많은 부모들이 아이들에게 최고의 장난감을 사주고 싶어 한다. 일부는 가능하면 최첨단 장난감을 갖고

노는 게 좋다고 생각한다. 하지만 높은 기술력이 들어간 자동 완구
는 아이가 자유자재로 조작하거나 참여할 기회가 높지 않아 오랫
동안 놀지 못하고 금방 질려버린다. 그렇게 장난감은 그대로 방치
되곤 한다.

의외로 진흙, 퍼즐, 돌멩이, 나뭇가지 등 단순한 장난감이 아이의
관심과 잠재력을 더 많이 자극한다. 이러한 놀이를 통해 아이의 지
식 범주를 넓히고 소질을 개발하여 사물에 대한 탐구력도 강화할
수 있다.

세상에 대한 탐구본능을
존중하고 소중히 여겨라

아이들의 선천적인 탐구심은 사물에 대한 호기심에 따라 결정된다. 아이들은 모르는 것에 끝까지 매달려 용감하게 진실을 찾아낸다. 이때, 부모의 역할은 아이가 원하는 진실을 향해 탐구하도록 돕는 일이다. 대상이 무엇이든 아이의 탐구본능을 존중하고 소중하게 여겨야 아이가 지속적으로 학습 동기를 만들어 낸다.

아이에게 소중한 체험기회를 제공해라

케이트라는 한 여성이 친구 집에 초대되었다. 친구의 딸 릴리는 이제 겨우 18개월이 된 귀엽고 사랑스러운 아이였다. 릴리는 테이

블 위 접시에 가득 담긴 레몬 슬라이스를 보자 호기심에 바로 한 조
각을 집어 들더니 입에 넣으려 했다. 케이트가 재빨리 릴리가 못 먹
게 막으려 하자, 오히려 친구는 그런 케이트를 제지했다. 릴리가 레몬
을 한 입 물자 얼굴이 일그러지더니 뱉어버렸다. 친구는 케이트에게
웃으며 말했다. "이제 어떤 맛인지 알았겠지."

케이트의 친구는 세상을 향한 릴리의 탐구본능을 존중하고 지속
시켜 주었다. 직접 체험해 보는 경험은 매우 소중한데, 기계적으로
기억하는 간접경험보다 더 깊이 흡수되어 아이의 능력으로 체화되
기 때문이다. 물론 레몬을 못 먹게 한 후 릴리에게 왜 먹으면 안 되
는지 다정하게 설명해 주는 방법도 있지만 이것은 직접 체험하는
방식으로 알게 되는 것과 비교할 수 없다.

아이의 "왜?"라는 질문에 응답해라

아이는 넘치는 지적 호기심으로 언제나 기상천외한 질문을 하곤
한다. 이때 부모가 "저쪽 가서 좀 놀아. 엄마 지금 바쁘잖아."라는
식의 소극적인 반응을 보이거나, 더 이상 말도 못 꺼낼 정도로 아이
의 질문을 반박해서는 더욱 안 된다. 이런 반응은 아이의 지적 호기
심에 상처를 주어 시간이 지날수록 점점 알고 싶어 하는 마음까지
사라지게 만든다. 아이의 질문이 가벼울 때도 있고, 심오할 때도 있
고, 의미 없어 보일 때도 있고, 때로는 상상력으로 가득 차 있을 때
도 있겠지만 부모는 최대한 빠르게 반응해줘야 한다. 시간적 여유
가 허락된다면 질문을 아이가 이미 잘 알고 있는 내용이나 좋아하

탐구 훈련

는 것과 함께 연결해 볼 수 있다. 대답하기 곤란하거나 대답해줄 수 없는 질문에는 솔직하게 말하고 전문가에게 묻거나 인터넷으로 질문에 대한 답이나 해결 방법을 찾아 아이에게 바로 알려주어야 한다. 아이의 지적 호기심을 깨지 않는 가장 효과적인 방법은 아이들의 모든 질문에 잘 응답하는 것이다.

요즘 많은 부모들이 아이의 질문을 귀찮아하는데 이는 매우 잘못된 반응이다. 잠깐은 아이를 조용하게 할 수 있을지는 몰라도 은연중에 아이의 호기심과 지적 욕구를 억눌러 심할 경우 아이의 가장 소중한 탐구본능까지 사라지게 할 수 있다.

━━━━ 어느 날, 세덜스와 핫세 선생이 아이들의 질문공세에 대해 이야기하고 있었다. 핫세 선생은 "가끔씩은 귀찮아요. 하루 종일 쉬지 않고 말하고, 끊임없이 재잘거리며 물어보니 머리가 깨질 것 같아요." 이때, 세덜스의 아들이 다가왔다. 손에는 어린이용으로 출판된 다윈의 진화론이 들려 있었다. 진화과정에 대한 생동감 넘치는 표현과 재미있는 삽화로 꾸며진 책이었다.

"아빠, 진화론에 따르면 원숭이가 진화해서 사람이 된 거래요. 진짜예요?" 아들의 물음에 세덜스는 "진짜 사실인지는 나도 잘 모르지만 다윈의 이론에 따르면 그렇지."라고 답했다. "그런데 원숭이에서 진화했다면 왜 지금 사람은 사람이고, 원숭이는 아직도 원숭이인 거예요?", "책에 나온 설명을 아직 못 봤구나. 원숭이 중 일부가 진화해서 인류가 되고, 나머지는 진화하지 못해서 아직 원숭이로 남아 있다고 하는구나."

"진화론대로라면 원숭이가 모두 진화해야죠. 일부만 진화하면 안 되는데요.", "왜 그렇게 생각하니?", "제 생각에는 남은 원숭이들도 진화해서 나무 타는 사람 정도는 되어야 하지 않을까요?", "그건 불가능하단다. 원숭이 무리의 일부는 진화하지 못하거든."

아들의 질문은 꼬리에 꼬리를 물듯 계속되었다. 어른들 눈에는 그저 재미있고 근거 없는 질문 같아 보이지만 세덜스는 아들이 상처받지 않도록 진지하게 답해 주었다. "세덜스 박사님, 참을성이 엄청나시군요." 핫세 선생의 감탄에 그는 말했다. "저는 특별히 참을성이 강한 게 아니에요. 그저 아이의 질문에 진지하게 대답해 주는 일이 얼마나 중요한지 알고 있는 거예요. 이렇게만 해줘도 아이의 지적 욕구는 충족된답니다. 아니면 우리 아이의 소중한 재능이 사라지니까요."

하버드의 교육방침에 따르면 교육의 진정한 의미는 탐구본능 혹은 지적욕구의 충족이다. 이를 벗어난 교육은 실패할 가능성이 크다. 아이가 일상생활, 학업, 놀이 과정에서 직면하는 문제는 새로운 지식을 탐구하고픈 자극을 만들어낸다. 이는 매우 좋은 현상이기 때문에 부모는 최대한 그런 환경을 유지해야 한다. 아이의 탐구 정신을 소중히 여기면 아이는 자존감을 토대로 최선을 다해 문제해결을 위해 노력한다. 이런 정신을 바탕으로 아이는 능히 성공의 길을 걸을 수 있다.

아이의 "왜"라는 물음을
높이 평가해라

　　　　　　　　　요즘 부모들은 아이의 재능 개발을 중요
시하여 주말마다 바쁘게 아이들을 각종 특별활동과 취미를 위한
학원에 보낸다. 그러면서 평소에 아이가 던지는 천진난만한 질문
은 가벼이 여기거나 귀찮아하며 너무 쉽게 "몰라."라고 대꾸한다.
아이의 창의력을 방해하는 것은 사실 부모의 무심한 반응이다. 아
이들은 본능적으로 모든 사물, 특히 관심 있는 대상에 강한 호기심
을 느낀다. 다만 그 호기심과 관심을 제대로 표현하지 못해 끊임없
는 질문으로 표출할 뿐이다. 부모는 자신의 아이가 훌륭한 사람이
되기 바라면서도 정작 이런 미세한 표현을 놓치곤 한다.

　아이는 본래 질문을 많이 한다. 더 정확히 말하면 질문을 통해 지
적 욕구를 충족한다. 부모가 인내심을 발휘해 모든 질문에 대답해

줌으로써 아이의 욕구를 충족시키면 창의적인 관심사를 이끌어 낼 수 있을 뿐 아니라 학습흥미도 극대화할 수 있다.

━━━ 6살 론의 눈에 세상은 '왜'로 넘쳐났다. 세상 모든 아이들이 그러하듯 론도 처음에는 넘치는 호기심으로 아빠에게 매달려 이것저 것 물어보았다. 하지만 론의 아빠는 아이의 모습을 주의 깊게 보지 않고 항상 대충 둘러대듯 대답했다. 아이가 좀 더 구체적인 것을 물 어보면 이렇게 말했다. "많이도 물어보네, 번거롭게 굴지 말고 저리 가서 놀아."

하루는 론이 물었다. "아빠, 태양이랑 달은 왜 항상 동쪽에서 떠서 서 쪽으로 질까요?"

"그건 알아서 뭐하게? 태양이랑 달은 원래 그래."

"제 생각에는 분명 이유가 있을 것 같은데요."

론의 아빠는 즉각 받아쳤다. "무슨 이유가 있어. 원래 그런 거야. 너랑 상관없는 일이잖아."

"그냥 궁금해서요."

아마 아들이 성가시게 한다고 느꼈는지 론의 아빠는 큰 소리로 아이 를 꾸짖었다. "알 필요 없어! 그냥 그렇다면 그런 줄 알아. 됐어?"

그 이후로 론은 아빠에게 더 이상 묻지 않고 그냥 혼자 의자에 멍하 니 앉아 있었다.

불성실하고 무책임하고 진지하지 않게 대답하는 태도는 부모의 아이를 혼란스럽게 하는 동시에 신기한 세상에 대한 관심까지 없앨 수 있다. 아이가 부모에게 질문을 할 수 있는 건 좋은 현상이다. 이는 질문을 생각하며 아이의 두뇌가 활발하게 작용한다는 뜻이다. 간혹 지적 욕구가 특히 강해 의문이 생기면 끝까지 캐고 따져 부모가 더 이상 답할 수 없을 때까지 묻는 아이들이 있다. 만약 이런 경우라면 부모는 아무렇게나 대답하거나 아이를 꾸짖지 말고 "많은 걸 한꺼번에 이해하기 어려우니 천천히 알려줄게."와 같이 인내심을 갖고 설명해야 한다.

다음의 사례를 통해 우리 주위에서 론의 부모처럼 부주의하게 아이의 지적 욕구를 꺾어 버리는 부모들이 자주 범하는 실수를 알아보자.

아이의 질문을 소홀히 한다

아이입장에서 자신의 질문은 항상 진지하다. 주어진 문제를 해결하기 위해 나름대로 애쓰고 있는데, 무시당한다는 느낌을 받으면 궁금해하거나 질문하려는 의지가 약해지고, 당연히 사고력 발달에 안 좋은 영향을 미친다. 따라서 부모는 질문에 귀 기울여 끝까지 아이에게 응답해야 한다. 설령 아이가 이해하지 못할 거라고 생각되어도 대충 넘기거나 무시하지 말아야 한다.

생각나는 대로 대답한다

아이들이 종종 하는 질문이 있다. "햇빛은 왜 이렇게 뜨거워요? 근데 달빛은 왜 안 뜨거워요?" 사실 어른도 잘 모르기 때문에 제대로 된 답을 줄 수 없다. 만약 부모가 잘 모르는 질문을 하거나, 정확하게 알지 못하거나, 아니면 제대로 설명하기 어려운 부분에 대해 질문한다면 이렇게 말해보자. "엄마·아빠도 잘 모르겠네. 같이 책을 찾아볼까?"

이런 대응 방식은 책에 대한 아이의 관심도를 높일 수 있다. 책을 통해 답을 얻으면, 책을 지식의 보고라고 인식하여 책 읽는 습관을 기를 수 있고, 이는 아이의 학습 발달에 좋은 기초를 형성한다.

"지금은 바빠서 안 돼."라고 말한다

바쁜 일상에 허덕이는 요즘 부모들은 아이의 무궁무진한 질문에 답할 시간조차 허락되지 않는다. 이런 경우라면 "엄마·아빠가 답해 줄 시간이 없네."라고 설명하고 반드시 잊지 않고 답해줄 것을 약속해야 한다. 만약 바로 출근해야 하거나 급한 일 때문에 바쁜데 아이가 졸졸 따라다니며 질문공세를 한다면 다정하게 "진짜 좋은 질문이네. 엄마·아빠도 너랑 같이 이야기하고 싶은데 지금은 급한 일이 있어서 나가봐야 하니까, 이따가 돌아와서 꼭 다시 이야기하자. 어때?"라고 말해보자.

그리고 집에 돌아온 후 아이에게 "아까 했던 질문이 뭐였지? 다시 말해줄래?"라고 먼저 물어보자. 아마 어떤 질문이었는지 아이가 먼저 잊어버릴 수 있지만 아이와의 약속을 어겨서는 안 된다.

우리는 질문이 탐구와 학습과정에 반드시 필요한 요소이고, 아이는 왕성한 호기심을 품는 단계에 있다는 걸 충분히 알고 있다. 아이의 생각을 소중히 여기고 발전시켜야 한다. 또한 질문하는 능력과 함께 질문에 답하는 방법도 함께 향상시켜 문제해결능력을 키워야 한다.

꾸며낸 말로
아이를 속이지 말자

말을 꾸며내는 것은 대부분의 어른들이 쉽게 범하는 실수로, 난감한 상황에서 거짓말로 자신을 보호하는 행동이다.

부모들 중 아이가 졸졸 따라다니며 "왜요?"라고 질문공세를 퍼부어서 귀찮거나, 혹은 진짜 답을 잘 몰라서, 아니면 대답할 시간이 없어 대충 꾸며 아이에게 둘러댄 경험이 있을지 모르겠다.

만약 이런 경험이 있다면 잘못을 빨리 인식하기를, 다행히 없다면 앞으로도 그 습관이 변치 않기를 간곡히 바란다. 자녀를 하버드대에 보낸 부모 중 대충 꾸며낸 말로 아이의 역량을 자극한 사람은 없고, 하버드에서도 절대 찾아볼 수 없는 교육방식이다.

부모는 하얀 백지와 같은 아이의 마음에 제일 먼저 그림을 그리는 존재다. 아직 다 채워지지 않은 이 종이를 거짓으로 채워간다면 결국 맑고 깨끗했던 아이의 마음만 상처를 받는다.

아이가 알고 싶은 건 "왜 그럴까?"인데 학교는 '왜 사람은 눈을 깜빡일까.'와 같은 사소한 질문까지 모든 것을 알려 줄 수 없다. 물론 학교에서도 많은 것을 배우지만 대체적으로 지식을 주입해 주기에 바빠 아이에게 질문 기회를 충분히 주지 못한다. 이런 시간이 지속되면 아이의 궁금증은 점점 사라진다. 이때 아이의 넘쳐나는 의문을 풀어줄 수 있는 존재가 바로 부모다. 질문을 통해 실마리와 해답을 찾아내는 방식에 익숙해져야 향후 하버드대 수업방식에도 적응할 수 있다.

아이들의 "왜요?"라는 질문 앞에 많은 부모들이 당황하여 속수무책이 되곤 한다. 저 작은 머릿속에서 어떻게 저런 별난 생각을 할까 이해하지 못하기도 한다. 이때 부모가 주의해야 할 점은 자신들의 언행이다. 무성의한 태도를 보이거나 대충 꾸며낸 말로 당장의 '곤혹'에서 벗어나려 하면 안 된다.

부모가 성의 없는 태도로 말을 자주 꾸며내면 나중에 진실을 말해도 아이는 그 말을 거짓이라 믿게 된다. 부모로 인해 아이의 믿음이 사라진다면 이후 아이의 학습과정에도 문제가 생기는 건 당연한 일이다.

'양치기소년'이야기를 모르는 사람은 없을 거다. 거짓말이 반복되면 진실도 거짓처럼 들린다. 자녀에게 신뢰를 잃은 부모의 자녀교육은 더 힘들다. "거짓말은 아무리 꾸며도 진실을 가릴 수 없다."는 말이 있다. 어릴 때는 부모의 말을 곧이곧대로 믿어 그냥저냥 넘어갈지 몰라도, 어느 날 아이는 부모가 틀렸다는 걸 알게 되고, 부모의 무성의했던 태도를 알게 될 것이다. 그때 아이가 받을 마음의 상처가 얼마나 클지 생각해보자. 이런 일이 지속적으로 반복되면 아이와 부모의 상호신뢰는 깨지기 마련이다.

뿐만 아니라, 부모의 무성의하고 대충 넘기려는 태도는 아이에게 안 좋은 영향을 미친다. 부모가 의도하지 않았더라도 아이는 부모의 말 한 마디, 행동 하나 하나를 모두 따라 한다. 정확한 방식으로 아이를 이끌지 못하면 아이가 은연중에 책임회피까지 배울 수 있다. 이것은 아이의 앞날에 도움도 안 될뿐더러 하버드에서도 절대 제안하지 않는 교육방식이다.

—— 스미스의 아내는 2살 된 딸 바비가 절대 콜라를 먹지 못하게 관리했다. 하루는 마트에서 바비가 콜라를 가리키며 "엄마, 이거 주세요."라고 하자 아내는 무서운 목소리로 "안 돼!"라고 답했다. 아이가 칭얼거리며 왜 안 되냐고 묻자 아내는 순간 머뭇거리다 생각이 떠오른 듯 말했다. "콜라에는 독이 있거든."

그날 이후 바비의 머릿속에는 콜라에 독이 있다는 말이 깊이 각인되었다. 아이는 커서 유치원에 입학했고, 어느 날 유치원 선생님이 스미스의 아내를 상담실로 불렀다. 바비가 친구의 콜라에 독이 있다며 콜라를 모두 엎어버렸기 때문이었다.

일반적으로 4세나 그보다 조금 더 높은 연령대의 아이들은 '진짜'가 더 중요하다고 체감하며 거짓말을 싫어하는 단계로 접어든다. 이 연령대의 아이들은 부모나 형제 또는 친구가 자신에게 거짓말을 하면 크게 분노하는 경향을 보인다.

　그렇다면 부모는 아이의 질문에 어떻게 반응해야 할까? 무엇보다 가장 중요한 자세는 진지하게 대하는 것이다. 부모의 대답이 막연하거나, 얼버무린다는 느낌을 받으면 아이는 질문의 재미를 잃어버린다. 반대로 적극적이고 활기 넘치게 반응해주면 더 많은 질문을 하고픈 자극을 느낀다. 아이가 쏟아내는 엉뚱한 질문에 일일이 답해주기 힘들 때는 아이에게 스스로 답을 찾는 방법을 가르쳐주거나 아이와 함께 답을 찾는 방식을 통해 오히려 아이의 지적 호기심을 키울 수도 있다. 여기서 우리가 명심해야 할 것은 아이의 질문을 귀찮아하거나 대충 꾸며서 답하면 안 된다는 점이다.

아이의 성격을 파악하고,
장난기 많은 아이와는 놀이로 소통해라

이 주제의 제목을 보고 혹자는 '내 아이를 내가 모르나? 무슨 성격을 파악하라는 건가.' 하며 의아해할 수 있다. 하지만 꽤 많은 부모가 자신의 아이를 제대로 알지 못한다는 게 안타까운 현실이다.

장난기 많은 아이들은 종종 자신만의 독립된 개성을 형성하여 독특한 성격을 갖는다. 부모는 이런 성향의 아이를 제대로 이해해야 아이와 순조로운 관계를 맺고 장점과 잠재력을 발굴할 수 있다.

요즘 아이들은 대부분 만화를 좋아한다. 아동도서상 심사위원인 로라는 항상 선정도서를 집으로 한가득 가져오지만 정작 로라의 아들은 이런 책에 하나도 관심이 없었다. 오히려 용돈을 모아 만화책만 100권 가까이 사모아 재미있게 읽었다. 아들의 행동을 이해할

수 없었던 로라는 반나절 동안 아들의 만화책을 꼼꼼하게 읽어보았지만 역시 알 수 없었다

아이들은 만화책을 제일 좋아하는데 부모들은 만화의 재미를 모르니 도대체 만화책을 왜 보는지 알 수 없을 뿐이다. 이런 상황은 어떻게 대처해야 할까? 가장 간단한 방법은 아이의 입장에서 생각하고 소통하는 일이다.

아이들의 교육문제에서 부모들이 종종 범하는 착오의 원인은 발육과 학업 성장에만 관심을 쏟는 데 있다. 영양균형을 위한 각종 보조식품을 구입하고 성적이 부진해질까 정규교육뿐 아니라 과외선생까지 구하지만, 정작 아이의 감정에 어떻게 다가가야 하는지 아니면 아이가 진정으로 원하는 바가 무엇인지는 잘 모른다. 이로 인해 발생하는 부모자녀 간의 세대 단절과 심할 경우 반항심이 생겨 오히려 아이 성장에 더 큰 영향을 미친다.

아이의 입장에서 일상을 바라볼 필요가 있다. 아이가 고민하는 문제와 불안한 감정을 입장 바꿔 느껴보자.

━━━ 미쉘은 아들이 자신의 속옷을 보는 것을 좋아한다는 사실을 처음 알았을 때는 별 생각이 없었다. 하지만 아동위생생리와 관련된 교육과정을 들은 후 그녀는 아들이 다른 아이들에 비해 조숙한 것임을 알 수 있었다. 그녀는 바로 아이가 생물 관련 수업을 들을 수 있게 하고 그와 관련된 이야기를 함께 나누기로 결심했다.

아이를 데리고 서점으로 간 그녀는 여러 가지 책을 사면서 일부러 생리과학 분야의 책 한 권을 구입했다. 집으로 돌아와 미쉘은 아주 재

미있다는 듯이 책을 보며 말했다. "아!, 원래 이런 거였구나." 아들은 엄마가 재미있어 하자 궁금해하며 뛰어왔다. 자연스럽게 책을 보여주자 잠시 훑어 내려가던 아들의 얼굴이 빨갛게 달아올랐다. 조금 더 보던 아들은 이내 책을 덮어버렸다. 미쉘은 책상 위에 책을 올려놓아 아들이 스스로 공부하고 이해하도록 했다. 미쉘은 남편에게 실전 교육을 부탁했다. 남편은 아들과 함께 샤워하며 이런저런 이야기를 해주면서 아들의 궁금증을 풀어주었다. 이런 과정으로 미쉘의 아들은 천천히 신체에 대해 알아갔고 엄마의 속옷에도 더 이상 관심을 가지지 않았다. 그리고 미쉘과 아들은 좋은 친구가 되었다.

아이의 양육은 단순히 키우는 것이 아니라 아이의 성격과 성품을 이해하는 과정이다. 이를 통해 아이가 직면한 상황에 따라 맞춤형 처방을 내리고 소통할 수 있다. 아이의 정서를 충분히 이해할 때, 주도적이고 능동적이며, 낙천적이고 책임감 넘칠 뿐 아니라 진취적으로 자기 발전에 힘쓰는 자신감과 자존감 높은 훌륭한 성품의 아이로 키울 수 있다.

장난기 넘치는 아이를 둔 부모라면 놀이를 통해 소통해보자. 학습단계에서 게임 등의 방법을 활용하여 학습 가능한 놀이로 지도할 수 있다. 예를 들어 아이가 마음대로 뛰어다니고 소리를 지른다면 숫자세기 게임이나 노래시합 등을 제안하여 놀이형태를 유지하여 즐거움을 지속시킬 수 있다. 그러면 아이는 공부와 융합된 놀이로 즐겁게 배울 수 있다.

아이의 지적욕구를 파악하여
맞춤형 처방을 해라

심리학적으로 탐구심은 동기의 범주에 속하고, 아이에게 주요한 동기는 주로 성취동기에 포함된다. 일반적으로 아이가 실패보다 성공 추구 경향이 크다면 탐구심이 강하다고 분석할 수 있다. 물론 그 반대라면 탐구심이 부족하거나 결여되어 있다고 본다. 문제회피 경향이 강한 아이의 경우 부모나 교사가 학습 및 지도과정에서 실수, 실패, 난관을 직시하도록 아이를 지도하지 않은 경우가 많다.

실제로도 많은 부모와 교사가 아이가 받아들이지 못할까 봐 잘못을 덮어놓고 주입하곤 한다. 그 결과 효율적인 사고력 증진이 저해된다. 교육의 완벽성만 추구하여 아이의 실수나 실패를 용납하지 못하고 그때마다 비웃거나 놀리고 심지어 꾸짖고 체벌하는 부모와 교사도 있다. 이런 경우 아이는 실패를 두려워하여 탐구나 지적 욕구가 줄어들고 지능개발의 한계를 야기한다.

아이의 잠재력을 끌어내 더 높은 성공의 길을 걷기 바란다면 아이의 지적욕구를 자극함과 동시에 그 소질과 재능도 잘 파악해야 한다. 이를 위한 구체적인 방법을 알아보자.

아이가 지적 호기심을 느끼는 분야를 조기에 파악해라

만일 아이가 노래를 좋아한다면 수영이 아닌 음악을 가르쳐야 하고, 곤충에 관심이 있다면 서예가 아니라 생물 관련 서적을 더 많이 보여주어야 한다. 아이는 잘 모르는 것을 알고 싶어 하면서도 관심 있는 영역만 탐구하려 하기 때문에, 부모는 그때마다 아이를 이해하고 격려해야 아이의 최대잠재력을 끌어낼 수 있다.

부모의 뜻을 아이에게 강요하지 말자

많은 부모가 종종 자기의 관심사나 호불호, 심이어 자기 뜻까지 아이에게 강요하곤 한다. 그 결과 아이가 어떤 생각을 하고 어떤 느낌을 받는지에 대해서는 전혀 신경 쓰지 않는다. 이는 아이의 발전에 매우 치명적인 경우로 아이뿐 아니라 부모 역시 상처받게 된다. 아이는 관심 없는 것을 굳이 알고 싶어 하지 않고 부모는 이로 인해 아이와의 단절을 경험하게 된다.

간단한 것부터 탐구하기 시작해라

아이가 관심을 보인다고 처음부터 너무 어려운 주제를 다루게 하지 말자. 아이는 이 미지의 분야에 대한 이해가 없기 때문에 처음부터 어려운 문제를 접하게 되면 시간만 낭비하고, 알고 싶어 탐구하려는 흥미는 물론 심한 경우 자신감까지 잃게 된다. 따라서 부모는 아이가 간단한 것부터 시작하여 점차 깊이 있게 파고들도록 해야 한다.

아이의 자신감을 높여라

아이들은 탐구하는 과정에서 좌절이나 극복하기 어려운 문제를 만나기 쉽다. 이때 부모는 적극적으로 아이를 응원하여 힘을 보태주는 한편, 아이에게 적극적인 자기 통제 방법을 알려주어 긍정적인 자기암시를 하도록 해야 한다. "아자! 나는 할 수 있다!"

아이의 성과를 자랑할 수 있는 무대를 마련해라

아이라면 누구나 가족이나 선생님, 친구들에게 자신을 보여주고 주목받길 원한다. 이런 아이를 위해 부모는 아이의 탐구 성과를 보여줄 수 있는 무대를 마련해 줘야 한다. 예를 들어 집에서 작은 규모의 전시회를 열어 아이의 적극성과 능동적 태도를 충분히 이끌어 낼 수 있다. 이 방법으로 아이는 성취의 기쁨을 더욱 느낄 수 있다. 실제로 존중받는 아이가 자존감과 자기애가 더 높고, 스스로 성취한 일에 자신감을 갖는다. 그리고 싫증내거나 재미를 잃는 경우도 극히 드물다. 아이가 자신의 성과를 보여줄 때, 교사나 부모 모두 아이에게 관심과 기쁨, 존중하는 마음을 충분히 표현해야 한다.

아이가 얼마나 빨리 훌륭한 인재로 성장하는가는 부모가 얼마나 빨리 아이의 지적 욕구와 소질을 찾아내 발굴하여 안정적으로 발전시키는가에 달려 있다. 그렇기에 우리는 아이의 탐구 성향을 파악하여 관심사를 찾아내고, 발전을 거듭할 수 있도록 아이를 응원하자.

강제적인 주입식 교육을 버리고
아이가 스스로 찾도록 해라

요즘 대부분의 부모들은 강제적인 주입식 교육을 반대한다. 아이들이 마치 억지로 살찌우는 거위 같다고 느껴지기 때문이다. '주입'이라는 말 자체가 아이의 흥미나 수용능력은 고려하지 않는 고통스러운 과정을 떠올리게 한다. 이미 많은 부모와 교사들이 주입식 교육의 폐해를 인식하여 재미와 놀이를 통해 학습하는 진화된 교육방식을 택하고 있다. 하지만 어떤 교육은 재미라는 가면과 놀이라는 겉옷을 걸쳐 못 느낄 뿐, 여전히 주입이라는 본질을 버리지 못한다. 이는 잠재적인 주입식 교육이라고 할 수 있다.

■■■ 자칭 깨어 있는 엄마, 일레나는 아이의 지능개발을 위해 퍼즐

을 구입했다. 선물을 받은 아들은 기쁜 마음에 매일같이 퍼즐놀이를 했다. 하지만 일레나 역시 대부분들의 부모들이 하는 실수를 피할 수 없었다. 아들이 퍼즐을 하나 놓을 때마다 옆에서 잘했네, 틀렸네, 이건 이렇게 맞추고 저렇게 끼워야지, 여기 놓아라, 저기 놓아라 지적한 것이다. 시간이 지나자 아들은 스스로 퍼즐을 맞추지 않고 엄마가 말해주길 기다렸다가 지시하는 대로 하더니 이내 재미없어했다.

일레나의 행동이 바로 잠재적인 주입식 교육이다. 엄마의 손짓에 맞춰 완성한 퍼즐이 어떻게 아이에게 강한 인상을 남길 수 있겠는가?

부모가 되면 하얀 백지상태의 아이에게 더 예쁜 그림을 그리고 싶어 한다. 그리고는 이렇게 말한다. "아이는 가방 같아. 안에 뭘 넣느냐가 중요하지. 좋은 걸 넣으면 좋은 아이인 거고, 나쁜 것들이 들어가면 겉은 어떨지 몰라도 나쁜 사람이 되는 거야. 무슨 생각을 하든 나쁜 것들만 나올 테니까." 이런 인식으로 부모는 자기가 좋다고 여기는 생각과 지식을 아이에게 넣으려 한다.

하지만 생각해보자. 부모가 주입하는 지식이 항상 옳은 것도 아니고 아이가 그 지식을 좋아할 거라는 보장도 없다. 오히려 주입과정에서 길을 잃거나, 종국에는 모든 것을 잊어버리거나 반항하고 싶은 마음이 생길 수 있다.

하버드대학교의 교육이념은 이러한 주입식 교육과는 정반대다. 주입식 교육의 가장 큰 약점은 아이의 본성, 즉 탐구본능을 역행하는 것이다. 우리가 조금만 더 살펴본다면 성공한 사람들은 어릴 때

놀면서 공부하고 자신의 관심사를 발견했음을 알 수 있다.

서양에 이런 속담이 있다. '공부만 하고 제대로 놀 줄 모르면 똑똑한 아이도 바보가 된다.' 요즘 아이들은 수동적으로 주입되는 학습만 할 뿐, 스스로 흥미를 찾을 기회조차 없다. 부모들은 아이에게 이런저런 지식을 넣어주지만 억지로 받아들이기만 하는 아이들은 배우면 배울수록 자아가 경직된다. 무엇을 좋아하는지 어떤 분야에 관심이 있는지 모르니 관심사에 대한 탐구도 이루어질 수 없다.

우리 아이를 인재로 육성하려면 흥미 개발에 힘써야 한다. 그런 차원에서 '주입식' 교육을 '발견식' 교육으로 전환해보자. 아이의 흥미 개발을 위해 주로 다양한 학원에 보내는데 그중 몇 개는 아이의 뜻이나 아이가 받을 정신적 스트레스는 고려하지 않고 부모가 독단적으로 결정한 것이다. 이것은 좋은 방식이라 할 수 없다. 아이의 생활 속에서 흥미를 개발해야지 유행에 따라 강요한다면, 오히려 아이의 흥미나 관심사까지 모두 억압할 수 있다.

━━━ 존의 엄마는 다른 집 살림을 도와주며 어렵게 생활을 유지했다. 부유하지 않은 환경이었지만 존이 성악과 피아노 과외를 받도록 했다. 다른 사람들이 이런 교육이 존이 원하는 것인지, 혹은 방과 후 아이를 혹독하게 가르치는 것은 아닌지 물어보았다. "지금은 적은 편이에요. 전에는 5개까지 배우게 했는데 너무 힘들어해서 줄인 거예요." 그녀는 남자아이가 음악을 배우면 성품도 좋아지고, 특히 성악으로 멋진 목소리를 가질 수 있다고 설명했다.

　일반적인 부모들은 존의 어머니와 같은 마음일 것이다. 형편과 상관없이 우리 아이가 뒤처지지 않도록 다른 비용을 줄여서라도 아이의 재능을 키우려고 한다.

　충분히 이해할 수 있는 부모의 마음이다. 하지만 주입식 교육은 결코 도움되지 않는다. 아이의 취미는 생활 속에서 찾아내는 것이 가장 좋다. 음악을 몰입해서 듣는 아이가 있다면 음악에 재능이 있을지 모르니 지도해본 다음 전문적으로 가르쳐도 된다. 이를 위해서는 아이와 자주 소통하며 아이가 좋아하는지 싫어하는지 이해해야 한다. 자신의 선택권이 존중받았다고 느끼면 아이의 자의식 또한 함께 강해지고 스스로 노력하여 동기를 만들어낸다. 따라서 주입식 교육을 버리고 아이가 스스로 찾도록 해주자.

인내심 훈련

정신없고 산만한 아이에서 벗어나기

공부 잘하는 자녀를 원하지 않는 부모는 없다. 하지만 평소에 열심히 하는 것 같은데도 유독 성적이 오르지 않는 아이들이 있다. 가장 큰 원인은 집중하는 습관이 없어서인데, 주로 산만한 아이들일수록 더 심하다. 이것저것 관심이 분산되어 한 가지에 집중하지 못한다. 이런 유형의 아이들은 부모가 더욱 신경 써서 집중력을 길러야 한다. 아이의 학습능력을 높이고 싶다면 집중력 강화와 훈련에 중점을 두어 한 가지에 몰두할 수 있는 습관을 만들어야 한다. 몰입할 수 있는 아이가 자신의 목표를 쉽게 달성할 수 있다.

망설이는 곰은
물고기를 잡지 못한다

인내심은 좋은 자질이다. 인내심이 충분한 사람들은 한번 일을 시작하면 끝을 맺고, 매사 진지하고 세심하게 살핀다. 반대로 인내심이 부족한 사람들은 중도포기하거나 대충 넘기는 경우가 많다. 하버드대학교도 학생들에게 인내심 훈련과 관련된 과목을 전문적으로 개설하여 제공한다.

평소 모습을 살펴보면, 어떤 아이는 가만히 앉아서 공부하지 못하고, 책을 보거나 숙제를 하다가도 금방 딴 생각에 빠진다. 두리번거리지는 않는데 책을 이리저리 넘겨보거나 다른 사소한 행동을 한다. 평소에는 활발하고 민첩하게 생각하며 감정표현도 확실한데, 공부만 하면 흐트러진다. 이는 EQ나 IQ 등 각 부분이 아직 고르게 발달하지 않아 한 가지 일을 꾸준하게 하지 못하기 때문에 주의력이 분산되는 것이다.

아이들에게 꼭 필요한 인내심을 기르기 위해 다음의 방법을 적용해볼 수 있다.

약간의 중압감을 느끼게 해라

일상생활에서 약간의 압박감을 느끼게 해주는 방법이다. 해야 할 숙제가 있다면 주중과 주말 상관없이 정해진 시간에 끝내도록 해보자. 집에서 아이가 시간에 맞춰 숙제를 끝내도록 지도하고, 가능한 매일 학교 알림장과 숙제를 확인하여 아이가 '해야 할 일'에 대한 압박감을 느끼도록 한다.

여기서 유의해야 할 점은 공부시간만큼 휴식시간도 충분히 제공해야 한다는 것이다. 학교 숙제에 부모가 내 준 과제까지 겹쳐 과도한 양으로 수면 시간을 보장받지 못하고 충분히 휴식하지 못하면 피로감뿐 아니라 오히려 더 산만해진다. 체력이 건강해야 집중력이 좋아진다는 것을 잊지 말아야 한다.

백문이 불여일견

부모가 솔선수범하여 매사 최선을 다해야 한다. 허투루 하거나 대충 넘기는 부모의 모습은 은연중에 아이에게 영향을 준다. 또는 많은 부모가 본디 성장과정이 점진적 단계를 거쳐야 한다는 점을 간과하고, 가시적 성과에만 급급해 아이를 재촉하거나 심지어 건강한 발전을 막는 행동을 하기도 한다. 인내심이 결여된 부모의 행동은 아이에게 안 좋은 이미지로 각인되고, 결국 부정적인 교육효과를 만든다.

제임스는 자신의 급한 성격을 고쳐보려고 했지만 잘되지 않았다. 하루는 부인이 외출하여 어쩔 수 없이 아이의 숙제를 봐주게 되었다. 아이는 까불거리며 잠시도 가만히 있지 않고 이것 이야기했다가, 저것 이야기했다가, 이리저리 들썩거렸다. 참고 있던 제임스가 화를 내자 아이는 대성통곡하기 시작했다. 아이가 울면 울수록 그도 더 불같이 화를 냈고, 급기야 마음을 다스리지 못하고 아들과 싸우기 시작했다.

자기감정도 잘 다스리지 못한 아버지가 아들의 감정까지 상하게 하니 악순환의 연속일 수밖에 없다. 아이에게 가장 큰 영향을 미치는 존재인 부모가 자기감정 조절능력이 부족하다면, 아이 또한 자연히 조급해지고 참을성이 부족해지게 된다.

적당한 장애물을 넘도록 하자

주말이 되면 적지 않은 부모들이 아이와 함께 산에 오르거나 교외로 나들이를 떠난다. 부모는 이 시간을 아이 교육의 좋은 기회로 삼을 수 있다. 산에 오르던 아이가 힘들다며 더 이상 못 올라간다고 투정을 부린다면 부모는 아이의 요청을 적당히 거절하는 법을 배워보자. 동시에 아이에게는 "할 수 있어.", "진짜 잘하네. 조금만 더 견디면 도착할 수 있어."라고 응원을 보내보자. 끝까지 버텨야만 비로소 인내력이 자란다.

아이의 연령대에 맞는 장애물 설정이 필요하다. 아침에 일어나 자기 이부자리를 정리하게 한다거나, 식사 후 설거지를 하도록 할 수 있고, 아니면 체스 같은 게임을 함께 하면서 규칙을 조금씩 바꿔 복잡하게 만들어 스스로 문제를 해결하도록 할 수 있다.

아이와 함께 블록놀이를 해보자

요즘 판매되는 블록 완구에는 대부분 만들기 도면이 함께 들어 있다. 먼저 가장 간단한 단계의 모형부터 시작해서 아이와 함께 쌓는 방법을 연구해 본 후 아이 혼자 도면을 따라 해보도록 하자.

난관에 봉착하여 어려워하더라도 바로 개입하여 대신 만들어 주지 말고 옆에서 어떻게 만드는지 시범을 통해 아이 스스로 하게끔 해야 한다. 이런 방식은 아이의 인내심을 비롯하여 집중력에도 도움을 준다. 물론 처음에 아이가 어려워하며 짜증내고 포기하려 할 수 있으니, 이때는 칭찬과 격려로 아이를 북돋아 주어야 한다.

"덤벙"에서 벗어나기

부모님이나 선생님들한테 자주 듣는 하소연이 아이의 덤벙거림이다. "우리 애는 왜 이렇게 덤벙거리는지 모르겠어요. 딱 봐도 '3'이라고 적혀 있는데 '8'이라고 쓰더라고요.", "우리 애는 더 심해요. 책에 써진 '10'을 눈으로 보면서 손으로 쓰는 건 '1'이에요.", "애들이 한 숙제를 보면, 글자에 획수를 빼 먹거나, 뒤집어쓰더라고요.", "우리 딸도 만만치 않아요. 학교 갈 때 매일 공책을 빠뜨리고, 공책 챙긴 날은 책을 안 가지고 가서 갖다 줘야 한다니까요."

아이들은 왜 덤벙거릴까? 이런 덤벙거리는 성격을 고칠 만한 좋은 방법은 없을까?

관련 조사에 따르면 초등학생 중 덤벙거리는 아이의 비율이 70%

에 달한다고 한다. 이는 대부분의 아이들에게 일반적으로 나타난다는 심각한 의미이므로 부모가 더 신경 써서 살펴야 한다.

꼼꼼하지 못한 학습태도의 여러 이유 중 하나는 인내심 부족이다. 본래 아이들의 성격은 급하다. 무엇이든지 마음만 급해 빨리빨리 하려다 보니 실수를 할 수밖에 없다.

아이의 덤벙거림을 줄이기 위해 다음의 방법을 제안한다.

신중하게 확인하는 습관을 길러주어라

요즘 꽤 많은 아이들이 '어떻게 하는지만 알면 되지.'라는 잘못된 생각으로 문제를 풀며 은연중에 '대충' 넘겨버리는 비율이 높아졌다. 따라서 부모는 아이가 문제풀이와 재확인 두 가지를 모두 다하도록 요구해야 한다.

우선 문제 내용을 파악하는 것부터 하나하나 확인하도록 하자. 질문을 잘못 보진 않았는지, 잘못 이해하지는 않았는지, 잘못 계산하지는 않았는지 확인해야 한다. 도출된 답을 거꾸로 대입하여 검산해보거나 다시 한 번 계산하여 결과 값이 일치하는지 확인하고, 만약 다른 답이 나온다면 어디서부터 틀렸는지 왜 그런지 파악해 고쳐야 한다.

물론 아이의 연령에 따라 놀이방식을 통해 확인하는 재미를 느끼게 할 수 있다.

━━━ 올해 9살이 된 비비안의 딸은 학교에 입학한 뒤로도 덤벙거리기 일쑤였다. 비비안은 딸에게 확인하는 습관을 만들어주기 위해

'범인잡기'라는 놀이를 시작했다.

먼저 다 푼 문제를 아이에게 다시 확인하게 하여, 문제의 질문, 숫자, 연산부호와 정답까지 자세하게 체크하면서 '도망친 범인' 즉, 틀린 문제가 나오면 엄마가 체포하는 방법이다. 만약 '도망친 범인'이 없다면 아이는 임무를 완벽하게 수행한 "경찰"로 인정받아 훈장을 받는다. 일주일 동안 훈장을 3번 이상 받으면 아이는 비밀선물을 받을 수 있지만 여전히 '도망친 범인'이 나오면 다 찾아낼 때까지 확인해야 한다.

중요한 역할을 주어 책임감을 키워라

건물이나 아파트 각 세대에서 사용한 전기나 수도의 양과 비용을 계산하도록 하거나, 부모를 도와 한 달 생활비 내역을 정리하도록 하거나, 어떤 통계를 내도록 하는 등 아이가 절대로 실수하면 안 된다고 느낄 만한 중요한 일을 맡겨보자.

아이의 목발이 되지 말자

아이의 일은 아이가 스스로 하도록 하고 매사에 신경 쓰지 말자. 녹음한 걸 들으며 받아쓰기를 하고, 다 마친 숙제도 직접 확인하고, 책가방은 알아서 챙기고, 방도 알아서 정리하고, 일어나야 하는 시간에 스스로 알람을 맞추도록 아이를 지도하자. 이런 방식으로 아이가 자신의 행동에 책임을 지고 실패를 무서워하지 않도록 해야 한다. 부모도 아이가 겪을 어려움을 두려워하지 말자. 실패의 경험 또한 교육이다.

오답 노트를 준비해라

많은 아이들이 시험은 중요시하면서 정작 숙제는 대수롭지 않게 여긴다. 연습이 곧 실전임을 알려주자. 이는 지식을 견고히 하는 방법으로 그림 하나 그릴 때, 글 하나 쓸 때 매사 열심히 해야 한다. 평소 이렇게 훈련해야 시험에서도 충분히 실력 발휘를 할 수 있다. 또는 '오답 노트'를 주는 방법도 있다. 실패는 성공의 어머니라는 말처럼 실패를 잘 분석하는 것을 중요하게 생각한다면 이를 기반으로 정확한 답을 찾을 수 있다.

제대로 된 시험지 작성법을 알려주어라

시험지는 정갈하고 깨끗해야 한다. 순서에 맞춰 작성하여 알아볼 수 있어야 하며 마음대로 써서도 안 된다. 그래야 재확인할 때도 수월하고 따라 쓸 때 실수하지 않는다. 또한 돌다리도 두드려 보고 건너는 마음으로 신중하게 확인해야 한다. 문제를 받아 적은 후 문제의 숫자나 부호가 틀리지 않았는지 확인하고, 사칙연산은 풀었다 하더라도 성급하게 넘어가지 말고 다시 한 번 정확한지 확인해야 한다. 정답이 나오면 자신이 쓴 숫자가 정확한지, 부호는 제대로인지 검토한 후 다음 문제로 넘어가야 한다.

지우개 사용을 최대한 줄여라

숙제를 하다가 집중하지 않아서 글자를 잘못 쓰거나 틀리면 바로 지우개를 찾는데, 아이의 이런 행동이 잦아진다면 이러한 습관을 바로잡아야 한다. 지우개 사용을 최소로 줄인다면 숙제마다 곰곰이 생각하여 쓰게 된다. 세 번 생각하고 행동하는 습관을 길러주어 한 번에 완성하도록 해야 한다. 글자를 쓸 때도 어떤 받침의 글자였는지 생각한 뒤 글을 쓰도록 해보자.

학업성적이 아닌
학습습관을 중요시해라

심리학자들의 연구결과에 따르면, 30%의 아이들이 학습연령이 되어도 여전히 자진해서가 아니라 부모의 재촉 때문에 공부를 하거나, 수업시간에 주의력이 산만하고 놀기 좋아하며, 숙제를 하면서 노는 등의 행동을 보인다. 이는 주로 부모가 아이의 학습 인내심을 키우지 못했기 때문이다

일반적으로 산만한 아이들이 놀고 싶어 하는 경향이 더 강하다. 하지만 모든 아이들은 놀이를 통해 융통성을 갖추고 창의적인 사고가 가능해질 뿐 아니라 또래 아이들과 어울리면서 무한한 즐거움에 빠진다. 공부를 싫어하고 놀고 싶어 하는 현상은 지극히 정상적이다. 다만, 부모가 그대로 방임만 한다면 그저 놀기만 좋아하고 공부에는 점점 관심을 가지지 않는다.

따라서 놀고만 싶어 하는 아이를 빠져나오게 할 방법을 강구하여, 좋은 학습습관이 선행된 다음 노는 능력을 키워주어야 한다. 그래야 아이가 앞으로 공부와 휴식을 적절히 결합하여 그 관계를 잘 이해하게 된다. 그럼 어떻게 좋은 학습습관을 길러줄 수 있을까?

학습의 적극성과 자기주도력을 키워라

이끌고, 격려하며 감독해라. 놀고 싶은 마음은 아이의 본능이다. '이제 그만 놀고 열심히 공부해야지.'라고 스스로 깨닫는 아이는 거의 없다. 따라서 부모의 정확한 지시가 필요하며, 이런 점에서 부모의 권위가 제대로 서 있어야 한다. 옳고 그름을 분별한 능력이 아직 없는 어린아이이기에 어떤 습관은 부모가 강하게 가르쳐야 한다. 아이가 원하는 대로만 내버려 두어서는 안 된다.

만일 아이에게서 주도적으로 공부하려는 조짐이 보인다면 즉시 격려하여 그 위 단계로 발전할 수 있도록 해야 한다. '아주 잘했다.', '엄마·아빠는 참 기쁘다.'라는 표현으로 칭찬해 주고, 스스로 학습계획을 세울 수 있는 시간을 충분히 주어야 한다. 만일 아이가 아직 너무 어려 무엇을 해야 하는지 모른다면 아이에게 선택 가능한 제안을 해줄 수 있다. 다만, 아이가 스스로의 선택에 책임을 지도록 유의해야 한다. 아이가 자신의 선택이나 계획을 잘 지키는지 그 여부에 따라 상벌을 주고 이 과정을 오래 반복한다면 아이는 자연스럽게 적극적이고 자기주도형 학습이라는 좋은 습관을 가지게 될 것이다.

아이의 종합적 발달을 이끌어라

자기주도 학습 습관이 형성되었다면 부모는 더 이상 공부를 강요할 필요 없다. 대신 아이가 다른 분야에 소질이 있는지 살펴보고 개발해야 한다. 소위 '습관의 효과'처럼 자기주도 학습이 가능할 만큼의 습관이 만들어지면 무엇이든지 습득하려고 한다. 따라서 이 시기에 너무 공부에만 몰두하지 않도록 적절하게 공부 이외의 것을 접하게 해주어 다른 소질을 키울 수 있도록 하자.

성적에 너무 연연해하지 말자

아이가 받아 온 점수에 연연해하는 부모들이 많은데 이것은 결코 좋은 자세가 아니다. 아이의 학업습관이 반드시 성적과 직결되지 않는다는 사실을 알아야 한다. 단순히 '점수를 끌어올리기' 위해 아이의 학습습관을 만드는 것도 아니고, 점수로만 실력을 판단해서도 안 된다. 물론 성적이 아무런 의미가 없다는 뜻이 아니라 그저 점수가 아이의 우수함을 판단하는 전부가 되어서는 안 된다는 의미다. 막 입학한 아이, 특히 초등학교 단계에서 10점의 점수 차이가 난다고 앞으로의 가능성의 유무나 현재의 우위를 가늠할 수는 없다.

아이마다 부족한 점이 있고 모두가 일등일 수는 없다. 뒤처지는 아이는 언제나 있기 마련이다. 기대에 부응하지 못한 성적에 가장 먼저 실망할 사람은 바로 아이 자신이다. 이럴 때에는 부모가 먼저 나서서 아이를 질책하지 말고 포용하고 보듬어주어야 한다. '다음에는 더 노력해보자.'라는 말도 잊지 말고 해주어 실망한 아이의 시선을 '다음'이라는 기회로 옮겨야 한다.

설령 심각할 정도의 성적을 받아왔더라도 순간 올라오는 화를 참고 마음을 가다듬은 후, 최대한 너그럽게 아이를 격려해주어야 한다. 아이가 자신의 장점을 바라볼 수 있는 방법을 찾아내 자신감을 키워줘야 한다. 자신 있는 아이가 당연히 더 많은 노력을 쏟을 수 있기 때문이다.

공부는 못 하는 것이 아니라
안 하는 것이다

우리 아이가 산만하고 참을성이 부족하다고 골머리를 앓는 부모들이 많다. 글씨를 쓰거나 그림을 그릴 때, 산만한 아이들은 샤프 심이 없다거나, 연필이 제대로 안 깎였다거나, 책을 안 가져 왔다는 등 준비하는 데만 한나절이 걸린다. 자리에 앉았나 싶으면 목이 마르다며 물을 마시러 가고, 과일이 먹고 싶다, 화장실에 가고 싶다며 바쁘게 굴더니 결국 시간이 한참 지났는데도 정작 한 것은 아무것도 없다. 이런 아이들은 또 항상 공부와 무관한 일들, 예를 들면 하늘에 새가 지나갔다거나 선생님이 옆에서 계속 자기만 본다는 둥 다른 것에 더 신경 쓴다.

어떤 부모는 자녀의 이런 행동을 보고 과잉행동장애ADHD라며 과한 걱정을 한다. 움직이길 좋아하는 것과 과잉행동장애는 완전히 다른 개념이므로 걱정하지 않아도 된다. 과잉행동장애의 증상을 보이는 아이들은 조용할 틈이 없이 움직여야 그나마 조용해진다. 일반적으로 많이 돌아다닌다고 과잉행동장애라고 여길 순 없다. 그렇다면 우리 아이는 도대체 무엇이 문제인 걸까? 이는 사실 전형적인 주의력결핍의 문제다.

하버드대학의 연구에 따르면, 주의력결핍의 주된 원인은 부모가 아이에게 어릴 때부터 올바른 학습 습관과 학습 방법을 심어주지 않았기 때문이다. 공부를 못 하는 것이 아니라 주도적 학습의 의미와 열심히 공부하는 방법을 모르는 것이다.

우리 아이에게 맞는 공부 방법을 찾아라

우리 아이에게 딱 맞는 공부 방법 찾기는 모든 부모들의 관심사 중 하나로 공부 잘하는 아이를 보면 그 학습비결을 궁금해한다. 이렇듯 많은 부모가 가장 성공적인 방법으로 아이를 교육하고 싶어하지만 사실 그 방법도 매우 다양하고 아이마다 맞는 공부 방법 또한 다 다르다. 모두가 입을 모아 좋다고 한 방식도 그 효과는 천차만별이다.

자신의 자녀가 남들보다 더 뛰어나길 바란다면 아이 스스로 자신만의 공부 방법과 자신만의 길을 모색하도록 해야 한다. 그러나 오늘날의 부모들은 그 중요성을 간과한 채 그저 배우는 것에만 눈을 두고 있다.

브라우니는 항상 불만족스러운 성적을 들고 오는 아이 때문에 하루는 성적 좋은 아이의 부모에게 공부 비결을 물었다. 그 부모가 말한 비결은 틀린 문제를 100번씩 쓰도록 하는 것이었다. 그녀는 이 방법을 그대로 아이에게 적용해 글자나 산수 문제를 틀리면 반복하여 쓰도록 했다. 아이는 하루 종일 책상에 머리를 박은 채 무엇을 하고 있는지도 모른 채 적었고, 결국 앞뒤가 뒤바뀌어 득보다 실이 더 많은 교육 방법이 되었다.

그렇다면 아이가 정확한 교육 방법을 깨닫게 하려면 어떻게 해야 할까?

교육자 수호믈린스키는 아이의 손가락 끝에 지혜가 달려 있다고 했다. 공부를 잘하는 아이로 이끌기 위해서는 아이가 다섯 가지 학습 도구 즉 읽기, 쓰기, 계산, 관찰, 표현을 제대로 익혀야 한다는 의미다. 이 다섯 가지를 활용할 줄 알면 어떻게 공부해야 하는지 알게 되어 학업 성과를 만들어 낼 수 있다. 여러 감각기관의 병행은 인지 능력에 시너지 효과를 발휘해 새로운 지식을 이해하고 기억하는 데 큰 역할을 한다. 아이가 과학적인 학습방법을 깨우쳐 공부한 후 다시 되뇌는 과정에서 입, 손, 눈, 뇌 등 여러 감각기관을 동시에 사용한다면, 쉽게 잊지 않고 오랫동안 효과적으로 기억하기 때문에 확실하게 지식과 기능을 체화할 수 있음을 기억하자.

과학적인 두뇌사용 방법을 훈련해라

과학적인 학습방법을 익히려면 과학적인 두뇌사용법을 알아야 한다. 사람의 신체는 생체시계와 같다는 연구결과가 있다. 대뇌는 일정한 시간대에 따라 활동하기 때문에 아무 때나 활동한다고 동일한 효과를 내지 않는다.

일반적으로 사람의 대뇌는 4가지 시간대에 가장 기억력이 좋다.

새벽 기상 | 대뇌가 깨어 있고, 다른 간섭을 받지 않기 때문에 언어, 법칙, 공식, 장소나 중요한 사건을 기억할 수 있다.

오전 8:00~12:00 | 왕성한 부신suprarenal gland 분비로 기억력이 높아진다. 치밀하고 신중한 사고가 가능하여 난이도 높은 공부에 적합하다.

오후 6:00~8:00 | 대뇌의 기억력이 최고조인 상태로, 이 시간대에 그날의 학습을 복습하고 필기한 내용을 정리하면 가장 좋은 효과를 볼 수 있다.

취침 1시간 전 | 공부한 내용이 깊이 각인되어 복습한 것을 잊지 않게 된다.

지식은 아이가 얼마나 이해하는지에 달려 있어 융통성 있고 활발한 사고력을 필요로 한다. 교과서에 내용에만 국한되어 있다면 하나를 통해 열을 알 방법이 없다. 산만한 아이들은 집중력이 부족해 좋은 학습방법을 스스로 터득하지 못할 수 있겠지만, 상대적으로 이해력은 높은 편이다. 이런 유형의 아이들은 똑똑한 두뇌를 활용할 수 있도록 좋은 학습방법을 길러주어야 한다. 산만하더라도 그 아이의 능력을 믿어주고 계속해서 자신의 단점을 극복한다면 성적 또한 우수한 아이로 거듭날 수 있다.

부주의하고 산만한 아이들의
성적이 나쁜 이유

우리 아이가 확실히 똑똑하고 평소에 학교 숙제도 열심히 하는데, 성적이 오르지 않는다고 고민하는 부모들이 있다. 어디서부터 잘못된 것인지는 모르겠지만 아이가 시험 볼 때마다 답을 까먹고 안 쓰는 것이 아니라 소수점을 빼먹고 계산해 틀리곤 한다. 사실 이런 유형의 아이들의 성적이 오르지 않는 이유는 부주의하기 때문이다. 본질적으로 말하자면 공부에 대한 인내심이 없어서 차근차근 공부하지 못하는 것이다.

2학년 아들을 둔 한 엄마는 아들이 공부할 때 보이는 문제적 행동이 성적의 직접적인 원인이라고 했다. 특히 덤벙거려서 책에 분명히 51이라고 써져 있는데 아들은 15라고 한다거나, 'b'와 'd'를 잘못 본다거나, 평소 숙제할 때도 답을 내놓고 잘못 쓰곤 한다. 그녀는 남편과 안타까운 마음으로 몇 번이나 아이의 문제점을 이해시켜 주려 했지만 고쳐지지 않았다.

이런 문제는 많은 부모들이 겪는 일이다. 아이의 숙제 노트나 시험지에서 틀린 부분을 보면 특별히 어려운 문제가 아니라 오히려 간단하고 기초적인 문제인 경우가 많다.
크게 혼내 보고, 노파심에 진지하게 설득도 해보지만 아이는 또다시 비슷한 실수를 저질러 부모의 힘을 빼놓는다.
우리 아이의 부주의함은 어떻게 고칠 수 있을까?

세심함의 중요성을 알게 해라

아이들이 덤벙거리는 이유 중에는 너무 많은 숙제나 부모의 심한 압박 때문인 경우도 있다. 한참 재미있게 TV를 보다가 엄마 때문에 억지로 방에 들어가 공부해야 한다면, 당연히 집중하기 힘들고 산만해져 실수가 많아진다.
또 다른 이유는 반대로 압박감이 너무 없어 공부를 중요시하지 않는 경우다. 초등학생들은 시험 볼 때 사칙연산에서 '3'을 '8'로 보거나, '+'를 '-'로 보는 아주 사소한 실수를 한다. 부모가 지적해도 아이는 별로 대수롭지 않게 여기며, 원래는 할 수 있는 문제라며 넘겨버린다. 너무 단순한 문제가 오히려 아이의 긴장감을 결여시켜 문제에 도전할 의욕을 자극하지 못하는 것이다. 이 경우 부모는 아이가 틀리는 문제가 어려운 문제가 아니며, 이런 간단한 문제가 친구들과의 차이를 만든다는 것을 제대로 알려주어야 한다.

쉽게 하는 실수를 노트에 적어보라

인시능력에서의 부주의는 덤벙기리게 되는 원인 중 하나다. 예를 들어 두 학생이 교실 입구에 서 있다가 장 선생님이 걸어오는 걸 봤다. A 학생은 눈이 나빠서 이 선생님이라 했고, B 학생은 장 선생님이라고 했다. 외형은 비슷했지만 생김새는 전혀 다른 두 선생이었다. 시력에 의해 인지능력이 상대적으로 부족한 A 학생은 윤곽만 대충 훑고 세심하게 보지 않았기 때문에 잘못 판단한 것이다.

세심함은 대조와 판별을 통해 이루어진다. 엄마와 함께 시장에서 부추를 본 아이가 며칠 뒤 학교 소풍에서 보리싹을 보고 부추라고 말했다. 선생님은 아이를 근처 밭으로 데려가 부추의 생김새를 보여주며 차이를 알려주었다. 아이는 왜 처음에 보리싹과 부추를 구분하지 못했을까? 부추에 대한 대략적인 인상만 가지고 있었지 보리싹과 대조하여 구분하지 못했기 때문이다.

부모가 아이의 부주의함을 줄이려면 사물에 대한 세심한 관찰방법을 알려주어야 한다. 혼동하기 쉬운 숫자나 일을 노트에 기록해 놓고 자주 본다면 아마 앞서 말한 이야기 속 아이와 같은 실수는 줄어들 것이다.

예를 들어, 초등학생들은 한자 '衰쇠할 쇠', '衷속마음 충', '哀슬플 애'를 자주 헷갈린다. 이럴 때 부모는 가로 줄이 있으면 쇠, 세로 줄이 있으면 충, 가운데 입 구口자가 있으면 슬플 애자라고 가르쳐 주어 아이들이 정확하게 쓰고 사용할 수 있도록 알려줄 수 있다.

예를 들어, 초등학생 아이들은 항상 '담다', '닮다', '닳다'를 헷갈린다. 받침에 바퀴 모양과 비슷한 'ㅎ'이 있으면 바퀴가 '닳다', 비슷한 모양의 'ㄹ'과 'ㅁ'이 모두 있으면 생김새가 '닮다', 큰 상자 모양의 'ㅁ'만 있으면 상자에 '담다'라고 알려주면 아이가 정확히 구분하여 사용할 수 있다.

또 다른 예로, 반원의 총 둘레를 구하는 문제에서 어떤 아이는 원호만 계산하고 지름의 길이는 구하지 않는다. 아이가 소홀해서도 있지만 둘레에 대한 이해가 부족해서 직선과 곡선을 모두 이어서 구해야 한다는 것을 미처 생각하지 못한 것이다. 따라서 아이한테 왜 틀렸냐고 따지거나 덤벙거렸다고만 생각해 문제의 본질은 보지 못하고 좋은 교육의 기회를 놓쳐서는 안 된다.

좋은 공부습관을 길러주어라

모든 아이마다 각자의 개성이 있다. 설렁설렁 대충하는 아이도 있고, 세심하고 진중한 아이도 있다. 충동적인 아이가 있는가 하면 조리 있고 질서정연한 아이도 있다. 감정변화가 큰 아이도 있고, 조용하고 온화한 아이도 있다. 전자가 후자에 비해 쉽게 덤벙거리고 실수하는 경향을 보인다. 비지능적 요인이 아이들의 성격과 특징이 되어 인지영역에 더해지면서 인지활동에 광범위한 영향을 미치기 때문이다. 따라서 주의력이 부족한 아이를 개선하고 싶다면 좋은 공부습관을 길러주어야 한다.

산만한 아이들이 쓴 글을 보면 삐뚤거리거나 깔끔하지 못한 경우가 많다. 문제를 풀 때는 빠뜨리고 넘어가거나, 관심 있는 것만 하거나, 순서 없이 보고, 논리적이지 않은 생각을 한다. 따라서 일상 생활에서 작은 일부터 꼼꼼하게 챙기는 습관을 길러 이를 성격으로 만들고 학습의 부주의함을 조금씩 줄여야 한다.

가령 스스로 옷장, 서랍, 방을 정리하도록 하면 세심하고 논리성을 갖출 수 있다. 아니면 수업 외 생활 시간표나 복습 진도표를 만들어 일의 순서를 짜고 계획하는 습관을 기를 수 있다.

이때 부모는 아이의 나쁜 학습습관을 세심하게 살펴보아야 한다. 생활 습관의 개선을 통해 종국에는 성격까지 개선될 수 있도록 이끌어야 한다. 그러면 아이의 부주의함도 점차 줄어들고 학업성적도 자연스럽게 좋아질 것이다.

아이와 계약을 맺어
인내심을 붙잡아 놓자

'아이와 계약 맺기'는 대부분의 부모들이 이미 사용해 본 교육방법으로, 중도포기를 잘하는 아이의 습관을 개선할 때 매우 유용하다.

아이가 아무리 어려도 모두 자기 생각과 "체면"이 있어서 본인이 했던 말이나 목표로 계약을 맺으면 그것에 대한 무거운 책임감을 느끼고 더 큰 인내심으로 자신이 세운 목표를 지키고자 한다.

━━━ 미국의 한 재혼 가정에 알버트라는 아이는 자신의 새아버지를 극도로 싫어했다. 얼마 뒤 심리학자의 도움 속에 새아버지는 아이와 계약을 맺는 방법을 활용해 가정 내 문제를 해결하고자 했다. 차를 좋아하는 알버트는 항상 자기 소유의 차를 갖고 싶어 했다. 새아

버지는 400달러로 중고차를 산 후 알버트와 이런 계약을 맺었다. 자동차를 갖는 대신 매주 5달러씩 상환해야 하는데, 다음과 같은 항목을 충족하면 상환한 것으로 인정했다.

① 매주 일요일부터 목요일까지 저녁에 집에 있거나 21:30 전에 자동차 열쇠를 아버지에게 반납할 것

② 금요일, 토요일 저녁에 집에 있거나 자정 전에 자동차 열쇠를 아버지에게 반납할 것

③ 매주 한 번, 낮구체적인 시간은 알아서에 정원 잔디를 깎을 것 등이었다.

계약내용에는 벌칙 조항도 포함되어 있었다.

① 미이행시 조항마다 금액에 따라 다음 주 자동차 사용을 제한하며, 5달러당 15분씩 제한한다.

② 상기 규제사항은 아버지가 집행한다.

③ 아무것도 이행하지 않으면 다음 주 자동차 사용권을 완전히 박탈한다. 만일 알버트가 다른 좋은 일을 한다면 아버지는 이 사실을 어머니에게 알린 후 해당 행위의 가치에 대해 논의한다.

계약 이후, 알버트는 자동차를 온전히 갖기 위해 말 안 듣는 버릇을 빠르게 고쳐갔고, 생각하지 못했던 착한 일도 많이 했다. 새아버지와의 관계도 점차 좋아졌으며, 새아버지는 계속 계약을 매개로 아이가 하고 싶은 일을 계속 추진할 수 있도록 자극했다.

계약을 맺는 방법은 아이와 부모를 규범화할 수 있고, 부모와 자녀 사이에 또 다른 관계성을 구축할 수 있다. 이 관계를 통해 아이는 공평과 공정이라는 인식과 정확한 지도사항을 따르는 습관을

기를 수 있다. 이 관계가 일단 형성되면 쉽게 중도포기하는 아이에 대한 고민도 자연스럽게 해결될 수 있다.

물론 부모가 더 엄밀히 감독해야 하고 계약사항 이행 과정에서 어긋남이 없어야 한다. 아이가 계약을 준수하고 목표달성을 위해 애썼으면 반드시 계약 사항에 제시된 조건을 지키고 만족시켜주어야 한다. 부모가 번복해서는 안 된다. 만일 아이가 제대로 이행하지 못했다면 계약에 명시된 대로 규제를 하여 벌칙 사항을 준수해야 한다. 절대로 이미 성립된 계약을 휴지조각으로 만들면 안 된다.

이 방법을 활용해 마음대로 글씨를 쓰던 아이의 습관을 조금씩 고쳐나간 부모가 있다. 계약 내용을 지킬수록 아이의 글씨도 점차 정갈해졌다.

━━━ 햄의 아들은 글씨가 삐뚤삐뚤 크기도 들쑥날쑥하여 숙제를 하거나 시험을 보면 항상 글씨 때문에 점수가 깎였다. 글씨 외에도 생활습관도 정돈되지 않아서 책은 항상 구겨져 있고, 필기구는 여기 저기 굴러다니고, 방은 전쟁터같이 난장판이었다. 이런 문제로 부모 와 선생님 모두 아이를 가르치고 지도해보고 심지어 경고도 해봤지 만 다 소용 없었다.

어느 날, 햄은 아들이 숙제를 열심히 한 후 원하는 책 한 권을 사줬을 때 더 꼼꼼하게 숙제하고 글씨도 평소보다 훨씬 깔끔해진다는 것을 알게 되었다. 햄은 계약을 활용해 아들의 습관을 개선하기로 했다. 톰 은 먼저 아들에게 매일 숙제를 열심히, 꼼꼼하게 하고 또박또박 바른 글씨를 정확하게 적고 생활습관도 조금씩 바꿀 것을 제안했다.

그리고는 딱딱한 종이를 동전모양으로 잘라 1, 2, 5, 10 등의 포인트를 적은 종이동전을 보상으로 주었다. 아이의 행동에 따라 이에 맞는 포인트 동전으로 보상해 주고, 이것을 모아 좋아하는 음식이나 하고 싶은 일로 교환할 수 있었다. 수학숙제 글씨를 또박또박 제대로 쓰면 3포인트, 작문과 일기 글씨가 깔끔하면 15포인트, 책가방 정리를 잘하면 2포인트를 받을 수 있고, 만약 어겼을 때에는 포인트를 반납해야 했다.

모아진 포인트의 사용가능 항목도 계약에 명확하게 규정해 놓았다. 먹고 싶은 음식은 7포인트, 만화 15분 시청 7포인트, 좋아하는 책 골라보기 40포인트, 새 운동복 500포인트, 아빠와의 캠핑 및 장거리 여행 1,000포인트 등이다.

두 달의 시간이 지나자 아들의 국어 성적이 오르고 숙제하는 시간도 줄어들었다. 휘갈겨 쓰던 습관도 크게 나아졌고, 위생이나 여가시간을 보내는 습관도 눈에 띄게 좋아졌다. 또한 계약에 명시된 대로 자신의 습관을 계속 유지하자 나중에는 건강한 생활습관, 성실한 태도를 갖추고 물건을 함부로 쓰지 않고 글도 차근차근 써내려 가게 되었다.

앞에서 소개한 두 가지 이야기는 계약을 활용한 교육방법이 잘 적용된 사례다. 마음대로 행동하거나 쉽게 포기하는 아이들은 계약행위만으로도 책임감을 느끼고 나쁜 습관을 고치는 데 탁월한 효과를 보인다. 아이의 나쁜 습관으로 고민하는 부모들은 이 방법을 적용해보면 좋을 것이다.

의지력이 부족한 아이는
승부욕으로 자극해라

아인슈타인은 "훌륭한 성격과 강철 같은 의지가 지혜나 지식보다 더 중요하다."라고 말했다. 인재가 되기 위한 필수조건의 하나가 바로 의지력이다. 의지력은 본인의 잠재력을 무한히 이끌어낸다. 하버드의 교육역사를 살펴보면, 강한 의지의 학생이 학업과 졸업 후 사회에서도 더 크게 성공한다.

요즘 아이들에게 흔히 볼 수 있는 문제가 '의지박약'이다. 이는 시작한 일을 끝맺지 못하는 인내심 부족이나 어려운 일을 마주하면 어른들에게만 기대는 독립성 부족의 모습으로 표현된다. 이런 현상은 부모의 교육철학이나 방식과 무관하지 않다.

■■■■ 올해 초등학교 6학년인 크리스티나는 한 가지 일을 꾸준히

하지 못한다. 유치원 입학을 시작으로 악기를 배우게 했지만 두 달도 지나지 않아 아이는 음악이론에 싫증내며 배우기 싫어했다. 그 뒤로 다시 피아노, 그림, 바이올린 등을 배우긴 했다. 하지만 매번 아이가 먼저 배우게 해달라고 하며 '이번에는 꼭 열심히 할게.'라고 몇 차례 다짐을 받았지만 좀 지나고 나면 다시 싫증을 냈다. 아이의 배우는 속도는 매우 빨랐지만 '새것만 좋아하고 기존의 것은 질려하는' 속도 도 다른 아이들에 비해 빨랐다. 공부 또한 마찬가지였다.

하루는 엄마가 크리스티나와 함께 친척집에 갔는데, 우연히 친척언 니가 오선지의 화려한 악보를 보며 귀에 익숙한 피아노곡을 연주하 는 모습을 보았다. 아이는 사촌언니를 부러워하더니 집에 돌아오자 마자 피아노 앞에 앉아 하얗게 쌓인 먼지를 닦아내더니 악보를 꺼내 피아노를 가르쳐달라고 졸랐다.

한동안 크리스티나는 다른 집에서 피아노 소리가 들리면 밖에서 놀 던 것도 팽개치고 들어와 피아노를 쳤다. 마치 친척언니와 경쟁하듯 말이다.

아이의 승부욕이 의지력에 불을 지펴 스스로 포기했던 피아노를 다치 치도록 했다. 어린 시절부터 아이가 강한 의지력을 가지면 앞 으로의 인생에서 조우하게 될 난관 앞에서 위축되거나 좌절하지 않는다. 따라서 젊은 부모들은 아이가 어느 정도 상황파악이 가능 해지면 일부러 아이의 의지력을 길러주어야 한다. 이를 위한 가장 효과적인 방법은 아이의 승부욕을 자극하는 것이다.

나폴레옹Napoléon Bonaparte은 '원사를 꿈꾸지 않는 병사는 좋은 병사가 아니다.'라고 했다. 아이에게 승부욕은 좋은 현상이다. 승부욕을 자극하면 기존에 볼 수 없었던 열정을 보이고 집중력을 어느 지점 이상으로 끌어올려 무슨 일이든 더 쉽게 성취한다. 아이들은 모두 자기가 최고이길 바란다. 이때 건강한 승부욕과 경쟁심은 아이의 발전에 긍정의 받침대가 되어 더 높이 뛰어오르게 한다.

따라서 아이의 승부욕을 기를 수 있는 방안에 관심 갖고 의지력이 부족한 아이를 자극해보자. 단, 아이의 승부욕은 부모의 정확한 지도가 수반되어야 긍정적이고, 건강하며 종합적으로 발전할 수 있다. 이때 부모가 주의해야 할 점은 다음과 같다.

아이의 승부욕을 제대로 다루어야 한다

아이의 승부욕을 맹목적으로 받아주거나 억압하지 말자. 만약 때와 장소에 관계없이 아이의 승부욕에 흡족해하며 아이 기분을 맞춰주기 위해 손쉽게 승리를 안겨준다면 의지력 단련과 두뇌활동의 기회를 잃는다. 이 경우 아이 승부욕은 촉진역할이 아니라 오히려 아이를 독단적이고 자만하게 만든다.

반대로 부모가 아이의 현재 수준이 아닌 본인 기준에 따라 과도한 요구를 하여 실패의 경험을 맛보게 한다면, 아이는 자신감과 승부욕 모두 위축되어 자신의 능력과 역량에 회의감을 느낀다.

질투심을 만들지 말자

승부욕을 키우고 지도할 때 특히 조심해야 할 점이 바로 질투심 유발이다. 다른 사람에게 해를 끼치면서 이기면 안 된다는 규칙을 알려주어야 한다. 아이의 장점을 다른 아이의 단점과 비교하면서 남을 짓누르는 즐거움을 느끼게 하지 말자.

부정적이고 타인에게 좋지 않은 행동과 생각을 품지 않도록, 질투심과 냉혹한 성격을 갖지 않도록, 좁은 마음으로 나보다 잘되는 것을 받아들이지 못해 남을 보복을 하거나 다치게 하지 않도록 해야 한다. 뒤처지지 않도록 격려하는 동시에 타인에 대한 애정과 우정도 함께 키워 다른 사람의 장점을 발견하고 그것을 자신의 것으로 만들어 잠재력의 기초로 삼아 경쟁에 임해야 한다.

사람이 아니라 일에 승부욕을 느끼도록 해라

소위 '승리'란 어떤 일을 다른 사람보다 잘한다는 의미이지 모든 걸 최고로 잘한다는 의미가 아니다. 예를 들어 어떤 사람은 체육은 못 해도 피아노는 잘 칠 수 있다. '한 자30cm의 길이가 짧을 수도 있고, 한 치3cm의 길이가 길 수 있다.'는 말이 있다. 즉 '승부'란 사람이 아닌 어떤 일에 대한 것이다. 아이의 시험성적만 가지고 "우등생", "열등생"을 나눈다면 아이는 공부가 아닌 위치와 경쟁 자체에 집중하는 결과를 낳게 되고 질투심만 유발시킨다.

"3분 열정" 즉, 짧은 집중력 문제를 해결하는 것은 아이를 성공으로 이끄는 핵심이며 부모는 절대 간과해서는 안 될 문제이다. 아이의 성격과 연령특징을 파악하고 맞춤형 방법으로 교육하여 아이의 평생습관을 길어주어야 한다. 관심 있는 분야에 몰두하고 최선을 다해 임한다면 인생에서 반드시 성공이라는 친구를 만나게 될 것이다.

집중력 훈련

목표를 구체화하고 세분화해라

공부에 집중하지 않는 아이, 어떻게 해야 할까? 숙제하다 말고 지우개를 가지고 놀더니 또 금세 손톱을 물어뜯는 등 아이의 이런저런 모습을 보면 부모 속은 까맣게 타기 시작한다. 사실 집중력 부족은 정식으로 공부를 시작하기 전에 이미 형성된다. 아동기에 집중하지 못하는 습관을 제대로 바로잡지 못하면 앞으로의 일상생활이나 사회생활에 모두 영향을 줄 수 있다. 많은 부모가 이에 대한 중요성은 인지하고 있지만 마땅한 교육방법은 찾지 못해 애를 먹고 있다. 아이의 집중력을 높이고 싶다면 목표를 세분화하고 구체화해야 한다.

목적의식을 높여
일정한 미션을 부여해라

아이들은 계획성과 목적의식이 강하지 않아 어떤 목표 달성을 위해 전력을 쏟는 일을 어려워한다. 하버드 대학의 교육철학을 보면, 효율성을 높이고 최선의 다하도록 하려면 목적의식을 높이고 미션을 부여하여 정해진 목표를 이루게 해야 한다.

먼저 아래에 소개하는 아버지와 아들의 대화를 통해 아버지의 교육방식이 아이의 목표를 실현하도록 이끌 수 있는지 살펴보자.

아버지 | 우리 아들 12살이 되었는데, 저번 학기 성적도 별로 좋지 않더구나. 다음 학기에도 이런 결과가 나오면 안 될 것 같은데.

아들 : 저도 알아요. 노력할게요. 다음 중간고사는 더 잘 볼 수 있어요.

아버지 | 그러면 매일 끊임없이 노력해야 해.

아들 : 알겠어요.

아버지 | 좋아! 중간고사 성적이 좋으면 소원 하나 들어줄게.

아들 : 새 자전거요! 우리 반 반장이 타는 자전거가 엄청 멋있어요.

아버지 | 그래, 까짓 것!

이런 대화를 통해 아이의 목표를 달성할 수 있을까? 대화만 살펴보면 가능할 것 같지만, 막상 중간고사가 끝난 후 이 아버지가 실망할 확률은 매우 높다. 만약 만족할 만큼의 괜찮은 성적을 받았더라도 이는 아버지와의 대화로 얻은 결과라고 할 수 없다. 왜냐하면 애초에 아버지가 부여한 목표달성의 방법이 잘못되었기 때문이다. 이 아버지뿐 아니라 다른 많은 부모들이 아이에게 어떤 미션을 제시할 때 쉽게 하는 실수다. 과연 어디가 잘못 되었을까?

답은 바로, 오랜 시간이 걸려야만 이룰 수 있는 목표를 요구했다는 점이다. 긴 시간 동안 목표를 향해 나아가려면 강력한 동기와 흔들림 없는 의지가 필요하다. 하지만 감성중심에서 이성중심으로 발전시기를 거치고 있는 아이들의 의지력은 불안정하여 이성적으로 일관된 사고를 이어나가지 못한다. 따라서 대화 속의 아버지는 나중에 실망할 수밖에 없다.

'공부 잘한다'라는 것은 부단한 노력의 과정을 걷는 일이다. 아이가 미래 지향적인 목표를 단숨에 완성하기란 쉽지 않다. 그렇다면 아이에게 이런 요구조차 하면 안 된다는 의미일까? 물론 그렇지 않다. 아이에게 올바르게 미션을 부여하는 방법을 알아야 한다.

매일 완료해야 하는 학습 목표를 목록화해라

아이에게 미래의 목표를 심어주는 것도 중요하지만, 그 미래를 하루 단위로 세분화해야 한다. 해야 할 일을 최대한 간소화하여 아이에게 적용하는 방식이다. 복잡하지 않고 많은 시간을 할애하지 않도록 만들어야 한다. 아이가 제대로 배워야 할 요소를 찾아내되 너무 많아서도 안 된다. 많으면 복잡해지기 때문에 가장 중요한 것만 담아야 한다.

그날의 목표를 반드시 완수해라

부모는 아이가 쉽게 뱉은 약속이나 다짐을 믿지 않도록 주의해야 한다. 예를 들어 TV 프로그램을 보게 해준다면 내일 몇 배 더 노력할 테니 허락해 달라고 해도 절대 응하지 말자. 바람직한 대답은 이렇다. "오늘 이 프로그램을 꼭 봐야 한다면 그렇게 해. 대신, 다 보고 오늘 해야 할 일도 반드시 끝내. 내일로 미루는 건 없어."

목표를 완수하면 이에 합당한 보상을 해라

오늘 세워진 계획을 모두 해냈다면 공놀이, 수영하기, 함께 요리하기 등 부모와 함께 다양한 활동을 해야 한다.

목표를 완수하지 못하면 확실하게 훈계해라

정해진 규칙을 어겼다면 그 잘못을 정확히 알려주고 이에 상응하는 규제를 해야 한다. 어떤 부모는 "오늘 숙제 다 안 했잖아! 중간고사 망치고 싶어?"라고 훈계한다. 보기에는 따끔하게 혼내는 것 같지만 부모의 이 말을 통해 아이는 '오늘 숙제를 안 하는 대신 중간고사를 망친다.'라는 선택권을 갖게 된다. 동시에 '숙제 한 번 안 한다고 중간고사 성적이 떨어질까?'라는 의구심을 품으며 '내일 더 하면 되지.'라는 희망에 매달린다. 부모의 정확한 대답은 "넌 학생이니 주어진 숙제는 다 해야지."라고 타이르는 것이다. 아이에게 선택이나 의심의 여지를 주어서는 안 된다.

아이에 대한 목표달성을 위해서는 이루기 힘든 요원하고 복잡한 목표는 피해야 한다. 구체적이고 즉각적이며 간단한 목표여야 한다. 실행 가능한 목표로 아이의 실천력과 집중력을 높이고 목적의식을 뚜렷이 하여야 아이의 목표와 계획이 더욱 명확해진다.

아이의 열정을 이용하여
싫증나는 마음을 녹여주어라

　　　　　　　살면서 많은 사람과 많은 일을 겪게 될 테지만, 어떤 상황에서도 기품을 잃지 말아야 한다. 이는 결코 어려운 일이 아니다. 열정적으로 살며 안정감 있는 사람이 되는 법을 배우면 충분히 가능하다. 한 가지 일에 전념하는 것과 망설이며 주저하는 것, 패기 있는 태도와 미적지근한 태도, 최대한 발휘하는 집중력과 무덤덤한 자세 등 상이한 삶의 자세에 결과는 천지차이로 달라진다. 아이의 열정을 이용하여 싫증나는 마음을 녹여주면 집중력 향상에 도움이 된다.

　유명한 영국 작가 존 러스킨John Ruskin은 '세상에 나왔다면 매사에 최선을 다해야 한다.'고 말했다. 힘겨운 직업일지라도 즐거움과 만족감을 느낄 수 있다. 가사에 탁월한 주부는 빵을 굽고, 침대를 정리하고, 가구를 닦으며 즐겁게 몰입한다. 기분 좋은 마음으로 임하기 때문에 즐거울 수밖에 없다. 반대로 가사를 지루하고 고된 일이라고 느끼는 주부는 최대한 일을 미루거나 안 하려고 하여 자신뿐 아니라 타인도 만족시킬 수 없다.

아이들도 마찬가지다. 어른 눈에는 재미없어 보여도 아이가 좋아하는 일에 빠져 있을 때는 지루해하지 않고 열의와 성의를 다해 집중한다. 하버드대 학생들만 봐도 자신이 종사하는 분야에 강한 열정을 보인다.

━━━━ 노벨화학상을 수상한 미국의 분자생물학 박사 시드니 올트먼Sidney Altman은 12세 되던 해 원소주기율표와 원자의 구조에 관한 개설서인 셀리그 카라슈Selig Kharasch의 저서 『원자의 설명』을 읽고 눈을 뗄 수 없었다. 그는 책에 나온 원소주기율표를 보며 과학적 설계방식에 아름다움까지 느꼈다. 뿐만 아니라 아직 밝혀지지 않은 원소까지 미리 예상했다는 점에 강한 흥미를 느꼈다.

시드니 알트만은 이렇게 회고했다. "제 부모님은 항상 제가 공부하게끔 격려해주고, 공부에 대한 저의 열정과 애정을 북돋아 주셨어요. 독서와 교육, 열심히 일하는 것은 한 사람이 성공하는 데 반드시 필요한 과정이라고 생각하셨죠. 저는 부모님의 말씀이 어느 곳에서 어떤 일을 하는 사람에게든 적용할 수 있는 당연한 이치라고 생각해요."

시드니 알트만은 책 한 권을 통해 성공했다고도 말할 수 있다.

아이를 더 집중시키고 싶다면 열정을 불러일으키고 유지하는 데

주의해야 한다. 열정이 있다면 시간을 잊을 정도로 집중할 수 있다. 그렇다면 어떻게 그 열정을 일으킬 수 있을까? 이에 대해 아래와 같은 방법을 제안한다.

아이가 하는 말을 귀 기울여 많이 들어라

다른 유명인물의 성공 스토리를 많이 읽어보았다면 열정은 가르치는 것이 아니라 전염된다는 사실을 발견했을 것이다. 열정은 일종의 건강한 '바이러스'다. 접촉하지 않은 사람은 결코 감염될 수 없다. 아이의 열정에 불을 지피고 싶다면 언제나 아이를 살펴보면서 호기심의 대상을 찾아보자. 이를 통해 흥미를 갖게 된다면 시간이 누적됨에 따라 아이의 특기로 자리 잡을 것이다. 그런데 어른의 세계는 너무 높아 아이의 시선에 맞추지 못할 때가 있다. 그러니 허리를 굽혀 아이의 눈높이에서 어떤 신기한 세상이 펼쳐져 있는지 바라보자.

부모의 눈에 좋아 보이는 길이 반드시 최고의 길이라고는 할 수 없으며 아이의 눈앞에 펼쳐진 길을 차단할 수도 있다. 아이가 자신의 뜻을 말하려고 할 때 조용히 그 마음에 귀를 기울이자. 아이를 가장 잘 아는 사람은 아이 본인임을 잊지 말자.

━━━ 루시라는 여성은 어린 시절 피아노를 배우던 경험이 본인을 아동교육의 선두자로 만들었다고 말한다.

당시 다른 아이들처럼 그녀도 피아노를 배우며 어느 정도까지 배우고 나면 지긋지긋한 피아노를 관두고 다시는 쳐다보지도 않으리라 다짐했다. 그런데 그녀의 부모가 최신 유행 음악을 좋아했던 자신의 취향을 파악하고 피아노로 최신 유행 음악을 연주하면 어떻겠느냐고 제안했다. 그때부터 피아노에 대한 마음이 달라지면서 열의를 갖고 연주했다. 만약 부모의 제안이 없었다면 루시는 피아노와 영영 이별했을 것이다.

루시는 자신의 아들도 음악에 대한 열정이 넘쳐난다고 말하며, 작사뿐 아니라 학교 졸업식에 쓸 교향곡도 작곡했다고 자랑했다. 아들 역시 처음에는 루시처럼 피아노 연습을 싫어했고 음악이론은 더 진저리 쳤었다. 하지만 그는 루시의 권유로 클래식 교향곡 명장의 작품을 연구했고 대가들과 자신 간의 실력 차이를 느꼈는지 여름방학 내내 피아노에 매달렸다고 한다. 루시는 아들에게 열정이 생겼기 때문에 더 빨리 더 많이 배울 수 있었다고 말했다.

칭찬을 아끼지 말고, 적절히 보상을 제공해라

부모는 말과 행동으로 아이의 흥미유발을 자극해야 한다. 적절한 시기에 보상을 제공하라는 의미는 대가를 미끼로 성공을 요구하라는 의미가 아니다. 보상은 하고 있는 일을 더 재미있고 즐겁게 하라는 독려의 수단이어야 한다.

지금까지 한 이야기를 종합해보면 어떻게 해야 할지 느낌이 올 것이다. 아이들은 태어나면서부터 모든 것을 알고자 하는 욕구로 가득 차 있다. 그 강한 호기심으로 열정을 갖고 드넓은 세상을 탐구한다. 이 강한 열의는 무엇인가 배우고자 하는 학습의 강한 원동력이 되고 아이의 독립성과 자주성을 키워준다. 그러니 부모는 아이의 내적 에너지를 절대로 소홀히 하지 말자.

환경의 효과와
그룹의 영향력을 이용해라

　　　　　　　모든 사람은 일정한 환경에서 생활하면서 그 영향을 받는다. 아이의 바른 학습을 위해 좋은 환경을 조성하고, 좋은 그룹과의 융화에 힘쓰자. 환경의 효과와 그룹의 영향력을 이용한다면 아이의 여러 능력을 끌어올릴 수 있다.

　사람은 공동체 안에서 상호의존하고 인간관계를 형성하면서 개인과 타인, 개인과 사회를 인식한다. 하지만 개인과 타인, 개인과 사회의 이익이 항상 일치하지 않기 때문에 여러 가지 모순과 충돌이 발생한다. 이런 문제의 해결을 위해 관련 규칙과 규범이 생겼고, 도덕 또한 이런 규범의 하나로 형성되었다.

　모든 도덕은 보편적으로 일정한 규칙이나 원칙을 바탕으로 정립되며, 개인과 개인, 개인과 사회 간에 반드시 존재해야 할 관계성과 요구 사항을 담고 있다. 이런 요구에 대한 정확히 이해와 발현은 타인과의 관계 속에서나 도덕성을 요구하는 사회 안에서 실질적인 관계형성 과정을 통해서만 실현되고 체득될 수 있다.

일반적으로 타율성이 강한 아동의 도덕행동은 규율 중심적이거나 처벌 회피성 경향을 지닌다. 특히 또래집단 안에서 이루어지는 도덕행동은 대부분 타인의 요구에 대한 민감성과 협력 및 상호이익을 기반으로 한다. 반면 자율성은 상호이익과만 관련을 맺는다. 상호 존중의 감정이 내가 대접받고 싶은 만큼 남을 대접하고 싶고 느낄 만큼 강력해야 비로소 '자율성'이 발현되는 것이다.

그렇기에 또래집단과의 활동을 통해 아이의 타율적 도덕단계를 자율적 도덕단계로 올릴 수 있다. 또래집단은 아이의 인성을 발달시키는 외재적 요소다. 물론 부모나 선생의 역할을 전면 부정하는 것이 아니라 또 다른 발달 요소라는 의미다. 전통적인 사고를 지닌 어른의 권위는 내려놓고 아이를 평등하게 대한다면 아이는 타율적이지 않고 자율적인 아이로 성장할 수 있다.

━━━━ 미국 캘리포니아주 유치원 교사의 사례를 통해 또래집단의 명예를 이용하여 아이의 책임감을 높이는 방법을 살펴보자.

유치원 상급반의 졸업이 다가왔다. 일부 짓궂은 아이들이 산만하게 돌아다니며 정신을 빼놓았다. 선생님이 여러 방법으로 제지해 봤지만 효과는 잠깐뿐이었다. 어떤 아이는 말대꾸를 했고, 어떤 아이는 낮잠시간에 혼자 일어나 아이들에게 장난쳤다. 어떤 아이는 혼나도 눈 하나 깜박하지 않았다.

에밀리 선생은 아이들이 규칙을 잘 지킬 방법이 무엇일까 항상 고민하다가 우연히 TV 프로그램 하나를 보게 되었다. 학교의 교칙을 따르지 않고 짓궂게 구는 아이들에 대한 내용이었다. TV에 등장한 선생의 비결은 반을 두 개의 그룹으로 나누어 아이들을 편성한 후, 누군가 규칙을 어기면 해당 그룹이 모두 벌을 받는 방식이었다. 아이들은 그룹의 행복을 위해 스스로 변하기 시작했다.

다음 날, 에밀리 선생은 아이들을 여러 개의 조로 나눈 뒤, 칠판에 조별 번호를 걸어 놓았다. 칭찬받을 일을 하면 그 아이가 속한 조에 'A'를 걸고, 규칙을 어긴다면 그 조에 'B'를 줄 것이라 설명했다. 설명이 끝나고 아이들의 행동은 훨씬 진지해졌다. 모든 활동을 마치고 에밀리 선생은 적극적인 발표와 규칙 준수라는 두 가지 기준으로 1조와 2조에게 각각 A를 주었다. A를 가장 많이 받은 조는 금요일 총평에서도 A를 받을 수 있다고 약속했다.

이런 방식의 활동을 진행하자 수업 중간에 말대꾸하는 아이들이 크게 줄었다. 가끔 입이 간지러워 참지 못하는 아이도 몇 명 있었지만 다시 한 번 규칙을 상기시켜주면 금방 조용해졌다. 특히 낮잠시간에 계속 움직이고 몰래 떠들던 레오에게 조용히 다가가 "레오, 어서 자야지. 안 그러면 레오네 조가 A를 못 받거나 더 떨어질 수 있어. 레오도 그렇게 되길 바라니?"라고 말하자 급히 눈을 감았다. 잠시 후 다시 돌아보니 레오는 곤히 잠들어 있었다.

아이들 마음에 자신이 속한 그룹의 명예를 느끼게 해준다면 아이는 스스로 자신의 행동을 통제하고 더불어 책임감까지 느낀다.

앞의 사례와 분석으로 환경과 집단이 아이에게 미치는 영향을 알
게 되었다면 이제 우리 아이에게 좋은 환경을 조성해주고 멋진 또
래집단을 만들어 주자.

자기통제력,
자기감정의 통제자가 되게 해라

　　　　　　　　엄마는 아이에게 식사시간 전에 절대 간식을 먹지 말자고 한다. 아이는 머리로는 이해했지만 맛있는 냄새에 달콤해 보이는 디저트와 초콜릿을 보면 유혹을 참지 못하고 엄마의 눈을 피해 먹어버린다. 결국 밥은 먹는 둥 마는 둥 한다. 병원에 가기 전, 절대 울지 않겠다고 엄마와 약속하고 다짐도 하지만 의사 선생님의 차가운 청진기가 가슴에 닿는 순간 터져 나오는 울음을 막을 수 없다. 결코 어른을 난처하게 만들려는 의도는 없다. 단지 자기통제가 안 될 뿐이다.

　자기통제력이 약한 아이는 한 가지 일에 집중하기 힘들다. 크면 저절로 괜찮아질 것이라고 소극적으로 생각하지 말고 어릴 때부터 자기통제력을 길러주어야 한다. 그 방법에 대해 알아보자.

규칙을 만들어라

규칙을 정해 지속적으로 지키게끔 한다면 아이의 자기통제력 발달에 도움이 된다.

────── 방학을 맞은 스티븐은 엄마와 함께 방학 동안 지킬 생활 규칙을 논의했다. 차가운 음료수는 하루에 한 번, 만화는 하루 30분, 공부가 끝난 과목은 책 정리 후 다음 과목 공부하기, 저녁 9시 30분에 침대로 올라가 단어 두 개 외우고 불 끄기, 농구는 1시간이고 운동복은 스스로 빨기 등 여러 가지 규칙을 정했다.

한 번 정한 규칙은 반드시 이행하게 하고, 억지로 시키지는 않았지만 그렇다고 대충 넘어가게 하지도 않았다. 자기 기준에 따라 만족하거나 하고 싶은 대로 하도록 방치하지도 않았다. 두 달의 시간이 지나고 스티븐은 크게 성장해 있었다.

아이를 위해 위생생활, 집안일과 관련된 행동 규칙을 정할 수도 있다. 대신 주의해야 할 점은 지나치게 상세한 행동규칙을 세워 아이의 독립성을 해쳐서는 안 된다. 과하게 말 잘 듣는 것도 창의성과 도전의식의 부족이라 볼 수 있다. 핵심은 아이의 주된 문제의 파악과 개선이다. 아이의 성장을 천천히 지켜보면서 사회의 규칙과 책임 등을 교육시켜준다면 그것으로 충분하다.

마지막으로 좋은 규칙이란 부모의 행동에 달려 있다. 오늘 한 말과 내일 하는 말이 서로 상충되어 아이를 혼란스럽게 하면 당연히 아이의 자기통제력 발전에도 어려움이 생긴다. 또한 너무 많은 규칙에 '안 된다.'라는 말만 가득하면 아이의 탐구심을 오히려 억제할 수 있으니 주의해야 한다.

장기적 목표를 구체화하여 아이의 적극성을 이끌어라

하버드대 심리학 연구에 따르면 사람은 단기적이고 상대적으로 구체적이며 매우 명확한 것에 쉽게 이끌리고, 요원하고 추상적이며 막연한 것에는 큰 영향을 받지 않는다고 한다. 공부란 미래의 생존과 발전에 중대한 역할을 하지만 아이 입장에서는 막연한 이야기일 뿐이다. 오히려 TV를 보고 간식을 먹는 일이 더 강렬한 유혹이고 즉각적인 만족을 준다. 그러니 아이들이 순간의 만족을 따르는 것은 불가항력이다. 부모 역시 이를 참고하여 교육방식을 생각해야 한다. 즉, 장기적인 목표를 구체화하여 아이의 적극성을 키워야 한다.

놀이로 아이의 자기통제력을 키워라

놀이에는 언제나 규칙이 포함되어 있다. 따라서 놀이 방식을 취하면 쉽게 자기통제력을 키울 수 있다. '꼭두각시' 놀이를 예로 들어보자. 아이는 꼭두각시가 되어 동작을 스스로 만들며 신체를 움직이는 법, 나아가 자기통제라는 감각을 느끼게 된다. 또한 '야영훈련'에 참가하기도 하여 강인한 의지력을 키우고 훌륭한 자기통제력을 기를 수 있다.

부모가 자기통제력의 모범을 보여라

———— 불같은 성격의 로제는 '툭 건들면 팍 터지는' 통제 불가능한 아이다. 일을 하다가도 조금이라도 번거로운 일을 맡기면 바로 초조해하며 짜증을 냈다. 로제의 이런 성격은 아버지에게 물려받은 것이었다. 다혈질이었던 로제의 아버지는 곧잘 로제에게 화를 냈고, 아들과 외출할 때에도 매번 다른 사람들과 싸우기 일쑤였다. 가장 기억에 남는 사건은 차가 너무 막힌다고 짜증을 내더니 급기야 앞차 운전자와 싸워 병원신세를 진 일이었다.

보통 부모의 통제되지 못한 감정은 아이에게 고스란히 전해진다. 만일 차가 너무 막혀 초초하고 불안하다면, 아이에게 그대로 전이시키지 말고 오히려 미니 게임을 하며 즐거운 시간으로 만들어 주어야 한다. 아이에게 화를 내고 싶다면 심호흡을 크게 한 후 '침착하자. 화내지 말자.'라고 되뇌자. 아이 또한 이런 행동을 통해 자신의 마음을 통제하는 방법을 배운다.

충분한 인내심을 갖자

훌륭한 아이가 지닌 멋진 품성 중 하나가 바로 자기통제력이다. 그러니 부모는 아이의 자기 통제력을 키워주기 위해 노력해야 한다.

아이가 통제력을 잃은 행동을 하면 부모는 침착하고 참을성 있게 달래야 한다. 이어서 진심으로 설득하는 태도였는지, 부모의 교육방식에 문제가 없었는지를 반추해보며 과도한 규칙으로 아이를 구속하지 않았는지 점검해 볼 필요가 있다. 아이를 거칠게 대하지 않고 다정하고 교훈이 될 만한 이야기를 지속적으로 해주면 나쁜 습관이 조금씩 고쳐지고, 아이는 점차 강한 자기통제력을 갖춘 사람으로 성장할 수 있다.

제멋대로 구는 아이가
되지 않도록 관리하자

영국의 물리학자 뉴턴을 만나기 위해 한 친구가 찾아왔다. 식탁 위에 점심식사가 한상 가득 차려졌지만 연구에 몰두한 뉴턴은 서재에서 나올 줄 몰랐다. 친구는 익숙한 일인 듯 혼자 식사를 시작했다. 오리구이를 다 먹고 나서 친구는 뉴턴을 골려주기 위해 오리 뼈를 다시 모아 접시에 놓고 뚜껑을 덮어 놓고 돌아갔다. 몇 시간이 흘러서야 비로소 서재에서 나온 뉴턴은 허기진 배를 채우기 위해 뚜껑을 열었다. 뼈만 앙상하게 남은 오리구이를 본 그는 놀라기는커녕 '밥을 안 먹은 줄 알았더니 또 착각했네.'라고 혼잣말을 하더니 다시 서재로 돌아가 일하기 시작했다.

이 이야기를 보면 뉴턴의 성공이 단순한 우연이 아니라 충분히 그럴만했다는 점을 알 수 있다. 과학 분야 천재들의 성공요인에 관한 연구에 따르면, 집중력과 인내심이 모든 요인의 절반을 차지한다. 주의력이란 어떤 사물이나 일에 집중하는 능력으로 지능의 중요한 구성 요소다.

하지만 현실에선 너무 활발해서 한 자리에 가만히 앉아 있지 못하거나, 산만하여 공부에 흥미를 갖지 못하고 자신의 행동을 통제하지 못하거나, 덤벙거리고 중도포기를 잘하는 아이 때문에 걱정하는 부모들이 아주 많다. 이런 행동을 개선하기 위한 조취를 취하지 않으면 시간이 지날수록 습관이 악화되고 심각해지다가 결국 어떤 일에도 깊게 생각하지 못할 만큼 사고가 단순해지고 행동도 유치해진다. 그러니 아이의 공부와 성장에 부정적 영향을 미치는 것은 당연한 일이다.

부모 평생의 가장 큰 창조물인 아이인데, 아이의 나쁜 습관을 방치한다면 나중에는 그 어떤 것으로도 보완할 수 없는 큰 결함이 될 수 있다. 따라서 아이의 행동을 냉정하게 분석하여 집중하지 못하는 근본적 원인을 찾고, 이에 대한 효과적인 감독을 진행하는 동시에 아이 스스로 문제를 해결하도록 인내심을 갖고 도와 개선해야 한다. 이를 위해 다음과 같은 방법을 제안해 본다.

큰 소리로 책 읽기

매일 10분에서 20분 정도로 시간을 정하여 아이가 좋아하는 짧은 문장을 골라 부모에게 읽어주도록 하자. 이는 아이의 눈과 입, 머리를 종합적으로 사용하는 방법 중 하나이다. 책을 읽을 때 최대한 틀리지 않도록, 빠뜨림 없이, 끊어지지 않게 읽도록 하면 아이가 최대한의 집중력을 발휘할 수 있다. 이런 훈련을 지속하면 아이의 집중력과 동시에 이해력도 높아진다.

듣기 훈련

듣기를 통해 집중력을 키울 수 있다. 매일 아이에게 이야기를 들려주되, 이야기를 몇 번 반복하여 들려준 후 반대로 부모에게 이야기 해달라고 미리 요청하자. 그리고 최단시간 내에 아이가 이야기를 파악하게끔 격려해보자.

아이의 집중력은 점진적이고 순차적으로 강화되기 때문에 재촉해서는 안 된다. 특히 나이가 어릴수록 집중하기 어렵기 때문에 처음에는 5분에서 10분 정도로 시작하여 연령대에 따라 조금씩 늘려가자. 물론 유아기 아이의 집중력 난이도와 분량 또한 시간처럼 순차적으로 진행해야 한다.

아이의 정상적인 활동에 간섭하지 말자

종종 때와 장소를 가리지 않는 부모의 지나친 관심이 아이의 일을 중간에 방해하는 경우가 있는데, 이는 아이의 집중력에 영향을 주는 중요한 요인 중 하나다.

가령 그림 그리고 있는 아이에게 엄마가 굳이 '물 마실래?'라고 묻거나 '사과 먹어.'라고 불쑥 건네거나, 음료수를 마시던 아빠가 아이한테 주스 마시고 싶은지 물어보면, 아이는 그림을 그리던 흐름이 자꾸 끊기니 '엄마·아빠 진짜 귀찮아!'라고 투덜거리고 급기야 더 이상 그리지 않겠다고 한다. 그러면 부모는 아이가 집중하지 않는다며 혼을 낸다.

아이 입장에서 이는 다분히 억울한 상황이다. 부모는 아이의 집중력이 약하다며 머리를 싸매며 고민하면서도 정작 본인에게 책임이 있다는 사실은 인지하지 못한다. 하지만 연속성 있는 사고활동이 간섭받고 중단되면 마음 또한 정돈되지 않는데 아이가 과연 어떻게 집중할 수 있겠는가? 그러니 아이가 무언가를 하고 있다면 간섭하지 말고 차분히 지켜보면서 온전히 집중할 수 있는 환경을 만들어 주자. 이런 환경이라면 아이의 집중력이 높아질 것이다.

아이에게 선택권을 주되, 원하는 모든 것을 들어주지는 말자

■■■■■ 외향적이고 활발한 성격의 니나는 특기활동을 배우는 친구들이 부러워 배우고 싶다고 졸랐다. 이에 할머니는 전자피아노, 할아버지는 바둑, 아빠는 영어, 엄마는 그림을 배우라고 했고 그 어느 것도 포기하기 싫었던 니나는 모두 다 배우겠다고 욕심을 냈다. 부모는 니나의 재능이 어느 쪽에 있는지 몰랐지만 흥미 발견이라는 취지로 주말에는 미술, 영어, 바둑을 배우고 평일저녁에는 전자피아노를 배우게 했다. 하지만 높은 적극성을 보이던 초반과 달리 니나는 시간이 지날수록 점점 지쳐갔다. 피아노를 치면 끝내지 못한 미술 숙제가 생각났고, 그림을 그리면 할아버지와 해야 하는 바둑이 생각났기 때문이었다. 점점 몸과 마음이 녹초가 되어 힘겨워하는 니나를 지켜본 부모의 불안감도 덩달아 커졌다.

5살짜리 어린아이에게 무조건 어려움을 극복하고 견디라고 요구하는 것은 현실적으로 불가능하다. 그렇다고 포기하라고 해야 할까? 이 또한 아이에게 좋은 영향을 주진 않는다. 그럼 올바른 방법은 무엇일까? 바로 가족회의를 통해 아이가 가장 좋아하는 것 하나를 선택하게 한 후, 자신의 선택에 더 많은 노력과 포기하지 않도록 격려해야 하고, 더 큰 어려움이 있더라도 자신감과 의지를 갖고 극복해야 한다고 알려주어야 한다.

니나는 어렸지만 신중하게 고민한 후 전자피아노를 선택했고 집중했다. 후에 니나의 부모는 딸이 다른 일에도 집중력이 함께 높아졌음을 발견했다.

집중력 강화에서 중요한 원칙은 아이에게 선택권을 주되, 결정에 대한 책임과 최선을 다하도록 요구해야 한다는 점이다.

초심을 잊지 말자

━━━ 호주에 비옥하고 아름다운 초원이 있었다. 무성히 잘 자라는 풀 덕분에 그곳의 양떼 규모 또한 점점 커졌다.

양떼가 많아지자 기이한 현상이 나타났다. 앞서 가는 양 무리는 항상 신선하고 풍성한 풀을 먹고, 뒤따르는 양 무리는 먹다 남은 풀만 먹다 보니 언제부터인가 뒤에 있던 양들이 대열 앞으로 뛰어나와 풀을 먹는 것이다. 그 어떤 양도 뒤에 남아 풀을 먹고 싶어 하지 않아 먹을 것을 놓고 경쟁이 시작됐다.

양떼는 계속해서 대열 앞으로 뛰어갔다. 앞에 있던 양들도 처음에는 가만히 풀만 먹다가 뒷무리의 양떼가 맨 앞으로 나가 풀을 먹는 것을 발견했다. 급기야 이 초원에 양떼가 한 곳을 향해 계속 뛰어가는 진기한 광경이 펼쳐졌다. 하지만 초원 끝에는 절벽이 있었고, 멈출 줄 모르던 양떼들은 모두 절벽 아래로 떨어지고 말았다.

이 양떼 이야기는 모든 하버드 입학생이 필수로 읽는 이야기다. 왜 양떼들에게는 이런 일이 벌어진 것일까? 그 답은 매우 간단하다. 일을 시작한 처음의 목적을 잊었기 때문이다. 양떼들이 절벽에서 떨어지는 것도 아랑곳하지 않고 계속 앞으로 뛰어간 것은 '풀을 먹기 위해서'라는 본래의 목적을 잊은 것이다. 풀을 먹기 위해서 절벽 아래로 뛰어드는 것은 당초의 목적과 너무 큰 괴리감이 있지 않은가? 그런데 우리의 현실에서도 애초 자신의 목적이 무엇이었는지 잊어버리고 처음의 계획과는 완전히 다른 결과를 맞이하는 경우가 종종 있다.

황당한 이야기로 들리는가? 그렇다면 한번 스스로 생각해 보자. 사자성어의 유래를 찾아보려고 인터넷 창을 열었다가 신문 연예면에 빠져 한두 시간을 흘려보내고 결국은 사자성어의 유래도 찾지 못한 경험이 있을 것이다. 이런 경험이 양떼와 같은 맥락이 아닐까?

아이들도 마찬가지다. 본래 이야기책을 읽으려 했다가 새끼 고양이가 고기를 잡으려는 것처럼 주변의 자잘한 일이나 아무 의미 없는 것에 정신을 뺏겨 시선이 분산된다. 그리고는 원래 하려던 일은 멈추고 다른 것을 하면서 애초에 무엇을 하려 했는지 잊는다.

이는 모든 아이들이 공통적으로 저지르는 실수라 문제를 인식했다면 이제 재빨리 방법을 찾아 아이의 이런 실수 확률을 줄여야 한다. 이때 부모는 어떻게 해야 할까?

아이에게 목표와 실천 방법을 적도록 해라

아이들은 판단력이 높지 않아 작은 일에도 쉽게 집중력에 영향을 받지만 문제가 발생하는 것도, 그 개선도 부모보다 더 쉽게 이루어질 수 있다. 그러니 지금부터라도 매사 목표를 정확히 알려주고 목표에서 멀어지지 않는 방법을 알려주어야 한다. 이를 위해 기록하는 법을 알려주는 것도 좋은 방법이다.

아이가 일을 하는 과정에서 목표에 직접적인 영향을 줄 수 있는 자잘한 일이 많이 생긴다면 부모가 빨리 나서서 제거해 주어야 한다. 그렇지 않으면 제한적인 시간 동안 중요하지 않은 일에 많은 시간을 소모하여 정작 해야 할 일은 제대로 마치지 못하는 안 좋은 결과를 맞게 되는 등 아이의 성장에 부정적인 영향을 끼칠 수 있다.

아이에게 적합한 환경을 조성해 주어라

이 밖에도 아이의 집중력이 분산되지 않도록 최대한 적합한 환경을 만들어 주어야 한다. 특히 집중력에는 정갈하고 질서정연한 환경이 가장 좋고, 알록달록한 색상이 시선을 분산시켜 주의력이 흩어지지 않아야 자연스럽게 집중력도 높아진다.

집중력이 깊고 낮은 정도는 앞으로 아이가 거두게 될 성공의 크기를 결정한다. 한 사람이 한 가지 일에 오롯이 몰두하는 것을 '열중'했다고 표현한다. 아이에게 집중하는 습관을 길러주기 위해 해 온 노력들은 결코 헛되지 않으며 이는 아이의 성장에 유익하다는 사실을 믿기 바란다.

놀고 싶은 마음을 달래고
책을 읽도록 하자

"우리 아이는 정말 빨리 배워요. 그런데 어릴 때부터 노는 걸 너무 좋아해서 숙제할 생각도 안 하고 놀기만 해요. 만화를 한번 보기 시작하면 저녁 9시가 넘도록 보니까 억지로 숙제는 겨우 하게 하는데, 독서나 복습은 꿈도 못 꿔요. 정말 걱정이에요." 8살 아이를 둔 어느 부모의 고민내용이다.

아마 많은 부모가 공감하는 고민이라 생각한다. 놀고 싶은 마음은 아이의 본능이라 항상 재미있을 만한 것을 생각하고, 손에서 장난감을 놓지 않거나, 한시도 쉬지 않고 이리저리 뛰어 다니거나, 부모에게 질문공세를 퍼붓곤 한다. 이런 목적 없는 놀이를 통해 아이는 자유와 즐거움을 느끼고 다채로운 생활을 하기 때문에 지능개발에도 도움이 된다. 하지만 지나치게 놀기만 좋아하고 공부에는 관심이 없으면 학습 내용을 따라가지 못하기 때문에 부모들이 골치 아파 하는 것이다. 놀고만 싶어 하는 아이, 과연 부모는 어떻게 해야 할까?

노는 것이 나쁜 것만은 아니니 지나치게 우려하지 말자

심리학자 마크 로젠츠바이크Mark Rosenzweig는 유전자가 일치하는 실험쥐를 골라 3개의 조로 분류했다. 그리고 몇 달간의 환경 적응을 거쳐 '풍요로운 환경'에 있던 실험쥐가 제일 활발하게 놀고, '빈곤한 환경'에 있던 실험쥐가 가장 성실하다는 사실을 발견했다. 3개 조 실험쥐의 대뇌를 분석하자 대뇌피질 두께, 뇌피질 단백질 함량, 뇌피질과 대뇌 비중, 뇌세포 크기, 신경섬유 보유량, 시냅스 수, 신경교세포 수, 지능 관련 뇌화학 물질 등이 현저한 차이를 보였다. '풍요로운 환경'에 놓은 실험쥐의 대뇌 조건이 가장 우수했다. 이 실험의 결과는 풍요롭고 만족스러운 환경일수록 대뇌 발육이 좋아진다는 것을 보여준다.

놀기 좋아하는 아이는 대나무 장대 하나만 가지고도 말, 화살, 비행기 등으로 상상하며 생동감 있고 박진감 넘치는 세상을 상상해 낸다. 놀면서 느끼는 즐거움과 유쾌함, 흥분이 대뇌 신경 활동을 크게 이끌고 자극한다. 놀기 좋아하는 아이도 얼마든지 지혜로울 수 있으니 나쁘다고만 보아서는 안 된다. 따라서 아이가 너무 많이 논다고 지나치게 간섭하지 말자.

아이와 함께 놀고 즐기며 교육해라

부모는 시간을 쪼개 아이와 함께 놀아야 한다. 이때 유의할 점은 같은 놀이, 같은 장난감을 다르게 가지고 놀 수 있도록 자극해야 놀이를 통한 지식과 재능을 발전시킬 수 있는 것이다. 아이의 탐구심을 자극하고 즐기면서 교육해야 단순한 놀이에서 벗어나 아이들의 지적 호기심을 이끌어 낼 수 있다.

부모는 또한 아이의 흥미나 취미에 따라 바둑, 그림, 공예 등 정적인 활동을 선택할 수도 있는데, 이런 활동은 활발한 아이들의 성격 보완은 물론, 지능 개발과 지구력, 좌절에 굴하지 않는 마음을 기르고 단련하는 데 도움이 된다. 물론 집중력 향상에도 두말할 나위 없이 좋다.

아이에게 규칙을 정해주어라

놀다 보면 종종 흥분하여 해야 할 일을 잊어버리는 아이들이 있다. 이는 구속력이 약하기 때문인 경우가 많은데, 이런 행동을 개선할 수 있는 가장 좋은 방법은 바로 아이에게 규칙을 정해주는 것이다. '숙제'를 예로 들면, 학교에서 돌아온 즉시 숙제부터 하고, 숙제를 다 마치지 못하면 TV 신청이나 밖에 나가 놀 수 없다는 규칙을 세울 수 있다. 이렇게 정해진 규칙은 반드시 지켜야 하기 때문에 아이가 처음부터 너무 과하다고 느끼지 않도록 단계별로 차근차근 강도를 올려가야 한다. 아이가 숙제를 모두 끝낸 후 TV를 본다거나, 전보다 TV를 보는 시간과 노는 시간이 줄어드는 등 효과가 있다면 요구 수준을 조금 더 올릴 수 있다.

이때, 일주일에 한 번씩 아이의 생활을 총정리한 결과 그 주에 규칙을 잘 수행했다면 일요일에 만화를 보여주기나 공원 나들이 혹은 원하는 선물을 사주는 방식으로 아이를 계속 격려할 수 있다.

공부를 좋아하는 짝꿍을 찾아주어라

또래에게 받는 영향은 매우 중요하다. 대부분의 아이는 모방하려는 경향이 강하기 때문에 좋은 본보기가 되어줄 친구가 옆에 있다면, 변화에 대한 아이의 내적 동기가 생겨나 함께 공부를 좋아하게 된다. 또래가 주는 힘은 부모의 설교나 훈계보다 더 큰 효과를 발휘한다.

성공의 달콤함을 맛보게 해라

아이가 공부를 싫어하는 이유 중 하나는 남들보다 못하기 때문이다. 아이의 현재 상황에 맞춰 적절한 학습 목표를 세우고 실질적이고 효과적인 도움을 주는 한편, 아이가 노력을 통해 목표를 실현하는 성공을 경험토록 하자. 성공의 경험은 아이에게 지속적으로 동기를 부여하여 계속 노력하고 매진할 수 있게 한다.

결론적으로 부모는 아이에게 좋은 성장 환경을 조성해주고, 도움이 될 만한 모범 사례를 찾아주어 아이가 끝까지 포기하지 않고 최선을 다해 노력하도록 도와주어야 한다. 이런 격려를 해주는 것이 바로 훌륭한 부모의 자세이며, 인재로 성장하여 성공하는 아이의 모습으로 부모는 마음의 안심과 위안을 얻을 수 있다.

아이의 공부시간에는 TV를 끄자

요즘 중학생들 중에는 학교에서 돌아오자마자 책가방은 벗어 던진 채 TV 앞에 앉아 하염없이 TV를 보는 'TV 중독'이 많다. 보다 못한 부모가 TV를 끄면 아이는 다시 켠다. 이렇게 끄고 켜는 일을 반복하다 발생하는 부모자녀 간 갈등이 적지 않다. 과도한 TV 시청은 공부뿐 아니라 휴식에도 방해가 된다. TV가 아니더라도 컴퓨터에 빠진 아이들은 집에 오자마자 컴퓨터 앞에 앉아 모니터에 코를 박은 채 시간을 보낸다.

아이의 성실한 학습 습관을 키우고 TV나 컴퓨터에 대한 의존도를 낮출 방법은 무엇일까? 부모의 솔선수범이 가장 모범적인 답안이다. 가정교육의 범위는 매우 광범위하고 영향력 또한 크다. 좋은 가정교육의 첫 단계는 바로 '솔선수범'으로, 자아교육의 시작점이라고도 말한다.

TV를 다시 예로 들어 보자. 아이가 TV만 보고 도통 책은 읽으려 하지 않는다고 걱정하는 부모 중에 본인 스스로가 하루 종일 TV 앞에 앉아 있지 않은지 점검해 보려는 이는 드물다. 자신은 TV를 보면서 아이에게는 책을 읽으라고 하는 요구가 잘못된 것은 아니지만, "엄마 아빠는 TV 보면서 왜 나한테는 공부만 하라고 하지?"라는 반문이 생기기 때문에 설득력을 잃는다. 좀 더 직설적으로 이야기하면, 부모의 사고방식, 문화적 소양, 교양이나 학식, 행동 모두가 아이에게 그대로 투영된다.

아이는 빠른 적응력과 강한 모방력을 갖고 있다. 시범은 소리 없는 언어이자 가장 설득력 높은 교육이다. 부모가 먼저 시범을 보여야 아이가 따라 한다. 그러니 부모 먼저 TV, 카드게임, 알코올 같은 나쁜 습관을 멀리하고 독서와 공부, 최선을 다하는 근면함을 보여주어야 한다. 다음 두 가지 사례를 통해 엄마의 태도가 아이에게 미치는 영향에 대해 살펴보자

━━━ 6살의 제이크는 집에 찾아온 손님에게 예의를 차리지 않았다. 제이크의 엄마는 자칫 꾸중과 질책이 반항심을 키워 아이가 잘못을 인정하지 않을 수 있고, 손님 앞에서 아이를 혼내는 것 자체가 실례라고 생각하여 그 자리에서는 아이에게 별다른 훈육을 하지 않았다. 하지만 아들의 잘못을 잊지는 않았다. 손님이 떠난 후 엄마는 아이를 불러 엄격하게 타일렀다. "제이크! 샘 삼촌이 말씀하실 때 예의 없는 말을 하더구나. 엄마가 벌써 몇 번이나 경고했는데 잊은 거니!" 제이

크는 부끄러워하며 "죄송해요. 다음에는 안 그럴게요."라고 말했다. 하지만 다음에 손님이 방문하자 제이크는 또다시 잊어버렸다.

이제 같은 상황에서 다른 태도를 보인 엄마의 사례를 보자.

━━━ 5살 린다는 선물을 받고 감사하다는 말을 하지 않은 채 서 있었다. 그러자 엄마는 "린다, 뭔가 잊은 것 같은데?"라며 부드러운 미소로 린다에게 상기시켜 주었다. 하지만 잊은 것이 무엇인지 생각나지 않았다. 엄마는 이번에는 손님에게 "린다에게 선물을 주시다니. 린다를 대신해서 감사드려요."라고 말했고 그제야 린다는 자신이 빠뜨린 행동이 무엇인지 깨달았다. 린다는 작고 귀여운 목소리로 "린다도 고마워요. 이모."라고 말했다.

두 엄마 중 린다 엄마가 취한 방법이 훨씬 과학적이라고 할 수 있다. 아이 앞에서 직접 시범을 보여줌으로써 아이는 더 깊이 기억하고 다음에는 비슷한 실수를 하지 않을 것이다.

부모는 이렇게 해라, 저렇게 해라는 말로만 아이의 행동을 개선하고 교육하려 한다. 하지만 허울뿐인 설교의 효과는 미진하다. 부모의 행동 하나하나가 아이 눈에 보이기 때문에 부모에 대한 존경심이 생기면 아이는 알아서 부모를 따라 하게 된다.

공부하는 아이의 마음은 당장이라도 TV 앞으로 달려가고 싶을 것이다. 이때 부모가 먼저 솔선수범하여 TV와 컴퓨터에서 떨어져 있어야 한다. 그래야 엄마·아빠도 보고 싶은 마음을 참고 있다고 느끼기 때문에 원망하지 않고 편안하게 공부할 수 있다. 부모는 아이에게 권위도 있지만, 모든 행동 기준을 제시하는 존재이기도 하다. 좋은 모습을 보임으로써 아이의 본보기가 되어야 한다. 권위만 내세워 아이를 방으로 억지로 들여보내고 본인은 밖에서 TV를 보면서 아이의 집중하길 바라기는 어렵다. 평온하지 않은 마음으로 쉽게 딴 생각에 빠지는 아이가 최고의 효과를 낼 리 만무하다.

부모의 모범 효과와 가정 분위기는 아이를 우수하게 만드는 조건이다. 그러니 뛰어나고 훌륭하게 우리 아이를 키우고 싶다면 시간을 내어 책 읽는 모습을 보여주고 집안 분위기를 학습 환경에 맞게 바꾸어야 한다. 아이의 공부시간에서 TV를 최대한 자제하여 집중력 향상에 적합한 환경으로 맞추어 주자.

당근보다는 채찍으로
아이의 타성을 깨뜨려라

'성격이 운명을 결정한다.'고 말하곤 한다. 그렇다면 '성격'은 어떻게 만들어지는 것일까? 미국의 작가 잭 핫지Jack. D. Hodge는 '행동은 습관을 만들고, 습관을 성격을 만들고, 성격은 운명을 만든다.'라고 했다. 즉 운명의 기반은 습관을 만드는 행동인 것이다. 잭 핫지는 습관을 달리는 열차로 비유하여 관성이 붙으면 멈추지 못하고 달릴 수밖에 없다고 말했다.

━━━ 학기 중 학업으로 고된 시간을 보낸 티나에게 방학이라는 절대적 해방의 시간이 찾아왔다. 티나는 '드디어 끝났다! 부모님은 출근하실 테니까 방학 때는 내 마음대로 놀고 쉴 수 있겠다!'라고 생각하며 기대했다.

예상한 것처럼 아침 일찍 출근하는 부모님 덕분에 티나는 하루의 대부분을 혼자 집에 있게 되었다. 부모의 별다른 간섭도 없자 티나는 점점 게을러지기 시작하더니 나중에는 책 한 쪽도 펴보지 않았다. 자유와 태만을 만끽했던 방학은 눈 깜짝할 사이에 끝이 났다. 새로운 학기의 시작과 함께 모의고사를 본 티나의 시험 성적 결과는 모두를 놀래키기에 충분했다.

'타성에 젖다.'라는 말이 있다. 타성에 젖으면 매사 게을러지며 제때 일을 처리하지 않으려 한다. 오늘 해야 할 일을 내일이나 무기한 미루고, 발등에 불이 떨어져야지 그제야 겨우겨우 처리한다. 이런 행동은 엄청난 파괴성과 위험성을 내포하는 나쁜 습관이며 사람의 진취성마저 앗아간다.

한 번 일을 미루기 시작하면 조금씩 그 달콤함에 빠져 또 미루게 되고 나쁜 습관으로 굳어진다. 일을 미루고 회피하고 싶은 아주 조그마한 그 마음은 그 일을 왜 할 수 없었는지에 대한 수만 가지 변명을 찾아낸다. 그만큼 일을 해야 하는 당위성은 줄어든다. 몸을 움직여야 하거나 선택의 순간에 핑계를 찾아 스스로 합리화하며 마음의 부담을 내려놓고 편하고자 한다. 어떤 아이들은 '길드워Guild Wars'라는 게임에 빠져 잘못된 습관인지도 모른 채 더 적극적으로 또는 타성에 젖어 끌려다니다 일 분 일 초의 시간만 낭비한다.

미국의 한 교육가가 3세 아이들을 대상으로 23년 후 추적조사를 실시한 적이 있다. 조사 결과 아이들은 3세 때의 성격과 같은 연장

선에 있었다. 한 번의 교육이 평생에 걸쳐 영향을 미친다는 뜻이다. 만일 3세 때 아이에게 나쁜 습관과 그에 대한 관성이 생겼다면 그 이후에도 오랜 시간 동안 아이의 미래에 걸림돌이 된다. 부모는 아이의 타성에 젖은 행동을 유의하여 살펴보고 당근보다는 '채찍'으로 벗어나도록 해야 한다.

아이에게 나타나는 타성기는 언제나 부모의 도움을 받아야 순조롭게 지나갈 수 있다. 부모 역시 자신의 피 끓던 어린 시절을 되돌아보자. 액션 영화를 보면 무예 고수가 부러워 무술을 배우고 싶었고, 화려한 배우의 삶을 보면 배우가 되고 싶었고, 멋진 글씨를 보면 서예가가 되고 싶어 하지 않았던가. 하지만 이런 꿈을 위해 시도한 사람은 많지만 끝까지 버티며 이어간 사람은 극히 드물다. 성공하여 이름을 날리는 일은 더더욱 어렵다. 낙숫물이 바위를 뚫듯 노력하면 모든 일을 이룰 수 있지만 대부분의 사람들이 타성을 벗어나지 못하고 중도 포기하기 때문이다.

부모는 어떻게 아이가 타성을 극복하도록 도울 수 있을까?

타성이 끼어들 틈을 주지 말자

타성이 아이에게 끼어들 틈을 주어서는 안 된다. 이를 위해 당근보다는 '채찍'이 필요하다. 아이가 침대에서 비비적거리지 않고 빨리 일어나게 하고, 밥 먹을 때도 제시간에 먹도록 연습시켜야 한다.

일일 스케줄을 짜라

이른 아침 일어나 저녁에 잠들 때까지 하루 시간표를 만든 후 아이가 스스로의 일정을 적도록 하자. '하루'라는 단위는 아이에게 막연할 수 있으니 실질적인 의미로 다가갈 수 있도록 최소 30분 단위로 세분화하여 사용 가능한 시간과 그 효용성에 대해 알려주어야 한다. 복잡한 일은 작게 쪼개어 그 연관성이 느껴지지 않게 한 다음 차근차근 순서에 따라 완성할 수 있게 한다면 쉽게 하루의 목표를 달성할 수 있다. 특별한 이유가 없는 한 주어진 일은 모두 끝내도록 해야 하루의 목표를 달성함과 동시에 내일로 미루는 습관에서 벗어나게 할 수 있다.

적당한 강도로 채찍질하자

타성에 빠진 아이를 빼내고 싶다면 지켜보는 것만으로는 부족하다. 당근보다는 '채찍'을 사용할 수 있어야 한다. 그렇지 않으면 타성이 지능개발에도 영향이 미칠 수 있다. 아이가 태어난 후, 그림카드를 보여주며 눈앞에서 천천히 움직이면 아이는 그림을 따라 눈동자를 움직이고, 여러 방향에서 딸랑이를 흔들어 주면 소리의 방향을 감지한다. 이는 기본적인 집중력 훈련 방법으로, 아이는 이를 바탕으로 초등학교, 중고등학교, 대학교를 졸업하고 사회생활을 위한 기반을 다진다. 그런 시기에 아이가 보고자 하는 것을 가져가 버리거나, 듣고 싶은 소리를 멈추어 버리면 시간이 지날수록 아이는 보이든 안 보이든 혹은 들리든 안 들리든 신경 쓰지 않게 된다. 그렇게 취학기가 되면 아이는 선생님의 설명을 잘 듣고 싶어도 귀로는 듣고 있지만 자기도 모르게 딴 생각에 빠질 수 있다.

이 외에도 여름방학 동안 아이가 최대한 자유를 누리게 하는 동시에 그 자유에 대한 책임을 지도록 하자. 필요에 따라 자기통제력을 키울 수 있는 계획이나 타성과 욕구를 조절할 수 있도록 세심하게 지도할 수 있다. 무엇보다 부모도 함께 동참하여 확실한 자기통제력과 약속을 진키는 책임감 있는 모습의 모범을 보여야 한다는 점에 주의하자.

효율 훈련

정확한 시간관념을 심어줘라

아직 어린아이에게 시간은 추상적인 개념에 불과하다. 시간의 중요성이나 자기에게 주어진 시간의 의미도 알지 못한다. 부모는 차근차근 시간의 소중함을 일깨워 아이가 시간과의 싸움에서 1초의 시간까지 아끼도록 해야 한다. 긴박한 시간 속에서도 용기 있게 목표를 쟁취하도록 독려하고 자신의 한계에 도전하고 꿈을 좇도록 하자. 시간관념이 생긴 아이는 자연히 자신이 하는 일에 집중함으로써 효율성을 높일 수 있다.

현재를 소중히 하며
인생의 가치를 실현해라

하버드대 학생들은 모두 넘치는 활기로 가득 차 있다. 그들은 시간과의 싸움을 인지하며 동기들과 함께 한계에 도전한다. 또한 현재를 소중히 하며 용감히 꿈을 좇으며 인생의 가치를 실현할 줄 안다.

■■■ 미국 서부지역의 대초원 프레리Prairie에 에드워드라는 아이가 살고 있었다.

어느 날 아버지와 함께 초원에서 길을 잃고 헤매던 어린 에드워드는 지치고 두려운 마음에 몸을 움직일 수조차 없었다.

그때 아버지가 주머니에서 동전 5개를 꺼내 하나를 땅에 묻고 나머지 4개를 아들의 손에 쥐어주며 말했다. "인생에는 아동, 소년, 청년,

중년, 노년 이렇게 5개의 동전이 있단다. 넌 방금 동전 하나를 썼어. 바로 땅에 묻은 동전이지. 이 초원에서 너의 5개 동전 모두를 묻을 수 없단다. 하나씩 매번 다르게 써야 후회 없는 인생 아니겠니? 우리는 오늘 이 초원에서 벗어날 거고, 에드워드 너의 미래도 이 초원 밖에서 펼쳐야 한단다. 세상은 아주 넓어. 더 넓은 세상을 보려면 우린 살아야 해. 나머지 동전을 써보지 못한 채 버리지 마렴."

아버지의 말에 에드워드는 용기를 내 초원을 무사히 벗어났고 어른이 된 후 고향을 떠나 훌륭한 선장이 되었다.

우리의 삶도 마찬가지다. 삶을 대하는 태도에 따라 인생의 색채도 달라진다. 우리가 가진 동전들이 각자의 용도에 맞게 쓰였는지 생각해보자. 내 인생이 지닌 다양한 색채가 제대로 그 빛을 발하고 있는가? 존재의 가치가 있는 인생인가? 고난 가운데 있든 순조로운 삶 가운데 있든 현재의 순간을 소중히 여기자.

우리 생활 주변의 다양한 사람들을 자세히 살펴보면 많은 이가 비슷한 실수의 길을 걷는 것을 발견할 수 있다. 누군가는 지나간 추억 속에서 빠져 얽매여 있고, 누군가는 미래에 대한 환상을 그리지만 행동으로 옮기지는 않는다. 지난 일에 묶인 채 상처받지 말고 스스로 채찍질하는 법을 배우고, 허상에 사로잡혀 있지 말고 미래가 자신을 이끌도록 해야 한다. 나에게 주어진 모든 것을 소중히 하고 활용하고 모든 능력을 발휘하여 아쉬움 없는 삶을 살도록 열정을 불태워야 한다. 그러면 행운이 나에게 찾아올 것이다.

시간은 거꾸로 흐르지 않고, 지나간 삶은 돌아오지 않는다. 사람이 이 세상에 머물러 있는 시간이 매우 짧다. 그러니 오늘을 붙잡고, 지금 이 순간의 시간을 아낌없이 이용해야 한다. '지금' 즐겁게 사는 법과 무엇을 해야 할지 안다면 의미 없이 버려질 뻔한 하루를 거두어 수확할 수 있다. 영원이 행동해야 하는 순간이 바로 '현재'이다.

골프스타 데이비드 글리슨David Gleeson은 "지금 잡지 못하는 삶은 평생 잡을 수 없고, 지금 누리지 못하는 삶은 평생 누릴 수 없으며, 지금 미련하게 보내는 삶은 앞으로도 현명할 수 없다. 과거는 이미 지나갔고 미래는 아무도 장담할 수 없기 때문이다."라고 말했다.

젊은 시절에 미래에 대한 부푼 희망을 품는 것은 당연한 일이다. 학교와 직장에서의 목표를 인생의 편안함과 사업의 성공에 두는 것도 틀리지 않는다. 사람은 희망 속에서 살아야 하고 이를 토대로 소극적이고 짓눌린 마음에서 벗어나야 한다. 하지만 이를 위해서는 무엇보다 현재의 순간을 쟁취하기 위해 노력해야 한다. 현실은 외면한 채 아름다운 미래만 꿈꾸어서는 안 된다.

사실 바라고 꿈꾸던 그날은 아름다웠던 상상보다 훨씬 더 평범하다. 짧은 기쁨과 흥분이 지난 뒤에는 다시금 또 다른 문제와 모순에 직면한다. 유토피아적 미래를 꿈꾸는 방식은 현실을 벗어난 환상에 불과하다. 따라서 우리는 현재의 희망 속에 살 수 있는 것이지, 미래의 환상 속에서 살 수 없다. 미래에는 또 그 다음의 미래를 꿈꾸고 바라보기만 하고 닿을 수 없는 곳을 꿈꾸는 이런 삶의 방식이 습관화되고 고착된다면 빨리 깨닫고 바로잡아 덧없는 악순환에서 벗어나야 한다. 현재를 포기하게 만들 수 있기 때문이다. 우리의

'현재'는 소중히 하며 누리는 것이지 결코 포기하는 것이 아니다.

돈에 비유하자면 어제는 폐기된 수표, 내일은 약속 어음에 불과하고 바로 오늘이 내 손에 쥐어진 현금이다. 아이가 이런 인식을 가지고 있어야 자유롭고 성실하며 즐거운 생활을 선택할 수 있다.

현재를 소중히 여기는 것은 우리의 젊은 날을 아끼는 것과 다르지 않다. 젊은 날의 소중함을 안다면 또한 인생 전체를 아끼는 것이다. 매 순간 쟁취해야 할 것을 얻으며 나아간다면 인생 최대의 성공의 길을 걷게 될 것이다. 이런 인생의 길을 걸어야 백발이 성성한 시간을 맞이할 때 후회와 회한이 담긴 깊은 한숨을 내쉬지 않을 수 있다.

때에 맞춰 체크하여
아이의 미루는 습관을 고치자

"어떻게 된 아이인지, 무슨 일을 하든 느릿느릿 굼벵이처럼 굴어요. 시간을 미루는 일은 기본이고 발등에 불이 떨어져도 조급해하지를 않는다니까요. 타일러보고 설득해보고, 윽박질러 봐도 아무 소용없어요." 이런 고민을 토로하는 부모들이 있다. 아이의 미래를 위해 노력하는 부모가 되고 싶다면 아이에게 시간의 소중함을 알려주고 늑장 부리는 습관을 고쳐야 한다.

일상생활에서 '미루려는 마음'은 괴물이 되어 앞으로 나아가려는 아이의 발목을 붙잡는다. 유아기 때 좋은 습관을 들이지 못한 채 자란다면 아이의 건강한 발전에 아무런 도움을 주지 못한다. 일을 미루는 것도 하나의 습관이기 때문에 무작정 혼내고 강요하기보다는 그때그때 아이를 상기시키고 수정하도록 교정하여 좋은 습관을 심어 주어야 한다.

그렇다면 미루기 좋아하는 아이들의 고질적인 습관은 어떻게 바로잡아야 할까? 먼저 다음의 사례를 통해 아이의 습관을 고친 엄마의 방법을 살펴보자

━━ 초등학교 5학년 아들은 학년이 올라갈수록 주의력이 산만해지는 경우가 많아졌다. 해야 할 일을 점점 더 미루고, 숙제 하나 끝내 놓고서는 10분 넘게 이리저리 돌아다니며 도로 자리에 앉을 줄 몰랐다. 엄마는 아들에게 말했다. "우리 아들은 똑똑하니까 조금만 더 노력하면 더 잘할 거야. 하지만 엄마가 방금 보니까 한 시간 동안 공부하다가 딴 짓을 한 10번은 하던데, 조금 많은 것 같지 않니?" 혼내는 줄로 알았던 아들의 예상과 달리 엄마는 "만약 한 시간 동안 숙제하면서 일어나는 횟수가 5번이 넘지 않으면 그날은 저녁에 마음껏 만화를 봐도 괜찮아."라고 말했다. 엄마의 말에 아들은 신이 났다. "그런데 만약 5번이 넘으면 만화는 물론 아무것도 볼 수 없는 거야. 알았지?" 일주일 중 3일은 엄마의 제안에 성공해 저녁에 편안하게 앉아 뿌듯한 마음으로 TV를 볼 수 있었다. 하지만 나머지 이틀은 저녁 6시가 되자 엉덩이가 들썩거리며 본능적으로 만화가 보고 싶어졌다. 하지만 여러 차례 이런 생활을 반복하면서 아이는 효율적으로 숙제를 할 때 느낄 수 있는 이득을 깨달을 수 있었다. 그리고 훈련과 교정의 시간이 지나면서 아들은 미루는 습관을 정말로 고쳤다. 또한 2시간을 해야 겨우 완성할 수 있었던 숙제를 나중에는 집중하여 30분 만에 끝낼 수 있었다.

미루는 습관을 성공적으로 고친 이 사례처럼 우리 아이의 습관도 개선하고 싶다면 다음에 소개하는 방법을 적용해보자.

1분 집중훈련을 해라

단순한 덧셈이나 뺄셈 문제를 많이 준비한 후 아이가 1분 동안 최대 몇 문제를 풀 수 있는지 테스트하여 아이가 1분에 10개 이상의 문제를 풀 수 있다는 느낌을 주자. 또는 비슷한 글씨나 어려운 낱말을 준비하여 1분 동안 몇 개를 쓸 수 있는지 테스트하고 매번 그 기록을 비교해보자. 1분 집중훈련을 통해 아이는 시간의 아쉬움을 느끼는 동시에 1분 동안 많은 일을 할 수 있다고 생각한다. 당연히 시간의 소중함도 알게 된다.

또래를 통한 자극을 이용하여 미루는 습관을 고쳐라

또래와 어울리지 못하고 부모와 어른들 사이에만 있는 아이는 바르게 성장할 수 없다. 또래와의 교류 속에서 즐기고 놀아야 공동 성장과 학습 목표 달성을 이룰 수 있다. 성격이 활발하고 명랑하며 영민한 아이와 친구가 되도록 하여 함께 공부하고 어울리게 하자. 아이들은 서로에게 본보기를 보이며 영향을 주고받는다.

일의 선후를 정리해 주어라

미루는 습관 개선을 시작할 때 적응기간이 필요하다. 이 적응 단계에서 아이가 빨리 일을 해치우고 싶어 할 때, 부모는 일의 선후를 알려 주고 해야 할 일을 목록화하자. 목록에 시작과 종결 시간을 기록할 수 있는 시간표를 함께 만들어 아이가 평소에 좋아하는 캐릭터 등을 활용하여 눈에 잘 띄는 곳에 걸어놓자. 그리고 아이가 해야할 일을 함께 보고 놓치지 않도록 하자.

어떤 일이 일어나는지 알려주어라

필요할 경우, 아이가 늑장부린 일로 어떤 결과를 초래했는지 보여주고, 적당한 벌을 주어야 한다. 이를 통해 아이의 잘못된 행동의 결과가 얼마나 심각한지, 그로 인해 벌을 받을 수 있다는 사실을 인지시켜야 한다. 적절한 벌은 아이가 빨리 깨닫는 데 도움이 되기도 한다.

━━━ 파커는 미루는 일이 잦고 늑장부리기를 좋아했다. 어느 날 아침, 엄마가 파커를 깨우며 말했다. "빨리 일어나, 아빠가 지금 차 수리 중이어서 학교에 데려다 줄 수 없거든. 지각하면 선생님한테 지적받을 거야." 그러자 파커는 아무 일 아니라는 듯 "아빠가 금방 다 고치실 거예요. 안 늦으니 걱정 마세요."라고 대답했다. 하지만 일어나서 세수하고 양치질을 다 할 때까지 차 수리는 끝나지 않았다. 그제야 조급해진 파커가 몇 배 빠른 동작으로 집을 나섰지만 등교시간이 한참 지난 뒤에야 도착할 수 있었다. 이날 이후부터 파커의 행동은 전보다 훨씬 개선되었다.

이 밖에도 부모는 효율성을 높일 수 있는 방법을 알려주어야 한다. 예를 들어 잠자리에 들기 전 준비물을 잘 챙겨 눈에 잘 띄는 곳에 놓아두면 허둥거리느라 빠뜨리지 않을 수 있다. 또는 필요한 물건이나 해야 할 일을 적어 놓으면 잃어버리거나 찾느라고 애쓰거나 까먹을 일이 없어 일의 효율성을 높일 수 있다.

아이의 늑장에 조급해하지 말고 인내심과 애정으로 고쳐나가야 한다. 앞에 소개한 사례와 방법을 활용하여 아이의 행동 속도를 높일 수 있도록 적용해보자.

효율성 제고를 위해
초시계를 활용해라

아이가 일을 미루는 원인은 여러 가지가 있다. 그중에서 가장 주요한 원인은 아이가 어렸을 때 시간에 대한 뚜렷한 개념을 세우지 못해 시간이 무엇인지, 시간의 역할이 무엇인지, 왜 시간을 아껴야 하는지 알지 못하기 때문이다. 어른의 눈에는 아이가 마냥 일을 미루고 시간을 낭비하는 듯 답답하지만, 아이의 입장에서는 시간의 의미를 제대로 이해하지 못하니 부모와 자녀 사이에 간극이 발생할 수밖에 없다.

따라서 아이가 하는 일의 효율성을 높이고, 앞으로 아이의 효율적인 공부 및 생활 습관을 차근차근 올리기 위해서는 무엇보다 시간개념의 정립이 시급하다. 시간이 무엇인지, 시간표는 어떻게 짜여 있는지, 시간이 왜 소중한지, 소중히 여기지 않은 경우 어떤 일들이 일어나는지 말해주어야 한다. 이를 통해 아이는 시간의 존재를 인식하게 되어 좀 더 빨리 시간관리 방법을 깨우치고 자연히 그 효율성도 높아진다.

다만 아이의 이해력은 한계가 있기 때문에 이 추상적 개념의 시간관념 교육이 다소 어려워 받아들이기 어려울 수 있다. 그러니 부모가 아이와의 생활 속에서 시간을 체감할 수 있도록 해주어야 한다. 아이 혼자서 시간의 의미를 깨닫기는 힘들지만 옆에서 도와준다면 체감을 통해 점차 인식하게 될 것이다.

━━━ 막 학교에 입학한 7살 네드는 매일 정해진 숙제를 따라가기도 버거웠다. 네드의 엄마는 아이의 숙제 속도를 높이기 위해 귀여운 타이머를 사주었다. "네드, '시간'이라는 친구가 이 알림시계 안에 살고 있어. 이제 네드랑 이 '시간'이랑 같이 공부할 거야. '시간'이는 7시가 되기 전에 숙제를 다 끝내고 같이 놀자고 네드를 부를 거야. 그런데 네드가 숙제를 다 못 하면 시간이 혼자 놀러 나갈 텐데, 그럼 속상하겠다. 그치?"

이 사례는 비교적 어린아이에게 적용하기 쉬운 방법이다. 조금 더 큰 아이들은 시간의 많고 적음을 인지하고, 시간이 어떻게 흐르는지 알기 때문에 오히려 시간을 재는 방법으로 효율성을 높일 수 있다. 시간을 재면 시간과 아이를 경쟁관계로 만들어 제한된 상황에서 최고의 능력의 발휘하고, 최상의 효율을 이끌어 낼 수 있다.

어른에 비해 아이는 아직 어리고, 대부분의 아이가 자기중심으로 사고하고 행동하기 때문에 가끔 어른들의 지도사항을 일부러 하지 않으려 반항하기도 한다. 이럴 경우 훈계보다는 격려를 통해 하던 일을 지속하도록 도와야 한다. 그렇지 않으면 성공 또는 완료할 수 있는 기회를 놓칠 수 있기 때문이다. 관용과 도량, 넓은 마음으로 종종 발생하는 예상치 못한 상황을 받아들이고 아이의 불만을 분산시켜야 한다. 부모의 말로는 부족하다면 네드처럼 자명종 친구 이야기를 들려주거나 마음의 소리에 귀 기울이도록 해보자.

아이가 직접 마음에 드는 자명종을 고르고, 어떤 일을 시작하기 전에 스스로 원하는 시간을 설정하여 정한 시간 안에서 일을 마치도록 하자. 이는 아이의 자발성과 적극성을 동원하여 활동의 속도를 높이고, 아이가 인식하지 못하는 사이 일을 미루던 나쁜 습관을 개선하는 데 도움이 된다. 물론 처음에는 알맞을 시간을 알지 못하니 부모가 제시해 주는 것도 괜찮다.

처음에는 조금 여유 있게 시간을 안배하여 아이가 시간 안에 모두 마쳐 성취감을 느끼도록 하고, 점차 아이가 스스로 시간을 설정하도록 하자. 본인의 예상보다 시간이 남으면 아이는 부지런함 뒤에 느낄 수 있는 여유를 맛보게 된다. 이런 과정을 통해 아이는 자연스럽게 시간의 소중함을 느끼게 된다. 분 단위가 소요되는 일을 할 때는 초시계를 활용할 수도 있는데, 초시계는 긴장감을 부여하여 아이의 적극성을 높이고 운동장에서 초를 다투는 시합을 하는 듯한 즐거움을 느낄 수도 있다. 동시에 이런 활동을 놀이처럼 받아들여 반항이나 짜증보다는 즐거운 태도로 임할 수 있다.

초시계로 활동을 진행하면 아이는 부모가 자신의 시간을 중요하게 여긴다고 느낀다. 이로 인해 아이 또한 자신에게 주어진 시간의 중요성을 깊이 깨닫고 마음과 생각을 집중하여 최대한의 노력을 쏟아 빠른 속도로 해야 할 일을 마친다. 이런 과정이 장기적으로 반복되면 아이의 효율성을 놓고 더 이상 걱정하지 않아도 된다. 하버드대 학생들에게 '시간'이라는 두 글자는 매우 중요한 존재다. 하버드생들이 빠져 있는 시간과의 싸움에 우리 아이도 동참시켜보자.

시간 엄수 – 시간관념이
바로 성공의 비결

　　　　　　시간관념이 정립된 사람에게 시간 준수
는 매우 중요하다. 내가 발걸음을 늦춘다고 해도 시간은 함께 느려
지지 않는다. 시간을 잘 지키지 않는 사람이 낭비하는 것은 자신과
타인의 시간, 그리고 그만큼의 생명이다. 인생은 바쁘게 흘러가고
매 일 분 일 초가 소중하다. 시간을 잘 지키는 사람은 시간과 생명
의 동일한 가치를 알 뿐 아니라 성공으로 가는 길도 안다.

　일생 생활 속에서 아이에게 일어나라, 밥 먹어라, 씻어라, 들어가
서 자라 등 수많은 말을 던지며 힘들다고 토로하는 부모를 종종 본
다. 사실 대부분의 가정의 아침은 전쟁터를 방불케 한다. 부모 자신
도 급히 일어나 출근 준비를 하면서 아이 등교도 빠르게 준비해야
한다. 어른은 정신없이 바쁜 아침인데 아이는 여전히 이불 속에서

부모의 재촉과 외침은 못 들은 척하고, 일어난 후에도 느릿느릿 움직이며 속을 태운다.

어떻게 하면 부모의 재촉 없이도 자발적으로 시간에 맞춰 행동하는 아이가 될 수 있을까?

시간을 엄수하는 부모가 되어라

가정에서 아이의 본보기는 부모이며, 부모의 말과 행동은 아이에게 가장 큰 영향을 미친다. 사실 말보다 행동이 더 큰 가르침을 준다. 아이는 부모의 거울이라는 말이 있듯이 어떤 아이로 키울 것인가는 어떤 부모인가라는 말로 바꿀 수 있다. 그러니 부모 먼저 모범을 보여 시간관념을 잘 정립하여 시간을 아끼고 잘 지켜야 한다.

아이에게 언제 데리러 갈 것인지, 언제 동물원에 놀러 갈 것인지 약속했다면 반드시 지켜야 한다. 부득이 지킬 수 없는 경우라면 아이에게 솔직하게 말하고 사과한 후 양해를 구해야 한다. 또한 그에 상응하는 보상을 해야 한다. 반대로 아이가 약속시간을 지키지 못했다면 그로 인해 발생하는 결과를 경험하게 한 후 엄격하게 대해야 한다.

아이 스스로 일과표를 짜도록 해라

심리학 연구 결과에 따르면, 5세 이전 아이는 오전, 오후, 저녁 이세 개의 시간대를 잘 구분하지 못하기 때문에 자신의 경험을 시간과 연결하여 이해한다고 한다. 예를 들어 침대에서 일어나 양치를 하는 시간은 아침, 만화를 보는 시간은 저녁으로 연계하여 받아들

     효율 훈련

인다. 이렇듯 이 시기의 아이에게는 상징적인 사건으로 시간개념을 가늠케 해야 하기 때문에 상대적으로 안정적인 생활리듬을 유지해야 한다. 이를 위해 부모는 아이의 의사를 물은 후 합리적인 일과표를 만들고, 이와 관련된 상벌 조건을 추가하여 아이의 동의하에 자발적으로 이행하도록 해야 한다.

시간을 잘 지키는 아이로 키우려면 일과표를 스스로 만들고, 지체된 시간에 대해서는 책임을 지도록 해야 한다. 대신 부모는 아이에게 정서적 지지와 관심을 충분히 보여주어야 한다.

관련 팁을 하나 알려주자면, '빨리빨리'라는 말로 표현하지 말고 "10시에 자야 해. 지금은 9시 반이야.", "숙제 시간이 아직 30분 남았어." 등 서술적으로 시간을 알려주어 아이가 스스로 시간의 촉박함과 시간 준수에 대한 책임감을 느끼게 할 수 있다.

시간 준수의 중요성에 대해 이야기해보자

아이에게 시간 준수의 중요성을 비롯하여 시간을 어기는 습관이 친구관계에 미치는 영향에 대해 이야기해주어야 한다. 사람은 구체적인 행동 하나하나로 성품을 판단하는데 이때 상대방에게 시간을 잘 지키는 인상을 심어주면 자연히 신뢰감도 높아진다. 반대로 그렇지 않은 사람은 신용이 없다. 신용 없는 사람과 교류하려는 사람이 있겠는가.

내일이 되면 식어버리는
오늘의 창의력

　　　　최근 학교에서 대규모 체육대회가 열렸다. '유리구슬 치기' 게임을 진행하는 선생의 아들 스티븐은 구슬치기 고수로, 나이는 어렸지만 숙련된 선수급이었다. 평소에도 열심히 훈련에 매진한 결과 정확한 타격으로 '신의 손'이라는 별명도 얻었다.

선생은 아들 스티븐이 우승하길 간절히 바라는 마음을 이기지 못하고 다른 아이들에게는 규정대로 3개씩 주고, 스티븐에게는 몰래 몇 개를 더 주었다.

시합이 시작되었다. 참가학생 모두 숨소리까지 죽이며 정신을 집중하여 진지한 자세로 시합에 임했다. 스티븐 친구들은 손에 모두 경품권을 쥐고 있었다. 많이 가진 아이도 적게 가진 아이도 있었다.

드디어 스티븐 차례가 되었고, 모두가 자신에게 집중하고 있지만 신경 쓰지 않고 구슬을 튕겼다. 그런데 손이 미끄러지면서 구슬이 빗나갔다. 다시 던진 두 번째 구슬도 실패했다. 마지막 구슬을 신중히 집중하여 던졌지만, 이번에도 역시 구슬은 빗나갔다.

자신을 빼곡하게 둘러싸고 있는 사람들 속에서 스티븐은 창피함과 속상함에 얼굴이 새빨개졌다. 엄마인 선생도 민망했는지 짜증과 화를 내며 아들을 끌고 와 따졌다. "평소에 잘하는 실력은 다 어디로 갔어!" 아들은 억울함에 눈물을 쏟으며 말했다. "누가 마음대로 구슬을 더 주래요?" 아이가 던진 한 마디가 선생의 머리를 때렸다. 아들을 더 우월하게 만들기 위해 본인이 아이의 실력을 망각했던 것이다.

이 이야기는 위기감이나 긴장감이 수반되지 않는 성공은 없음을 의미한다. 구슬이 더 있으면 그만큼 기회를 더 가질 것이라는 엄마의 배려였지만 그만큼 안일하게 생각해 위기감이나 긴장감을 잃을 수 있다고는 전혀 생각지 못한 것이다.

효율성을 추구하는 오늘날 긴장감과 위기감은 필수 조건이고 아이들에게는 더 말할 것도 없다. 모든 사람이 상황이 복잡해지면 마음도 따라 번잡해져 쉽게 처리할 수 있는 작은 일도 귀찮아하며 대충 미뤄둔다. 이렇게 한번 미룬 일은 다른 일에도 영향을 주게 되고 이런 방식의 일처리에서 효율을 논하기는 어려운 일이다.

하버드대 사람들은 "진짜 성공한 사람들은 대부분 시간을 잘 활용한다."고 말한다. 속도를 추구하는 현대사회에서는 민첩하게 행동해야 기회를 잡고 성공에도 가까워진다. 세월아 네월아 하며 게

으름 부리고 활력이 없는 사람은 언젠가 사회에서 도태되고 만다. 목표는 있는데 움직이지 않는 사람의 결과는 더욱 참혹하다. 그들이 아직도 출발점에서 배회하고 있을 때 누군가는 이미 결승점에 당도해 승리의 축배를 즐기고 있기 때문이다.

독일의 극작가 괴테Johann Wolfgang von Goethe는 '파우스트'에서 '단 하루도 헛되이 보내서는 안 돼. 결단의 마음으로 당장 가능한 것의 머리채를 움켜잡아야 하네. 해낼 수 있는 것을 일단 잡으면 놔두면 안 돼. 일단 잡았으니 끝까지 가는 거야.'라고 했다.

아이의 창의력도 같은 맥락이다. 새로운 아이디어를 떠올리고도 나태함에 내일, 또 내일의 내일로 미루는 경우가 있다. 그 결과 새로웠던 아이디어는 옛것이 되고 더 많은 것을 할 기회도 잃는다. 시간의 낭비를 알아채기란 쉽지 않다. 가끔은 하루 종일 매달려도 기대했던 것의 반도 못 할 때가 있다. 하지만 오늘의 길을 제대로 걷는 일이 제일 중요하다. 내일 어떤 일이 생길지 아무도 모르기 때문이다. 일을 시작하든 끝을 내든 내일을 바라보아서는 안 된다. 특히 아이들의 창의력은 내일이 되면 기억 속에서 이미 사라져버릴지 모른다.

아무리 많은 계획도 한 번의 실천만 못하고, 아무리 아름다운 공상도 한 번의 행동만 못하다. 결심이 아닌 실천이 어려운 것이다. 성공한 사람의 가장 기초적인 성공비결은 바로 자신의 나태함 극복이다. 따라서 부모는 아이가 어떤 생각을 품으면 실천하도록 하고, 즉시 실천이 중요함을 알려주어야 한다. 앉아서 공상에 빠져 있을 때보다 실제로 움직이면서 더 많은 것을 깨닫고 배울 수 있다.

효율 훈련

  '오늘의 할 일은 오늘 끝내자.'라는 말은 아주 간단하지만 막상 실
천하려면 쉽지 않다. 따라서 엄격한 자기만의 규칙이 필요하다. 아
이들은 아직 어려 자기통제력이 약하기 때문에 부모가 옆에서 관
찰하며 적절히 독촉하여 어떤 아이디어가 떠오르면 바로 시도해
보도록 하자. 그러면 탐구하는 과정에서 지식을 얻는 즐거움을 느
낄 수 있다.

하루를 26시간으로
만드는 법

성장기 아이에게 시간은 보물이다. 그러나 어른과 같은 시간관리 능력이 없기 때문에 아이의 귀중하고 유한한 시간을 충분히 활용케 돕는 것은 부모의 책임이라 할 수 있다. 효율적인 1분 1초 활용을 위해 '효율을 얼마나 추구하느냐에 따라 시간의 길이가 달라진다.'는 원리를 이해해야 한다.

━━━ 스노우는 뛰어난 학업성적 덕분에 선생과 학생들 사이에서 많은 인기를 누렸다. 그는 친구들에게 "어릴 때부터 엄마가 공부의 효율성을 높이라고 강조하셨어. 그래서 24시간을 26시간처럼 쓰고 있어."라고 말하며 자신의 공부 비결을 공유했다.
시간을 대하는 태도, 시간 안배 방법, 시간 사용방법이 사람에 따라 모두 다르기 때문에 성적이나 성과도 그에 따라 상이하다. 또한 뛰어난 사람, 평범한 사람, 뒤처지는 사람 등 개인별 차이도 발생한다.

그렇다면 어떻게 해야 하루를 26시간으로 만들 수 있을까?

최상의 시간을 활용해라

한 의학도는 관찰을 통해 사람의 체온이 하루에 3번 변한다는 사실을 알아냈다. 그로 인해 오전부터 오후에는 활발한 뇌 활동이 이루어지고, 오후에는 졸음 상태에 있다가 저녁 6~8시에는 체온이 가장 많이 오르면서 피로를 느끼고 학습능력이 저하된다. 따라서 신체적 효율성이 높은 시간대에 난이도 높은 과목을 공부하고, 비교적 낮을 때에는 공부 이외에 독서나 다른 활동을 하는 것이 좋다.

정신력이 가장 좋은 시간대에 가장 중요하고 많은 신경을 써야 하는 일을 해야 한다. 이렇게 시간을 활용하는 이상적인 방법은 두뇌활동과 체력 상태가 모두 최고일 때 가장 중요한 일과 머리와 체력소모를 모두 필요로 하는 일을 하고, 체력이 부족할 때는 두뇌활동을, 머리가 피곤할 때는 신체를 움직이는 활동을 하여 뇌를 쉬도록 하는 것이다

여가 시간을 잘 활용해라

유명한 과학자 아인슈타인은 '사람들의 차이는 여가시간에 만들어진다.'라고 생각했다. 학교는 모든 아이에게 동일한 시간, 환경, 학습과정, 활동, 기회를 제공하고 그 차이도 크지 않다. 하지만 여가시

간은 전혀 다르다. 특히 아이의 성적과 재능에 각기 다른 영향을 미쳐 상이한 결과를 만든다.

자신의 성공담을 이야기하는 적지 않은 과학자들이 "여가시간을 충분히 활용하라."라고 말한다. 남들보다 우수한 아이로 키우고 싶다면 방학, 방과 후, 휴식시간 등 여가시간을 잘 활용해야 한다. 사람을 기다리며 책을 보거나, 차에서 영어단어를 외우는 방법들이 가장 대표적인 예이다.

합리적인 시간 안배

집에서 숙제할 때 하나를 하면 하나를 잊어버리는 아이가 있다. 또는 아무런 방학계획도 세우지 않는 아이도 있다. 하버드대학의 교육전문가는 시간의 합리적인 안배를 통해 동일 시간에 더 높은 학습효율을 올려 시간을 단축할 수 있다고 했다. 하루 동안 해야 할 일이 너무 많다면 표를 만들고 순서에 따라 번호를 매겨 나열하도록 하거나 가장 중요한 일 옆에 별도의 표시를 해놓도록 하자.

만약 반드시 제한된 시간 내에 끝내야 하는 일이라면 '타이머' 방식을 활용해 시간 안배를 할 수 있다. 가령 한 달 안에 끝내야 한다면 며칠이 남아 있는지 계산한 후 매일의 분량을 정해 하나씩 완수하여야 한다. 안배된 시간을 맞추지 못해 기회를 놓친다면 아깝지만 그간의 노력이 수포로 돌아갈 수밖에 없다.

시간을 쪼개어 지배해라

가끔 아이의 공부 시간을 분할하면 아이가 더 빠르고 더 잘 배울

수 있다. 저녁에 3개의 과목을 공부해야 한다고 가정해보자. 난이
도가 가장 높은 과목을 끝내고 양치를 한 다음, 난이도가 중간인 과
목을 공부한다. 두 번째 공부가 끝나면 발을 씻고, 마지막으로 가장
쉬운 과목을 공부한다. 그리고 세수를 하고 잠자리에 든다. 이렇게
시간을 나누어서 양치, 발 씻기 등을 공부시간 사이에 배치하면 아
이는 작은 활동으로 피로를 푸는 동시에 낭비하는 시간이 줄어 효
율성이 더 높아진다.

반대로 어떤 일은 모든 시간을 할애하여 한 번에 처리해야 하는
일도 있다. 복잡한 수학문제를 계산할 때 매일 조금씩 계산하거나
다른 일을 하면서 계산한다면 매번 처음부터 다시 시작해야 한다.
전날 한 내용이 기억날 리 없기 때문이다. 정신을 집중하여 한 번에
끝낸다면 더 수월하게 끝낼 수 있다.

여러 방향으로 흩어져 있는 소소한 문제를 해결하기 위해 조급하
게 하나하나 매번 시간을 쓴다면 일이 더 복잡해진다. 그렇다고 손
놓고 있어서도 안 된다. 이럴 때에는 흩어져 있는 문제를 한 데 모
아 온전히 시간을 들여 문제를 해결해야 어지럽게 엉킨 실타래를
풀 수 있다.

꾸물거리는 습관은
절대 금물

블레어의 6학년 아들 데이비드는 숙제를 제때 하지 않고 미루는 나쁜 습관이 있다. 평소에도 해야 할 숙제를 쌓아놓고 저녁 9시까지 손 하나 까딱하지 않았다. 어떤 때는 잔꾀를 부려 숙제 알림장에 숙제를 일부러 빼고 적어 부모의 숙제검사를 통과하곤 했다.

어느 날 밤, 블레어가 아들에게 숙제를 하라고 시켰다. 하지만 아이는 말로만 알았다고 하고 움직이지는 않았다. 블레어는 다시 아들을 재촉한 뒤 아이 방 문을 닫고 거실로 나와 남편과 TV를 보았다. 잠시 후 숙제 검사를 위해 아들 방에 들어가 보니 아이는 컴퓨터 게임에 열중하고 있었다. 블레어는 그 즉시 아들의 컴퓨터를 꺼버렸다.

밤 10시 20분, 다시 아들 방문을 열어보았다. 책상에 엎드려 자는 아이 옆에 다가가 숙제 노트를 펼쳐보니 여전히 아무것도 하지 않았다. "곧 중학생이 될 텐데 어쩌면 좋을지 모르겠어요." 블레어의 근심은 커져만 갔다.

공부를 미루고 꾸물거리는 아이의 원인과 그 대처법은 무엇일까? 아래의 방법을 제안하고자 한다.

공부에 흥미가 없는 아이

공부에 관심이 없는 아이는 재미를 못 느끼기 때문에 숙제를 하라고 하면 머리부터 아파한다. 골치 아픈 일이 주어지면 당연히 수동적 태도를 취하게 되고 차일피일 미루고자 한다.

개선 방안 | 이런 유형의 아이라면 숙제는 잠시 덮어두고 공부에 대한 아이의 흥미부터 끌어올려라. 공부의 시작은 흥미다. 부실한 기초 위에 세워진 100미터 고층빌딩은 위태로울 수밖에 없다.

집중력이 부족한 아이

주로 초등학교 저학년 아이들에게 많이 나타나는 유형이다. 아직 어려서 집중 가능 시간이 15~20분 정도로 비교적 짧다. 그런데 20분 이상이 소요되는 숙제를 맡기면 당연히 오래 버티지 못하고 한 글자 쓰는 데에도 5분이 소요되기도 한다. 따라서 당연히 숙제도 미루게 된다.

개선 방안 | 이런 유형의 아이는 단계별 숙제를 하도록 하자. 하교 후 집에 돌아오면 숙제 양을 파악한 후 20분 단위의 분량으로 나누

어 20분 숙제, 5~10분 휴식의 방식으로 만들면 아이가 더 수월하게 집중하여 임할 수 있다.

방법을 모르는 아이

어떤 아이는 숙제를 어떻게 해야 할지 방법을 몰라 시작이 매우 늦을 수 있다. 엄마는 "미루지 말고 빨리빨리 해. 꾸물거리면 안 돼."라고 말하면서 어떻게 해야 빨리 숙제를 할 수 있는지는 알려주지 않는다. 아이가 처음부터 잘하는 것도 아닌데 가르쳐주지 않고 알려주지 않으면서 하라고만 하면 할 수 있을까?

개선 방안 | 미국의 한 엄마의 사례를 참조해 보자.

━━━ 로빈은 올해 1학년에 입학했다. 로빈의 엄마는 아들이 숙제 하나를 완성하는 데 한 시간이나 소요된다는 사실을 알고 아이를 관찰하기 시작했다. 로빈은 1번 문제에 딸린 작은 문제 몇 개를 풀다가 다시 5분 문제를 푸는 듯하더니 또 2번 문제를 끄적였다. 이 문제 저 문제 옮겨다니다 보니 시간은 시간대로 걸리고 빠뜨리는 문제도 많았다.

로빈의 엄마는 한 문제 한 문제씩 순서대로 풀어야 한다고 알려주고 그러다가 모르는 문제가 나오면 옆에 별표나 동그라미 표시를 해 놓고 넘어가야 나중에 빠뜨리지 않는다고 설명해주었다.

일주일이 지나고 로빈의 숙제 시간이 30분이나 줄어들었다. 간단한 몇 마디 설명으로 실제 아이의 숙제 시간이 줄어들자 엄마 또한 무척 기뻤다. 너무 간단한 것들이라 말하지 않았었는데 방법을 제대로 알려줄 필요가 있다는 사실을 알 수 있었다.

강요를 못 이겨 하는 아이

강요에 밀려 하는 유형은 초등학교 고학년 아이들에게 많이 보이는 현상이다. 왜 강요에 의해 하게 되고, 이를 강요하는 사람은 누구일까?

━━━ 올해 5학년이 된 라이언이 친구들에게 하는 말에서 그 답을 엿볼 수 있다.

"빨리 숙제하라고? 왜 빨리 해? 다 한다고 놀 수 있는 것도 아니잖아. 학교 숙제 끝나면, 엄마가 내 준 숙제해야 하고, 또 끝나면 아빠가 시험 보자고 하고, 숙제 다 하면 피아노 연습하라고 하잖아. 생각만 해도 귀찮아. 차라리 천천히 숙제하면 시간이 없으니까 바로 잘 수 있잖아."

숙제 미루기가 아이들이 생각해 내는 일종의 대안책이라고 짐작한 부모는 아마 거의 없을 것이다.

개선 방안 | 아이의 부담을 덜어주자. 과도한 스트레스를 주면 아이는 '부모가 계획을 짜면, 나는 대책을 세우면 되지.'라는 식으로 꾸물거리며 미루는 행동을 한다. 결국 비효율적이고 비효과적인 학습습관으로 변질되고 아무런 도움이 되지 못한다.

시간 관리를 못 하는 아이

　가장 많은 나타나는 유형으로 앞에서 언급한 숙제 미루기는 것도 시간 관리문제를 담고 있다고 할 수 있다. 시간 관리도 미숙하고 시간개념도 없는 아이가 숙제나 해야 할 일을 미루는 것은 자연스러운 결과다.

개선 방안 | 아이에게 시간 관리를 맡겨라. 스스로 매일의 공부량과 생활계획을 세우게 하고 어떤 시간에 무슨 일을 할지 미리 정확하게 기록한 뒤 그 수행 여부를 체크하도록 하자. 물론 아직 어린 아이에게는 제시와 대화를 통해 실행 가능하고 체계적인 계획을 만들 수 있게 도와주면 된다. 3개월 이상 이런 생활방식을 유지한다면 아이는 훨씬 능률적인 사람이 될 것이다.

마구잡이 습관 버리기

하버드 학생들은 정확한 공부 순서를 세우는 것을 지향하고, 마구잡이식 공부를 지양해야 한다고 조언한다. 학습 방법을 정확하게 적용하여 중요한 것부터 처리한 후 경중과 완급을 구분하는 학습습관을 세워야 좋은 학업 결과를 얻을 수 있다.

아이의 성적향상을 위해 정규교육 외에 개인교습을 진행하는 부모들이 있다. 아이가 과도한 학습 부담을 느끼지 않는다는 조건이라면 나쁘지 않은 교육방법이다. 아이는 공부와 휴식을 맞바꾸어 학습 비결을 배운다. 아울러 스스로 공부함으로써 의존 심리를 이겨내 의지력과 자신감을 높인다. 과외를 할 때 다음의 네 가지 점을 유의하도록 하자.

중점학습

아이가 부족한 학습이 무엇인지 파악한 후, 학습상태에 맞춰 취약점을 보안하는 방법으로 진행해야 한다. 막연히 '특별조치' 식의 개인교습은 문제 해결도 미진할 뿐더러 학습 부담만 과중해져 공부에 대한 흥미까지 떨어뜨릴 수 있다.

제한적인 공부시간에 비해 아이가 공부해야 하는 양은 방대하다. 때문에 시간을 고르게 분배하는 것이 아니라 중점적으로 해야 할 공부를 선택해야 한다. 중점학습이란 취약한 과목이나 과목별 취약점 공부 두 가지 모두 가능하다. 물론 아이의 학습상태와 중점을 파악한 후 필요할 경우 체계적으로 더 세분화할 수 있고, 다른 공부도 골고루 하되 한 달 또는 몇 주간은 휴식 시간을 활용하여 그 세분화한 취약점을 공략하여 공부한다. 그리고 문제점이 해소되면 다시 일정한 시간을 들여 다른 부분을 중점적으로 파고드는 방식이다. 이른바 '각개격파'식 공부 방법은 취약한 과목을 보충하거나 강화하는 데 매우 효과적이다.

단기속성

아이의 심신 상태나 특징을 잘 이해해야 한다. 아이는 집중력도 높지 않고 그 지속시간도 길지 않다. 따라서 개인교습은 간단명료하고 요점을 겨냥하여 진행해야 한다. 짧은 시간에 높은 효율을 올려 학업 부담이 가중되지 않아야 한다. 어떤 부모는 아이의 재능을 빨리 깨우고픈 마음에 일단 과외 수업량부터 늘리고 아이를 어르고 달래고, 속이고, 강요하고, 심지어 체벌까지 하며 끌고 간다. 아이가 받아들일 수 있는 수용력은 고려하지 않은 채 한 번 시작하면 몇 시간 동안 끝내질 않는다. 이런 상황에 아이가 공부를 싫어하지 않으면 그게 더 이상하지 않은가. 강요와 비판, 체벌은 학습효과를 떨어뜨리고 다시 강요와 비판이라는 '악순환'만 생긴다.

균형 있는 깊이와 폭

개인교습은 학업의 '영양부족'을 걱정한 부모의 '특별보양식'이다. 그런데 종종 아이의 지식의 깊이에만 신경 쓴 나머지 그 폭을 소홀히 하는 부모들이 있는데, 이는 매우 잘못된 방식이다. 지식의 폭을 고려하지 않고 깊이만 신경 쓰면 극히 불안정하고 견고하지 않은 '마름모형' 지식 구조를 띄게 된다. 지식의 깊이와 폭이 균형을 이루어야 장기적 발전이 가능한 '피라미드형' 지식구조를 쌓을 수 있다.

맞춤형 교육

모든 아이마다 학업 상황이 다 다르다. 이해속도가 느린 아이는 충분한 사례를 통한 설명이 필요하다. 아이에 따른 맞춤형 개인교습은 학교에서는 해줄 수 없는 부분이다. 따라서 맞춤형 교육으로 학교 공부의 부족한 점을 보완할 수 있다.

단계별 진행은
중도포기를 줄이는 최고의 방법

■■■■■ 초청 마라톤 경기에 참가한 한 선수가 1등으로 결승점을 통과했다. 경기 내내 큰 변화폭 없이 일정하지만 빠른 속도를 유지하며 달린 이 선수는 이 경기 전까지는 잘 알려지지 않은 선수였다. 경기 후 인터뷰에서 기자는 선수에서 1등을 해본 경험이 있는지 물었다. 기자의 질문에 선수는 엉뚱한 답을 내놓았다. "지혜로 라이벌을 이기세요."

수수께끼 같은 이 답변은 10년 후에야 풀렸다. 이 선수는 경기 시작 전 항상 차를 타고 경기코스를 자세히 살펴보면서 길가에 눈에 띄는 것들을 체크했다. 첫 번째는 은행, 두 번째는 큰 나무, 이런 식으로 결승점까지 확인한 후 경기가 시작되면 첫 번째 목표를 향해 전력질주하고, 다시 두 번째 목표를 향해 최선을 다해 뛰었다. 40km가 넘는

구간을 쪼개어 작은 목표를 만들어 완주할 수 있었다.

만약 이 선수가 40km 너머에 있는 결승점을 목표로 삼았다면 눈 앞에 끝없이 펼쳐진 길에 먼저 지쳐 몇 km를 채 뛰지 못하고 힘들어 주저앉았을 수도 있다. 하지만 짧은 길이로 쪼개어 세분화하여 멀지 않은 목표지점을 향해 최상의 마음가짐과 속도로 달렸고, 이런 목표가 누적되어 그를 우승의 자리로 이끌었다.

진정한 성공가는 전체를 '제로⁰'로 설정하여 멀리 바라보되 작은 것부터 실천으로 옮긴다는 사실을 기억하자.

—————— 레인은 25살의 나이에 직장을 잃었다. 수입원이 사라진 그는 항상 생활고에 시달리며 거리를 헤매고 다녔다. 그가 거리를 배회하는 이유는 딱 하나, 집세를 요구하는 집주인을 피하기 위한 것이었다. 하루는 42번가에서 유명한 음악가 페오도르 이바노비치 샬리아핀 Fyodor Ivanovich Chaliapin 을 우연히 만났다. 실직 전 인터뷰한 적이 있었지만 자신을 기억하고 있을 거란 생각은 상상조차 하지 못했다.

"요즘 많이 바쁘세요?"

샬리아핀의 안부인사에 그는 애매하게 대답하면서도 그가 자신의 처지를 눈치챌까 봐 난처하기만 했다.

"저는 103번가에 살고 있는데, 바쁘지 않으면 저와 잠깐 걸으시겠어요?"

"걷자고요? 103번가랑은 60블록이나 떨어져 있는데, 너무 멀지 않나요?" 레인은 놀라 되물었다.

"아니에요. 다섯 블록만 가면 돼요." 샬리아핀이 웃으며 대답했다.

레인은 이해할 수 없어 입을 다물고 있자 샬리아핀이 다시 말했다.

"사실 저는 6번가에 있는 사격장을 이야기한 거예요."

도통 무슨 말을 하는지 알 수 없었으나 집주인을 피해야 하니 레인은 그를 따라 걷기 시작했다.

사격장에 이르자 샬리아핀은 "좋아요. 이제 11 블록만 가면 되겠네요."라고 말했다.

잠깐 걷는 동안 사람들로 붐비는 카네기 극장에 도착했다. "5블록만 더 가면 동물원이에요." 그렇게 12블록을 또 걷고 또 그렇게 걷다 보니 어느덧 샬리아핀이 사는 곳이 나왔다. 레인은 생각보다 힘들지 않았다는 사실에 묘한 기분이 들었다.

샬리아핀은 레인에게 말했다. "오늘 저와 함께 걸은 이 방법을 꼭 기억하세요. 사실 생활의 교훈이라 할 수 있죠. 원하는 목표가 너무 멀리 있더라도 걱정하지 마세요. 멀리 떨어져 있는 미래에 연연해하지 말고 다섯 블록에만 집중해 보세요. 그러면 어느새 목적지에 도착해 있는 당신을 발견할 거예요."

샬리아핀이 말한 방법은 앞의 사례에 소개한 마라톤 우승자의 비결과 일맥상통한다. 목표를 쪼개면 원동력을 유지하며 계속 노력할 수 있다. 주변을 둘러보면 단번에 성공한 것처럼 보일지 몰라도 그들이 걸어온 길을 자세히 들여다보면 성공에 이르기까지 견고한 기반을 계속 다져왔다.

아이가 목표 앞에서 골치 아파하고, 포기하고 싶다고 소리친다면 마냥 안타까워만 하거나 화내지 말고 방법을 바꿔, 한 단계 한 단계 세분화된 목표를 세우고 성실하게 각 단계를 달성하도록 지도하자. 시간이 지나면 아이는 큰 걸음을 내딛으며 나아가 어느새 목표했던 지점에 당도할 것이다. 벼락치기 공부로 입학한 하버드대 학생은 없다. 작은 경험이 하나씩 쌓여 성공을 위한 비결을 만들며 성취했다. 그러니 우리 아이에게도 포기하지 말고 견디고 또 견디라고 응원의 목소리를 보내자.

경쟁 훈련

위기감으로 자발적 집중력을 끌어내라

아이에 대한 사랑은 모든 부모의 공통적인 마음이다. 그러나 그저 사랑을 주는 것에 만족하지 말고 아이를 어떻게 교육할지 파악해야 한다. 아이가 자라나 성인이 되면 부모의 품을 벗어나 사회로 나가 인생의 승부지에서 경쟁하고 싸워야 하는데, 어느 부모나 자신의 아이가 경쟁에서 뛰어나길 바란다. 따라서 부모는 아이의 경쟁력을 높이는 일에 관심을 두어야 한다. 경쟁심이나 경쟁력이 없는 아이는 나태해지기 쉽다. 어릴 때부터 훈련을 해야 위기의식이 느껴지면 자발적으로 자신의 일에 집중하게 된다.

경쟁심 없이
승리도 없다

경쟁심이 없는 아이는 우수한 성적을 거둘 수 없다. 전쟁터에서 승세를 붙잡지 못하는 장군이 승리할 수 없는 이치와 마찬가지다. 아이가 어릴 때는 경쟁이 무엇인지 모른 채 정해진 순서대로 하거나 자신의 잠재력이 얼마나 큰지도 모른 채 경쟁 중이라는 사실도 인지하지 못한다. 따라서 아이에게 경쟁심을 심어주는 일은 부모의 몫이다. 올바른 경쟁심은 아이를 더욱 진취적으로 만들어 더 큰 빛을 발하게 하고, 잠재력을 자극하여 더 큰 성취를 만끽하게 한다. 하버드대학이 '경쟁'적인 학풍으로 유명한 것도 경쟁이 학생들을 새로운 단계로 이끌고 기적을 창조하게 만들기 때문이다.

━━━ 하버드대학의 한 학생은 중학교 시절 놀기만 좋아하고 산만하여 수업에 집중하지 못했고 성적은 언제나 바닥이었다. 한 번은 중간고사에서 반 꼴등을 하고도 별일 아니라는 듯 온 종일 놀기에 여념이 없었다.

학생의 아버지는 아이의 부족한 경쟁심을 깨닫고 이렇게 말했다. "실패는 성공의 어머니라고 하더라. 지금 너의 뒤로는 아무도 없으니 더 이상 나빠질 수도 없어. 넌 이제 앞으로 나가기만 하면 돼. 경쟁상대를 한 명만 찾으면 차차 앞서 나갈 수 있을 거야."

그 뒤로 아버지는 아이에게 성적이 조금이라도 더 나은 학생을 경쟁상대로 삼아 노력하여 앞지르라고 권했다. 아이는 남몰래 노력하더니 순식간에 상대 아이의 성적을 뛰어넘었다. 첫 번째 성공 이후, 아버지는 성적이 조금 더 높은 아이를 경쟁상대로 찾아주었고, 아이는 다시 최선을 다해 또 한 발짝을 내딛었다. 그렇게 한 걸음 한 걸음 나아가면서 아이의 성적은 일취월장했고, 졸업할 때에는 반 1등을 차지했다.

이 이야기는 '경쟁'이라는 두 글자가 가진 힘을 보여주는데, 사람에게 전해지는 이 경쟁의 힘은 때로 우리의 상상력을 초월한다.

아이의 장점을 파악해라

아이들의 각기 다른 성격과 흥미는 경쟁력과 밀접한 관계가 있다. 아이의 개성과 장점을 살리기 위해서는 아이 스스로가 그것을 필요로 하고 흥미를 느끼는 것에서 시작하여 광범위한 관련지식을 갖도록 해야 한다. 이를 토대로 특별한 재능과 능력을 키워야 완벽한 인품을 완성할 수 있다. 또한 자립심, 자주성, 자율성, 자신감이 풍부한 아이는 경쟁심과 경쟁력 방면에서 뛰어난 경향을 보인다. 만약 아이에게 경쟁만 강요하고 재능은 찾아주지 않으며 아이의 개성을 말살한다면 앞으로 무슨 일을 하든 남들과 같아질 뿐이다. 또한 아이의 적극성과 경쟁력마저도 잃을 수 있다.

마음을 다스리는 방법을 가르쳐라

남들보다 뒤처질지언정 경쟁을 회피하는 아이가 있는 반면, 승부욕이 과한 아이도 있다. 부모는 아이의 마음이 치우치지 않도록 한 뒤, 경쟁의 진정한 의미를 알려주어야 한다. 경쟁이란 자신의 실력을 발휘할 좋은 기회이며 경쟁 속에서 스스로 노력하고 발전할 수 있다. 무엇보다 관용의 마음으로 타인을 뛰어넘고, 혹여 누군가 나를 넘어서는 과정을 지켜보더라도 질투나 분노의 마음을 품어서는 안 된다. 경쟁에 임하는 이유 중 하나는 실패를 받아들이고, 진심으로 상대방의 성취를 축하해주는 매너를 배우는 데 있다. 따라서 부모는 아이에게 마인드컨트롤의 필요성을 알려주어야 한다.

마구잡이로 압박감을 주지 말자

━━━ 피터의 아들은 반에서 손가락 안에 들 정도로 우수한 학업성적을 거뒀지만 1등은 단 한 번도 하지 못했다. 피터는 아들의 1등을 위해 매 시험마다 닦달하며 백점이 아니면 끝까지 그 원인을 찾아냈다. 심지어 슬픈 목소리로 아버지가 매일 밤늦게까지 일하는 이유는

너의 1등을 보기 위해서라며 하소연했다.

피터의 방법과 호소는 통하는 듯 보였다. 아이가 자발적으로 더 열심히 공부하더니 드디어 시험마다 100점을 받아왔다. 기쁨에 들떠 있던 어느 날, 아이의 선생님이 찾아와 학교에서의 일을 말해주었다. 하루는 아이가 수학 시험 문제 한 개를 틀려 98점을 받게 되자, 시험지를 들고 찾아와 두 시간이나 눈물을 흘리며 울었다고 한다. 아이를 달래며 슬피 운 이유를 물어보니 아버지가 자신에게 들려준 이야기를 했다고 한다. 그동안 아이가 가졌던 마음을 떠올리며 피터는 충격을 받을 수밖에 없었다.

경쟁심을 교육할 때 부모는 바로 이런 점을 주의해야 한다. 그 어떤 경기라도 시합 전에 과도한 스트레스를 주어서는 안 되며, '무조건 1등', '반드시 누구누구를 이겨야 해.'와 같은 메시지를 강요해서도 안 된다. 오히려 최선의 노력을 쏟아붓는다면 그것이 바로 성공임을 알려주어야 한다. 혹여 실패하더라도 질책이 아닌 함께 원인을 분석하고 극복할 방법을 모색해야 아이는 다음에 주어진 기회에 다시 성공을 향해 간다.

이 밖에도 경쟁심을 가르칠 때 경쟁이 단순히 이기기 위한 싸움이 아니라 때로는 경쟁 속에서 협력도 가능하다는 것을 놓치지 말고 알려주어야 한다. 훌륭한 협동심과 공동체의식 없이 혼자만 앞서가는 것은 오히려 외롭기만 할 뿐 진정한 성공의 길이라 할 수 없다.

아낌없이 재능을 발휘하도록
경쟁을 독려해라

　　　　　　　반에서 제일 성적이 좋은 스펜서는 언제나 조니의 경쟁 상대였다. 스펜서는 한 번도 조니를 의식한 적 없었는데, 어느 날 체육시간에 장거리 육상에서 조니에게 지자 조니와 친구들이 스펜서를 약 올렸다. 머리끝까지 화가 난 스펜서는 조니에게 달려들어 주먹을 날렸다.

하지만 스펜서보다 덩치도 크고 힘도 센 조니는 스펜서를 가볍게 밀쳐냈다.

스펜서의 아빠는 이 일을 전해 듣고 아들을 위로하며 말했다. "스펜서, 조니가 달리기를 더 잘하는 게 당연하지. 그런데 네가 못 한 것도 아니야. 평소에 운동을 더 열심히 할 걸 그랬구나. 지금 시작해도 늦지 않았으니 해보겠니? 조니를 이기고 싶어?"

"아빠, 이기고 싶어요!" 스펜서는 눈물을 닦아내며 자신감에 가득 찬 표정으로 열의를 다졌다.

다음 날부터 스펜서는 조니를 이기기 위해, 그리고 스스로를 뛰어넘기 위해 열심히 연습했다.

2학기에 열린 장거리 육상 시합에서 조니와 스펜서는 공동으로 1등을 차지했고, 스펜서는 결과에 매우 만족했다.

이것은 경쟁심이 원동력을 만들어낸 사례다. 아이의 일상과 학습 생활에서 적당한 경쟁심의 자극은 아이에게 원동력을 제공하고 잠재력을 발휘하도록 한다.

모든 아이마다 크고 작은 승부욕을 가지고 있고, 다른 친구보다 더 잘하길 바란다. 건강한 승부욕과 경쟁심은 아이의 발전을 도와 더 뛰어난 아이로 자라게 한다. 하지만 이는 타고나는 것이 아니기 때문에 교육과 훈련을 통해 얻을 수 있다. 다음의 방법을 참조해보자.

경쟁 환경을 조성해라

아이의 경쟁심을 자극하기 적당한 환경을 조성해 보자. 예를 들어 부모와 함께 누가 일찍 일어나는지 시합을 한다거나, 일상생활에서 또래친구와 게임이나 공부를 할 때 시합 방식으로 진행해 점수를 매기거나 승패를 가를 수 있다. 누가 더 빨리 달리나, 누가 더 높이 뛰나, 누가 더 나무를 많이 쌓는지 등의 게임처럼 간단하지만 승패의 부담 없는 분위기 속에서 자연스럽게 승부욕과 경쟁심을 만들 수 있다.

생각의 전환, 경쟁을 독려해라

우리는 얼마나 말을 잘 듣고 순한가를 기준으로 착한 아이를 판단한다. 실제 이런 아이는 문제에 대한 본인 스스로의 생각이 부족하고, 스트레스에 무기력한 경우가 많다. 아이의 장래와 발전을 고려한다면 독립적이고 자주적이며 의지가 강하고, 생각한 바를 용감히 말하고 행동하며, 혁신정신을 품고 있는 아이, 그리고 도전과 좌절이나 고난에도 꿋꿋하게 맞설 담대한 아이로 키워야 한다. 그러니 아이가 당당하게 교실 문을 나서 가족과 학교의 품을 벗어나 사회, 일상, 그리고 경쟁을 경험하도록 독려하자.

올바른 경쟁의식을 길러주어라

━━━ 승부욕이 강한 올리비아는 이기면 금방 우쭐해지고, 지면 화를 참지 못하는 성격이다. 유치원에 들어가서도 공 하나라도 남보다 멀리 차고, 장난감도 남들보다 더 많이 가져야 하는 등 매사에 다른 친구들과의 경쟁에서 이겨야만 직성이 풀렸다. 하루는 "나는 벌써 새이가 났는데, 린다는 아직도 없어."라며 엄청난 일인 양 자랑하는 바람에 부모를 민망하게 만들기도 했다.

부모는 아이의 그릇된 경쟁심이나 그에 따른 행동을 하지 않도록 지도해야 한다. 간혹 무슨 수를 써서라도 남을 이기는 것이 경쟁이라고 생각해서 선생님의 예쁨을 받기 위해 다른 친구를 흉보는 등 잘못된 경쟁심과 행동을 하는 경우가 있는데 이런 행동은 즉각 바로 잡아 주어야 한다.

어떤 아이는 다른 친구가 더 잘할까 봐 미리 차단하거나 공격적인 행동을 한다. 좋은 자료나 정보를 공유하지 않거나 도움을 요청하는 친구를 외면하기도 한다. 이렇듯 경쟁 중 생기는 아이의 부정적인 마음은 반드시 제거해야 한다.

상황에 성실하게 임하고, 좌절을 감내할 수 있도록 지도하고, 경쟁에서 이기기 위해 거짓말이나 속임수를 쓰지 않도록 지도해야 한다. 즉, 경쟁심을 자극하는 동시에 매너 있는 경쟁의 수준도 알려 주어야 한다.

스스로를 믿도록 응원해라

아이는 경쟁을 통해서만 자신의 존재가치를 증명하는 것이 아니다. 마음속 느낌을 당당하게 표현하고, 본인의 가치관의 옳고 그름을 판단하며, 스스로 추구하는 목표를 충분히 실현할 수 있다고 믿도록 해야 한다. 최선을 다한 후에도 노력을 멈추지 않는 승자나 결코 낙담하지 않는 패자가 되어야 한다. 따라서 경쟁 자체에 과도하게 몰입하지 않도록 이해시켜야 한다.

아이의 경쟁심을 키우는 근본적인 이유는 장기적으로 아이가 경쟁심을 통해 장래에 사회에 잘 적응하도록 하기 위해서다. 이를 위해 지금은 친구들과 생각, 공부, 규칙, 단결력을 비롯한 모든 성장 과정에서 적극적으로 경쟁에 임하도록 해라.

아이의 '라이벌'을
찾아라

아이의 성장에 '라이벌'이 필요하다면 동의하겠는가? 모든 하버드대 학생은 자신만의 강한 경쟁상대를 마음에 품고 노력의 방향을 설정한다.

━━━ 엘린다의 부모는 잘 먹지 않는 딸 때문에 식사시간마다 어르고 달랬다가 화내고 윽박지르며 먹이기 위해 애쓰곤 하지만 소용없는 일이었다. 엄마는 밥그릇을 들고, 아빠는 숟가락을 들고 다니며 엘린다의 뒤를 쫓아 다녀야만 했다.

하루는 엘린다의 부모가 아이를 이웃집에 맡기고 외출했다가 노파심에 급히 집으로 돌아와 아이를 찾으러 갔다. 이웃집에서 부모는 놀라운 광경을 목격했다. 엘린다가 옆집 남자 아이와 함께 식탁에 앉아

한 입, 한 입 맛있게 밥을 먹고 있었던 것이다. 심지어 엄마·아빠가 데리러 왔는데도 눈 길 한번 주지 않더니 다 먹은 빈 그릇을 이웃집 아줌마에게 당당하게 보여주었다. 그때서야 엘린다의 엄마는 옆집 아이와 딸이 밥 먹기 시합 중이었음을 눈치챘다. 이웃집 여자는 엘린다가 어른 밥그릇으로 반 그릇을 다 먹었다고 알려주었다.

그날 이후 엘린다와 이웃집 아이는 서로의 집에 단골손님이 되었다. 두 아이는 매번 가지각색의 시합을 즐겼고 종종 어쩔 수 없이 몸싸움도 일어났다. 하지만 시간이 지나며 좋은 습관이 더해졌고, 엘린다의 부모도 더 이상 아이를 뒤를 줄줄 쫓아다니며 밥을 먹이는 일도 없어졌다.

"우리 아이는 왜 발전이 없을까요? 매사 느림보예요. 타일러보고 화도 내봤죠. 당근과 채찍, 결국 둘 다 소용없더라고요."라고 성토하는 부모가 있는가 하면, "몇 년 전에 우리아이가 조별 활동을 처음 해봤는데, 나름 괜찮더라고요. 성적에 따라 7~8명을 한 조로 구성해서 잘하는 아이가 나머지 아이들을 이끌며 서로 돕도록 했더니 전체적으로 성적도 오르고 협동심도 커지더라고요. 그런데 요즘에는 이런 방법도 효과가 없는 것 같아요. 성적 좋은 아이들의 책임감도 예전 같지 않고, 뒤처진 아이들은 목표 없이 헤매더라고요."라고 푸념하는 부모도 있다.

진취성이 부족한 아이는 어떻게 해야 할까? 진취성은 어떻게 키울 수 있을까? 최근에는 한 자녀 가정이 많아 아이가 손 하나 까닥하지 않아도 부모가 상전 대하듯 모든 것을 다 해주는 경우가 많다.

이런 환경에서 자란 아이는 정확한 경쟁대상도 없고, '나' 중심의 생활이 지속되어 이기적이거나 나태해지곤 한다.

아이도 부모와 선생의 마음을 읽고 '나 하나뿐인데 어떻게 하겠어?'라고 생각한다. 공부를 잘하는 학생은 '내가 왜 이런 것까지 신경 써야 하지?', 공부를 못 하는 학생은 '내가 왜 이런 고생을 하는지. 다른 애들도 마찬가지니 대충 넘어가자.'라고 생각한다.

객관적인 상황이 아이의 주관적 심리에 영향을 미쳐 경쟁심과 진취성의 부족으로 이어진다. 따라서 가정과 학교에서 일상생활이나 학업과정에 정확한 '라이벌'을 찾아주는 것이 중요하다.

■■■■ 캐롤라인은 어릴 때부터 소극적이고 부끄러움이 많은 아이였다. 한 번은 친구의 집에서 5~6살 정도 많은 언니 한 명이 아주 훌륭한 연주로 사람들의 박수를 받는 장면을 보았다. 캐롤라인은 한쪽 편에서 말없이 이 모습을 보았다. 겉으로 표현하지 않았지만 자신 또한 사람들 앞에 서고 싶은 열망이 눈에 가득했다.

캐롤라인의 엄마는 딸의 마음을 눈치채고 일부러 '라이벌'을 더 칭찬했다.

순간 질투심이 불쑥 올라오자 아이는 엄마의 품속으로 파고들었다. 엄마는 때를 놓치지 않고 "너도 한번 해볼래?"라고 물었다. 캐롤라인은 많은 노래를 배웠지만 부모님 아닌 사람에게 들려준 적도 없었고, 더욱이 모르는 사람들이 앞에서는 절대 하지 않았다. 하지만 이번에는 달랐다. 앞서 연주했던 언니를 본보기로 삼아 사람들 앞에 서서 훌륭하게 노래를 불렀다. 열렬한 박수소리를 듣자 두 번째 곡은 더

경쟁 훈련

부르기 쉬웠다. 캐롤라인의 멋진 노래공연을 보고 사람들은 "어쩜 성격이 확 바뀌었네."라며 어리둥절했다.

공부를 다시 예로 들어보자. 부모는 아이에게 높은 수준의 고정 경쟁상대를 만들어 줄 수 있다. 그리고 명확한 경쟁상대가 생겼을 때 이를 실제로 보여주면 아이가 막연하게 생각했던 경쟁이 현실이 되어 다가온다. 이런 비교대상 설정은 아이들이 지닌 강한 승부욕 덕분에 진취성 자극에 도움을 준다.

물론 '오르지 못할 나무'를 경쟁상대로 지목해서는 안 된다. 진취성은 점진적으로 길러지기에 아이도 점진적으로 이끌어야 한다.

경쟁상대를 설정함으로 아이는 경쟁 속에서 성장하는 법을 배우고, 삶에 영향을 준다. 일반적으로 우수할수록 경쟁에서 이길 확률이 높고, 그렇지 않을 경우 이기지 못한다는 논리를 이해한다면 잠재력을 끌어올리는 데 도움이 된다. 무엇보다 경쟁심의 강화는 앞으로의 아이 인생에서 큰 영향을 미친다.

"쟁취"할 용기로 이도저도 아닌
마음을 바꾸어라

'뛰어갈 용기 없이 시합에서 이길 수 없고, 싸울 용기 없이 승리를 얻을 수 없다.' 미국의 사업가 리처드 디보스Richard M. DeVos의 말이다. 양보할 마음으로 출발선에 서 있는데 어떻게 눈부신 성과를 거둘 수 있을까? 하버드대학의 교육철학에 따르면 경쟁할 마음이 없는 자는 스스로 자격 없음을 선언하는 것과 다르지 않다고 한다.

— 리처드는 초등학교를 졸업한 후 명문 중학교에 입학했다. 하지만 질 좋은 교육을 받지 못한 터라 명문학교에서 적응하기가 쉽지 않았다.

1학기 기말고사 결과 그는 단 한 과목도 통과하지 못했다. 너무 큰 충격으로 자책과 괴로움에 빠지자 성적은 점점 더 나빠졌고, 급기야 이렇게 창피만 당할 바에 학업을 포기하는 게 낫다는 생각에 이르렀다. 리처드의 결심을 듣고 아버지는 "뭐라고? 학업을 포기한다고? 그러면 전쟁터에서 탈영하는 병사와 뭐가 다르겠니? 학업을 그만두면 잠깐의 경쟁은 피할 수 있겠지만 나중에 사회에서도 이렇게 계속 도망칠거니? 설마 평생 탈영병처럼 살고 싶은 것은 아니겠지?"라고 말했다. 아버지의 말은 리처드의 자존심을 자극했다. "탈영병? 내가 왜 탈영병으로 살아야 해? 그러면 사람들이 날 보고 손가락질할 텐데. 절대 그렇게 되진 않을 거야." 리처드는 다시 마음을 고친 후 곧은 신념으로 공부에 몰두하기 시작했다.

사실 리처드의 나쁜 학업성적은 입학 직후 새로운 환경에 적응하지 못했기 때문이었다. 하지만 경쟁심을 갖고 본격적으로 공부를 시작한 후 뒤처지지 않고 앞서 나가기로 결심했다. 당연히 성적도 따라 올랐다.

많은 사람이 '중도의 미덕'을 높이 평가한다. 중도를 지키면 자신의 마음을 지킬 수 있고 귀찮은 일도 적어지기 때문이다. 그래서 부모들은 아이에게 웬만하면 싸우지 말자고 신신당부하고, 이 때문에 아이는 어릴 때부터 자연스럽게 '중도의 미덕'을 배운다. 하지만 교실이나 운동장에서 이루어지는 경쟁으로의 참여, 그리고 그 과정에서 쟁취를 느끼는 일도 아이에게는 매우 중요하다. 양질의 경쟁, 유익한 경쟁은 아이의 성장에 촉진제 역할을 한다. 강력한 엔진을 단 것처럼 더 좋은 태도로 임하고 더 높은 성적을 받기 위해 스스로를 깨운다. 더불어 아이의 일상은 더욱 풍부하고 다채로워진다.

따라서 부모는 아이에게 경쟁의 올바른 개념을 세워주어 담대히 '싸움'에 임하도록 응원해야 함을 유념하자. 또한 강한 책임감이 이도 저도 아닌 태도를 극복하도록 도움을 준다는 사실도 함께 기억하자.

경쟁력을 키울 최적의 타이밍을 잡아라

꽃이 피는 시기가 정해져 있듯, 아이의 경쟁력을 키울 최적의 시기가 따로 있다. 심리학자들의 연구에 따르면 자의식이 가장 뚜렷한 시기는 6~12세 사이로, 이 시기 아이들은 경쟁 결과에 특히 민감하다고 한다. 만약 이 시기에 우리 아이가 경쟁을 싫어하고 시합 형식의 활동에 전혀 관심이 없다면 더 적극적으로 단체 활동에 참여하도록 하여 아이의 열정과 원동력을 자극해야 한다. 아이는 경쟁을 통해 자신을 이겨내고 뛰어넘기 때문이다.

이 시기 아이의 경쟁심을 소홀히 여기거나 아이 스스로 자신을 평범하거나 뒤처지는 존재라 느끼게 한다면, 평범함을 당연한 것으로 받아들여 자신의 재능과 꿈, 그리고 노력의 이유까지 잊어버리고 안일해진다.

함께 계획을 세워라

예를 들어, 어떤 영역에서 일부러 경쟁심을 키워 그 방면에서 구체적인 일을 할 때 아이가 다른 사람과 경쟁할 수 있도록 응원하자.

과도한 보호를 지양해라

부모는 사사건건 아이보다 먼저 나설 필요 없고, 무엇이든 다 처리해주며 챙겨 줄 필요도 없다. 오히려 아이 스스로 책임져야 하는 부분을 이해시켜주면 그것으로 충분하다. 가끔 아이의 도움이 절실한 것처럼 설정하여 책임감을 느끼게 해주는 방법을 쓰는 것도 좋다.

적절히 심리상담을 해라

마지막으로, 경쟁이 끝난 후 결과에 앞서 부모가 아이에게 적절히 심리상담을 하라고 특별히 당부하고 싶다.

아이가 이겼다면 당연히 칭찬해 주어야 한다. 칭찬은 경쟁에 대한 아이의 자신감을 높여주고 다음에도 주도적이고 적극적으로 임하게 한다. 반대로 실패했다면 그 원인을 찾아 함께 이해하고 다음에는 그 원인을 극복할 수 있게 격려함으로써 성공을 '쟁취'하도록 해야 한다.

좌절 후 다시 도전할 용기를 내지 못하고 있다면, 아이의 마음을 그대로 방치하지 말고 부모가 보듬어 주고 위로와 격려로 좌절에서 조속히 벗어날 수 있게 도와주자. 만약 아무것도 하지 않는다면 아이는 부모가 자신의 실패에 관심 없다고 여겨 더욱 당황하고 실패에 대한 두려움을 갖게 되어 결국 소심하고 평범함만을 추구하게 될 것이다.

즉, 격려와 적절한 방법의 적용, 칭찬과 자극 등 여러 가지 방법으로 부모의 관심과 인내, 애정과 사랑을 아이가 느껴야 한다. 그렇게 한다면 자신감과 진취성, 담대함을 지닌 우리 아이를 발견할 수 있을 것이다.

좌절교육,
고군분투의 열정을 되살려라

자라나는 아이에게 고난, 실패, 좌절은 값진 재산이자 천재로 향하는 디딤돌과 연마대이며, 성공적인 인재를 위한 옥토다.

요즘의 아이들은 풍족한 환경에서 자라기 때문에 고생이나 좌절을 겪을 일이 별로 없다. 그래서 성인이 된 후 일상생활에 자그마한 풍파가 닥치면 어찌할 바를 모르는 경우가 많다. 하버드대학의 교육전문가들은 유아기 때부터 좌절의 경험을 있어야 양질의 환경에서도 건강한 발전을 할 수 있다고 호소한다. 아이에게 좌절을 받아들이는 법을 알려주고 경험케 한다면, 이는 부모로서 아이 평생에 걸쳐 줄 수 있는 가장 값진 재산이 될 것이다.

좌절교육이 무엇인지 잘 이해했다고 자청한 한 엄마는 아이를 벌주고, 비판하고, 밥을 주지 않고, 아이의 일에 간섭하고, 억누르는 것이 좌절교육이라고 받아들였다. 또 다른 엄마는 아이에 대한 과보호가 아이의 좌절 경험을 방해한다고 생각하여 아이를 고생시키기만 하면 된다고 받아들였다. 아마 이 부모들은 실제로도 이렇게 행동할 것이다.

하지만 이런 강제적인 방법은 어떤 효과도 만들지 못하고 오히려 아이의 반항심만 불러일으킨다. 그렇다면 도대체 좌절교육이란 어떻게 하는 것일까? 다음의 내용을 함께 살펴보자.

좌절을 대하는 올바른 태도를 길러주어라

심리학자 매슬로Abraham H. Maslow는 좌절이 꼭 나쁜 것이 아니며, 어떻게 좌절을 대하는지가 핵심이라고 말했다. 똑같은 좌절이라도 위축된 정서나 심리적 장애를 가지고 오는가 하면, 의지를 더 강하게 만들어 분발하도록 만들기도 한다.

주변인이나 주변 사물을 대하는 아이의 태도는 일정하지 않아 감정과 같은 요소 등에 영향을 받기 쉽다. 어려움이나 실패를 겪으면 아이는 위축되어 상황에 대처할 만한 정확한 태도를 취하지 못한다. 이때 부모는 "실패는 무서운 게 아니야. 용기만 있으면 잘할 수 있어", "실패를 통해 배울 수 있는 것도 있어. 다음에는 어떻게 해야 할지 살펴보자."라고 이야기 해주어야 한다. 세계적으로 성공한 사람들 모두가 수많은 시련으로 단련되었다. 아이가 인생의 여정에서 어려움을 만난다면 아이에게 말해보자. "넘어지면 다시 일어나면 돼! 이겨낸다면 '승리'가 무엇인지도 알 수 있어!"

가르침을 중시하되, 칭찬과 격려를 아끼지 말자

좌절을 겪은 아이에게는 혼자가 아니라 언제나 든든한 버팀목과 정신적으로 기댈 곳이 뒤에 있음을 느끼도록 관심과 격려를 먼저 보내주어야 한다. 그 다음 책망이나 공격을 최대한 자제하여 아이가 자신감과 용기를 가지는 동시에 인내심을 키우도록 해야 한다. 이를 통해 아이는 어려움과 좌절을 받아들일 수 있는 의지와 성품, 그리고 고난과 어려움을 대처할 수 있는 생각과 방법 및 능력을 천천히 갖추게 된다.

아이에 대한 타인의 비판을 잘 처리해라

부모는 우리 아이에 대한 누군가의 꾸짖음과 질책, 특히 학교 선생님의 비평을 냉정하고 이성적으로 분석하고 받아들여야 한다. 학교 교육에 적극적으로 호흡을 맞추어야지 불만과 불평을 표출하거나 심지어 아이 입장에서 선생이나 다른 사람을 비난해서는 절대 안 된다. 역지사지의 자세로 비평을 직시하여 아이에게 필요한 규율을 알려주고 적당히 훈계해야 한다. 만약 아이가 큰 잘못을 저질렀다면 그에 적합한 벌을 내려 좌절감을 느끼게 하여 자기조절 능력을 배우게 해야 한다.

어려운 상황을 이용 혹은 설정하여 아이의 좌절 수용력을 높여라

아이의 일상과 학습 활동에서 부모들은 적당한 기회에 실제상황이나 실제 발생 가능한 문제점을 이용하여, 아이들이 경험을 토대로 스스로 생각하고, 자신의 노력을 통해 어려움을 극복하고 임무를 완수하도록 상황을 설정할 수 있다. 불가능하리라 생각했던 일을 해내고, 누군가의 도움 없이 스스로 해내는 과정을 경험하며 아이는 심리적 만족감과 동시에 문제해결능력도 좋아진다.

또는 어려운 상황을 설정할 수도 있다. 아이가 좋아하는 장난감을 숨겨놓고 찾도록 하거나, 어두운 곳에서 물건을 찾아오도록 하는 방법 등이 있다. 대신 어려운 상황을 설정할 때는 이에 적합한 원칙을 따라야 한다.

좌절교육은 아이의 자기통제력을 키우고, 의지를 단련하여 개성과 성품을 가꿀 수 있기 때문에 아이의 지성교육을 보완할 수 있는 방법 중 하나다. 좌절교육은 아이의 앞으로의 삶 속에서 자신을 이겨내고 좌절로 인한 상처를 받아들이며 재능의 정확한 발휘를 이끌어낸다. 즉 향후 아이의 삶의 행복과 사회적 성공에 모두 중요한 역할을 하게 된다.

생존교육,
사회생활을 위한 필수과목

　　　　　　　　사람의 관성이나 소홀함은 아주 무서운 것이다. 무사하고 평안한 일상을 보내고 있기에 어떤 특수한 상황이 닥치기 전까지는 소위 '생존교육'을 소홀히 여기곤 한다. 그래서 우리의 소홀함을 깨달았을 때에는 이미 늦은 뒤다.

━━━ 인도네시아에 쓰나미가 닥치기 전, 푸켓 해변에 있던 수백 명의 사람들은 티리라는 10살의 영국 소녀 덕분에 목숨을 구할 수 있었다. "해변에 있었는데 수면 위로 거품이 많이 올라오는 걸 봤어요. 그리고는 갑자기 파도의 방향이 바뀌었어요. 지리 수업 때 이런 현상은 쓰나미가 발생하기 직전에 나타나는 현상이라고 배웠었거든요. 그래서 엄마에게 바로 말했어요." 다행히 부모가 아이의 말을 믿었고,

해변에 있던 사람들은 대피할 수 있었던 기적 같은 10분의 시간을 얻었다.

10살에 불과한 소녀가 수업시간에 배운 지식으로 쓰나미 발생을 정확하게 예상하여 수백 명의 목숨을 구한 이 이야기는 '성공적인 교육'의 예라고 할 수 있다. 이는 안전과 생명과 관련된 생존 교육이다. 하버드대학에서도 다양한 생존교육을 실시하여 가장 기본적인 생존방법을 배운다.

그렇다면 우리 아이의 상태를 살펴보자. 아이의 생존 능력이 걱정스러운가?

한 조사에 따르면 80%의 아이들이 빨래, 요리, 집안일을 전혀 못한다고 한다. 부모가 오랫동안 과잉보호 속에서 키웠기 때문이다. 요즘의 청소년들도 대부분 어릴 때부터 부모가 차려놓은 식탁 앞에서 아기 새처럼 입만 벌려 먹고, 부모가 챙겨주는 일상에 익숙해 부모가 없으면 당황스러워 한다. 어떻게 생존해야 하는지 배우지 못한 아이들은 급작스러운 상황이 발생하면 당황해 하거나 망연자실할 수밖에 없다.

이런 상황에 대한 책임은 누구에게 있을까? 아마 부모로서 책임을 회피할 수는 없을 것이다. 어릴 때부터 부모가 먼저 생존교육을 해주었다면 아마 지금 아이들의 생존력은 훨씬 강해졌을지 모른다.

미국의 작가 스펜서 존슨Spencer Johnson은 『누가 내 치즈를 옮겼을까?Who moved my cheese?』를 통해 현대인들이 직면한 '생존'문제를 쥐에 비유하여 비판했다.

스니프와 스커리 두 쥐는 사회변화에 민감하고 영민하게 행동하는 사람을 상징한다. 이런 사람들은 보통 변화가 일어나기 전에 예감하여 예비행동을 통해 언제든지 대응 가능하도록 준비한다. 그래서 그들은 항상 다른 사람들보다 먼저 삶 속의 '치즈'를 찾아낸다.

꼬마인간 햄과 허는 변화 앞에서 주저하고 생각만 하는 사람을 상징한다. 이들은 변화를 예측하지 못하고 불행하게도 변화를 싫어하거나 두려워한다. 심지어 이미 발생한 변화를 인정하지 않는다. 변화에 힘들어하고 답답해하지만 도망치는 것 외에는 어떻게 해야 할지 모른다.

햄과 허의 자세 또한 차이가 있다. '치즈'가 사라진 후 허는 힘겨워하다 일련의 조치를 배우고 마침내 스스로 변화의 행동을 취한다. 허가 상징하는 사람들은 느리고 힘겹게 발걸음을 옮기며 예전에 '꿈'꾸었던 '치즈'를 다시 찾아낼 때까지 한 걸음 한 걸음 나아간다.

현실 속 대부분의 사람은 '허'에 가깝다. 환경의 변화에 따라 끊임없이 생존을 추구하고 변화하며 행동해야 한다. 그리고 결국 자신의 찾던 물건을 찾아내며 변화에 적응하고 생존 방법을 배운다. '햄'은 영원한 실패자라고 할 수 있다. '상심'에서 빠져나오지 못하고 불만을 토로하며 욕하고 자신의 운명을 원망한다. 운이 나빴다고 하면서도 정작 행동으로 옮기지도 않고 다음 계획을 세우지도 않는다. 우리 주변에서도 쉽게 찾을 수 있는 이런 사람들은 결국 사회에서 도태된다.

우리 아이는 자라면서 '스니프', '스커리', '햄', '허'으로 나뉘어 언제 어디서나 '생존'이라는 시험대에 놓이게 된다. 하지만 우리는 이에 대해 깊이 관심을 갖지 않는다. 지금 우리 삶의 '치즈'가 커다란 변화를 맞이하고, 우리 아이도 이런 냉정한 변화를 마주해야 한다. 아이들이 '치즈'를 발견하지 못한 채 변화에 적응도 못 하고, 직면한 난관을 극복하지도 못하고, 문제해결 능력도 없는 즉, 생존능력이 없는 사람이 된다면 사회에서 도태될 수밖에 없음을 정확히 인지해야 한다.

생명 자체는 매우 취약하다. 따라서 우리 아이가 필수적인 생존전략을 배우지 못하면 예견하지 않은 상황에 빠르게 대처하지 못하고 숨 돌릴 기회조차 놓치게 된다.

자극으로
침체된 아이를 각성해라

아이들은 살아가면서 사회로부터 수많은 정보를 습득하는 동시에 성장하는 과정에서 수많은 좌절과 실패를 겪게 된다. 우리는 부모로서 아이들이 현실을 직시하고, 난관을 극복하여 주도적이고 긍정적인 삶을 살도록 이끌어줄 책임이 있다.

아이들이 좌절과 실패를 겪을 때 나타나는 심리적 특징은 '침체'이다. 구체적으로 표현하자면 약한 의지, 편협한 마음, 쉽게 포기하는 마음, 나태함과 무력감, 자신과 타인에 대한 왜곡, 경직된 인간관계, 잠재력의 침잠 등이다.

━━━ 11살 조니는 지난 2~3주 동안 침체된 상태로 있었다. 방과 후 집에 돌아오면 식사 시간 말고는 방에 틀어박혀 부모와 말도 하지 않

았다. 최근에는 좋아하던 노래도 부르지 않고 깊은 우울감에 빠져 있었다.

아이가 힘들어하는 원인은 가장 친한 친구 두 명이 가족의 경제적 문제로 3주 전에 학교를 그만두었기 때문이다. 1학년 때부터 같은 반 친구로 좋아하는 것도 비슷해서 금방 친해진 뒤로 지금까지 제일 친한 친구들이었으니, 갑자기 친구 둘을 잃은 조니에게는 너무나 큰 슬픔이었다. 부모는 조니의 마음을 위로하기 위해 "친구는 또 사귀면 돼. 이런 문제로 너무 속상해 하지 마렴."이라고 말했다.

하지만 조니의 마음은 달라지지 않았다.

부모 입장에서 이런 상황은 인내심 테스트처럼 느껴진다. 부모로서 아이의 침체된 심리를 어떻게 대해야 할까?

자극을 통해 각성시키라

▬▬▬ 어느 날, 지미의 엄마는 아들에게 집 안의 창문을 깨끗이 닦아달라고 부탁했다. 그 일은 지미가 충분히 할 수 있는 일이었지만, 몇 개 닦고 나서는 더 이상 하고 싶어 하지 않았다.

엄마는 지미에게 이렇게 말했다. "엄마가 봤을 때 지미는 창문을 전부 깨끗하게 못 닦을 것 같아." 엄마의 말에 지미는 펄쩍뛰며 인정하지 않았다. "깨끗하게 다 닦을 수 있어요!"지미는 자신의 말을 증명이라도 하듯 힘껏 창문을 닦았고 결과적으로 아주 깨끗해졌다. 엄마 역시 지미의 청소실력을 칭찬해주고 두 사람은 모두 기분이 좋아졌다.

어느 부모의 경험담이지만 구체적으로 이런 자극법을 사용할 때 신중하고 세심하지 하지 않으면 오히려 역효과를 낼 수도 있다.

강요도 후회도 하지 말고 모든 일을 순리에 맡겨라

성숙한 사람은 자신이 한 일에 용감하게 책임을 져야 한다. 자신이 한 일에 대해 후회하지 말자. 왜냐하면 나의 선택이었고, 당시 내 자신이 인정한 일이니 후회할 이유가 없다. 그러니 만약 그때 다른 선택을 했더라면 그런 결과가 나오지 않았을 텐데라는 생각은 버리자.

또한 동일한 결과를 다른 선택과 비교하지 말아야 한다. 또 다른 선택이 지금보다 더 나빴을지도 모른다. 스스로 최선을 다했다면 이후의 일어날 일은 순리에 맡기자. 어떤 일은 노력만 하면 순풍에 돛단 듯 자연스럽게 이루어진다. 어떤 결과를 나올지 연연해하지 말고 열심히 노력하는 과정을 즐기는 것이야말로 우리가 잊지 말아야 할 부분이다. 우리 아이도 이러한 이치를 깨친다면 정서적 침체를 피할 수 있다.

각도를 바꾸어 문제를 바라보아라

감정이 상했다는 것은 사실 잘못된 사고방식에 의한 결과다. 예를 들어 길에서 마주친 친구가 나에게 말을 건네지 않거나, 인사하지 않았다면, 나를 상대하기 싫다는 것으로 생각할 수 있다. 하지만 반대로 '나를 미처 못 봤나 보다.', '아마 다른 생각 중이었나 보다.'라고 스스로의 감정에 영향을 주지 않도록 생각할 수도 있다. 같은 상황을 놓고 아이는 다르게 생각할 수 있다.

심리적 침체기를 겪는 아이를 돕는 방법은 매일 아이의 감정 변화에 관심을 갖는 것이다. 아이가 겪고 있는 문제, 특히 감정이 상한 원인을 최대한 적어놓은 다음 아이의 편단착오로 인한 것들은 없는지 살펴볼 수 있다.

마음의 부담을 덜어내라

정서적 이완을 통해 아이의 가라앉은 마음을 깨울 수 있다. 여러 가지 이완 방법을 통해 긴장감, 우울감, 고민이나 걱정 같은 안 좋은 마음에서 벗어날 수 있다.

여기에서 소개하는 것은 일종의 상상기법으로 보통 두 가지 방법이 있다. 첫 번째는 깊고 고른 호흡을 반복하여 마음의 무거움을 덜어내는 방법이 있고, 두 번째는 몸 안에 따뜻한 기운이 움직이고 있다고 상상하며 느끼는 방법이다. 반듯하게 누워 팔과 다리를 편안하게 내려놓은 후 눈을 감고 느리고 깊은 호흡을 고르게 내쉬어 가벼워지는 마음을 상상한다.

잊는 법을 배워라

기억은 대뇌의 중요한 기능이다. 동시에 대뇌의 또 다른 기능이 바로 망각이다. 잊어버리지 않는다면 머리는 과부하에 걸리고 만다. 태어나면서 본능적으로 지니는 자아보호기재라는 점에서 '망각'을 나쁘다고만 볼 수는 없다. 이 '망각'이라는 보호기재를 충분히 활용하여 방 청소나 서랍을 정리하듯 '마음의 찌꺼기'를 정리해보자.

사고 훈련

남들과 다른 답을 찾도록 해라

우리 아이에게 뚜렷한 목표가 있다면 아마 인생의 결과뿐 아니라 앞으로 아이가 걸어야 할 인생 여정에도 큰 역할을 할 것이다. 목표는 성공으로 이끄는 이정표다. 아이는 그 이정표를 따라 능동적으로 본인에게 주어진 바를 정확하게 인지하고 우선순위를 정하며, 잠재력을 끌어내 자신이 바라는 목적지를 향해 운명의 노를 젓는다. 그렇기에 정확하고 합리적인 목표 설정은 매우 중요하다. 어른들도 눈앞에 많은 일들이 산적해 있으면 주의력이 흐트러지는데 아이는 더욱 그렇다. 하지만 분명하고 확실한 목표가 있다면 자연스럽게 집중력이 올라 모든 일을 이룰 수 있다.

생각이
지혜의 불씨를 당긴다

　　　　　　끊임없이 문제를 발견하고 의견을 개진하는 모습은 활발하고 적극적인 사고를 하는 사람들이 지니는 특징이다. 이를 위해 우리는 아이의 질문능력 향상에 중점을 두고 체계적인 훈련을 통해 적극적으로 지도하고 격려하여 아이의 상상력에 날개를 달아주어야 한다. 아이가 담대히 상상하고, 의구심을 품고 질문하고, 해답을 찾도록 독려하고, 계획과 목적을 갖고 아이의 창의력 성장을 도모해야 한다. 반복적인 사고훈련을 거치며 아이는 생각을 통해 지혜의 불꽃을 튀어낼 수 있다.

　■■■　로빈은 혼자 끈끈이 공을 가지고 놀다가 실수로 수납장으로 날려 붙여버렸다. 도움을 청하기 위해 엄마를 바라보았지만, 엄마는

'못 본 척'했다. 옆에 있던 의자에 올라가 공을 잡으려 손을 뻗어보아도 닿지 않았다. 그러자 로빈은 공에 더 가까운 쪽으로 의자를 옮기더니 다시 올라가 까치발을 들고 손을 쭉 뻗었다. 이번에는 손 안에 공이 들어왔다.

그런데 신이 난 로빈이 너무 흥분해 그만 공이 다시 날아가 버렸다. 공은 아까보다 더 높은 곳에 붙어버렸다. 엄마를 다시 쳐다보았지만 여전히 엄마는 '못 본 척'했다. 로빈은 물통 한 개를 찾아 가져오더니 끈끈이 공을 향해 던졌다. 물통의 무게 때문에 끈끈이 공은 물통과 함께 바닥으로 떨어졌다. 로빈은 이번에도 성공적으로 공을 되찾았다.

부모의 가장 중요한 책임은 아이 스스로 문제를 발견하여 제시하도록 가르치고, 문제의 분석과 해결 능력을 키워주어 스스로 사고하도록 하는 것이다. 스스로 사고해야 스파크가 일어나듯 지혜의 불꽃이 만들어진다. 또한 아이가 더욱 긍정적이고 적극적인 삶의 태도를 갖도록 한다.

모든 하버드대 학생은 우수한 사고력을 지니고, 능동적이고 끊임없이 생각하며 학습한다. 부단한 사고만이 지혜의 불씨를 지필 수 있기 때문이다. 그렇다면 아이의 사고력은 어떻게 키우는 것일까?

일상에서 문제를 찾도록 해라

일상에서 문제를 찾도록 하면서 사고력을 키워보자. 도형을 배울 때에는 공공장소에 데려가 길가에 널린 각양각색의 타일이 어떻게 붙어 있는지 관찰할 수 있고, 닮은 삼각형의 응용을 배운다면 운동장으로 데려가 교기 게양대의 높이를 함께 계산해 볼 수 있다. 또한 확률을 배우고 있다면 함께 복권을 사서 복권당첨확률에 대해 이야기할 수 있다. 이렇게 일상 속 경험을 통해 아이에게 직접 생활 관련 문제와 그 답을 스스로 생각해보도록 할 수 있다.

직접 체험의 기회를 많이 제공해라

아이가 집을 나서 공동체와 자연으로 뛰어 들어가도록 하자. 그리고 그 안에서 발견하는 문제들이 우리의 일상과 불가분의 관계임을 체험하도록 하자. 아이에게 생각할 여지를 더 많이 주고, 기회와 창의력을 발휘할 기회를 더 많이 제공한다면 지혜의 열매를 맺을 수 있다.

평소에도 직접 체험할 수 있는 기회를 많이 만들어 주자. 소풍을 가서 다양한 자연을 만끽하게 해주면 아이는 관찰을 통해 깊이 사고하면서 지식의 폭을 넓힐 수 있다. 또는 잠자기 전 재미난 이야기를 들려주거나 책을 읽어준 후 이런저런 질문을 주고받으면 아이가 스스로 생각하고 답을 찾게 된다. 이런 방법으로 아이의 상상력은 더욱 풍부해지고 그만큼 지혜의 불씨도 더 커진다.

놀이학습을 해라

놀이학습은 아이의 사고력을 키워주는 가장 좋은 방법이다. 색종이, 가위, 씨앗, 흙, 블록, 물, 모래, 염료, 빈 상자 등 다양한 놀이 재료를 준비하여 아이가 활용하여 놀도록 하자. 옷이 더러워질 걱정에 아이의 행동을 막는 일은 절대로 안 된다. 만약 어려운 일이 생기면 우선 알아서 해결하도록 하고, 도저히 방법을 찾지 못할 때 도와주어야 한다. 이런 놀이학습은 일상체험과 사고력 학습은 물론 생활의 지혜도 얻을 수 있다.

■ 로널드는 폐신문지로 제일 좋아하는 NBA 농구스타 마이클 조던Michael Jordan을 만들기로 했다. 그런데 어느 정도 만들다 보니 종이에 힘이 없어 소중한 마이클 조던을 세우지 못하고 책상에 눕혀 둘 수밖에 없었다. 로널드는 잠시 고민하다가 작은 음료수 병을 하나씩 이어 붙여 긴 다리를 만든 후 얼굴 부분에는 실제 조던 사진을 잘라 붙였더니 그럴듯한 작품이 탄생했다.

스스로 사고하는 아이로 만들려면 아이의 '왜'라는 질문에 연령이나 지식 정도를 고려하여 쉽게 설명해 주어야 한다. 때로는 바로 질문에 답하지 말고 아이에게 되물어 스스로 관찰하고 시험하도록 한다면 더 큰 효과를 얻을 수 있다.

물음표로
머릿속을 채우라

　　　　사랑스러운 우리 아이들은 끊임없이 종잡을 수 없는 생각을 한다. 아이들의 머릿속에 있는 수많은 물음표 덕분에 우리는 때로 즐겁고, 때로는 고민하는 등 쉴 틈이 없다. 아이들은 부단히 사고하며 앞으로 나아가 자신의 능력과 각자의 재능을 살린다. 하지만 질문하지 않는 아이는 언제나 정해진 틀 안에 갇혀 있어 종종 큰일을 성취하지 못하곤 한다.

　아이들은 실제로 멈추지 않는 '질문'을 통해 점차 더 새로운 것들을 배우고, 더 깊은 감정을 느끼며 영혼의 성장과 사색을 경험한다. 아이들의 물음은 때로는 너무 유치하거나 심오하고, 어떤 때는 부모가 하고 싶었던 질문일 때도 있다. 또는 그 물음이 우리의 마음을 깨끗하게 만들거나 한 단계 성숙하게 만들어 준다. '간단'한 문제들은 부모와 자녀가 함께 생각해 보아도 좋다.

■■■■ 5살 사라는 아빠와 함께 해변에서 모래성을 쌓다가 문득 생각이 난 듯 물었다. "아빠, 날은 언제 끝나요?"

사라의 아빠는 질문의 의도를 이해하지 못해 다시 물었다. "무슨 날? 우리 휴가가 끝나는 날이 언제냐고?", "아니 모든 날" 사라는 다시 진지하게 말했다. 아빠는 그제서야 사라의 질문에 대한 설명을 했다. 날에는 처음과 끝이 없고, 매일 똑같은 길이로 무한히 이어진다고 말했다. 사라는 잠시 생각하더니 다시 물었다. "그럼 내가 자고 있을 때도 날은 계속 지나가는 거예요?", "그럼. 시간은 우리가 자고 있을 때도 계속 앞으로 전진한단다. 우리가 죽은 뒤에도 마찬가지고."

사라는 단순히 궁금한 것을 물은 것이었지만 사실 무한함에 대한 철학적 질문이다. 시간은 경계도 없고, 이미지로 묘사할 수도 없지만 우리의 인식 여부와 관계없이 고정된 흐름에 따라 지나간다. 사라가 자고 있을 때를 물어본 것도 이러한 맥락과 통한다. 아이들은 신기한 세계에 대한 가득한 호기심으로 추상적인 개념의 실체를 알아내고 싶어 한다.

이러한 아이들의 질문에 부모가 건성으로 답하거나 반대로 너무 복잡하게 설명하면 안 된다. 사실에 기반을 두어 설명하되 아이들의 상상력과 사고력이 충분히 발휘할 수 있는 여지를 남거두어야 한다. 특히 아직 모든 것을 이해할 만큼 성장하지 않은 아이들에게 더 적극적 사고습관을 돕는다는 점에서 더욱 의미 있는 방법이다.

아이의 머릿속에 물음표가 점점 더 많아지는 이유는 왕성한 호기심과 섬세한 관찰력이 연상작용을 하기 때문이다. 이런 연상작용은 아이의 탐구심과 지능성장에 절대적 효과를 발휘하고, 궁금한 대상에 더 많은 집중력을 쏟는다.

올림픽 경기를 보던 어떤 아이가 물었다. "왜 양궁 선수들이 쏘는 화살은 땅에 안 떨어지고 앞으로 날아가요? 선수가 세게 날려서 떨어지지 않는 거예요?" 이런 질문과 이해과정을 거치며 아이는 동작과 힘의 세기, 수직분해와 수직상승하는 힘과 중력의 저항, 앞으로 나아가려는 힘과 공기의 저항 등 기본적인 역학개념을 알게 된다.

또 다른 예로, 샤워할 때 욕조에 장난감을 띄우며 '부력'과 연관된 질문을 하기도 한다. 머릿속에 생긴 물음표를 하나씩 지워갈수록 아이는 점점 더 많은 지혜를 얻는다.

'진리는 백 가지 물음 뒤에 탄생한다.'라는 말 자체가 진리다.

아이들은 진리를 발견한 자를 존경하면서도 천재만이 할 수 있는 일이라고 생각한다. 사실 진리 발견은 어렵다고 하기에는 어렵지 않고, 쉽다고 하기에는 쉽지 않은 일이다. 진리는 언제나 우리 주변에 있으며 그것을 발견할 수 있는 날카로운 눈썰미가 있는지, 뛰어난 사고력의 두뇌를 가지고 있는지, 언제든 질문할 준비가 되어 있는지, 머리에 얼마나 많은 물음표를 떠올리는지, 진리탐구를 추구할 담대함을 지니고 있는지에 달려 있다.

별로 궁금한 것 없이 항상 부모와 교사의 조언에 따라 '직진'만 하는 아이는 부모와 교사가 말하는 대로 행동하고 맞고 그름을 판단한다. 진짜 그래야 하는지 생각해 본 적도 없이 그런가보다 한다.

의구심을 거의 품어본 적이 없기 때문에 궁금한 점도 별로 없고 평범함에 만족하며 생활방식으로 습관화한다.

이런 방식은 사고를 제한하고 오랫동안 지속되면 자신에게 무엇인가를 요구하는 것 자체를 싫어하여 망설이기 시작한다.

따라서 아이의 사고력을 적극적으로 길러야 한다. 많이 보고, 듣고, 질문을 떠올리며 자문할수록 사고력이 점점 향상되고, 그만큼 앞날의 성장과 발전을 이끈다.

지적욕구는
사고의 좋은 원동력

　　　　　　사고의 원동력은 부모와 교사의 지도 및 격려뿐 아니라 자신의 지적욕구에서도 비롯된다. 원동력이란 한 가지 일에 집중하고 몰입하도록 돕는 기본 요소의 하나로써 아이들에게도 동일하게 적용된다. 부모는 학습과정에서 지식욕구와 열정을 자극할 만한 방법을 고안하여 사고력의 원동력으로 삼아야 한다. 그리고 이렇게 만들어진 원동력을 아이가 자발적이고 주도적으로 학습과 일상에서 활용하도록 해야 한다.

■■■■ 유명한 수학자 데이비드 힐버트David Hilbert는 풍부한 상상력으로 질문하길 좋아했다.

그는 1990년 제2회 국제수학자대회에서 수학 분야에서 중요한 난제

23개를 제시했다. '힐버트 문제'라고 불린 이 문제들은 이후 수학계의 발전을 이끌었다. 이에 대해 힐버트는 "하나의 과학 분야에서 수많은 질문을 할 수 있다면, 이 질문 자체만으로 학문은 충만한 생명력을 가진다. 질문이 없다는 것은 독자적 발전이 멈추었거나 사장될 수 있다는 의미다."라고 말했다.

스위스 심리학자 장 피아제Jean Piaget는 "감성적 인식과 기존의 인지구조가 일정 정도 불일치할 때 사람들의 흥미는 최대가 된다."라고 말했다. 따라서 부모는 아이를 교육할 때, 아이의 인지 수준을 고려하여 영감을 줄 만한 주제로 세심하게 설계해야 한다. 아이의 지식욕구를 최대한 끌어 올리며 새로운 지식 학습에 대한 주도성을 자극한 뒤, 학습활동을 통해 스스로 문제를 발견하고 탐구하여 적극적 사고를 이끌어야 한다. 이것이 바로 '지적욕구는 사고를 위한 좋은 원동력'이라는 말의 의미다. 그렇다면 아이의 지적욕구는 어떻게 다루어야 할까?

아이의 모든 질문을 소중히 해라

새로운 세상에 대한 낯설음과 호기심을 느끼며 탐구하려는 마음은 아이들의 본능이다. 기억력이 시작될 때부터 아이는 싫증이나 귀찮음을 모르는 것처럼 질문을 던진다. 하버드대 학생들의 부모와 선생은 호기심에서 비롯된 아이의 모든 질문을 소중히 여긴다. 탐구심은 사고를 위한 최고의 원동력이기 때문이다.

아이가 처음으로 질문을 한다면 부모는 "이런 질문을 하다니 대단한데. 잘 보고 깊이 생각했구나.”라고 칭찬해주자. 좀 더 오래 흥미를 지속하도록 참을성 있게 답해 주어야 한다. 그리고 아이가 좀 더 자라면 스스로 답을 찾도록 격려해보자.

어떤 부모는 아이가 자신을 골탕 먹이기 위해 질문을 한다고 여겨, 자존심을 지키기 위해 아이의 질문을 묵살하거나 혼을 내는데 이는 매우 잘못된 태도다. 질문에 대한 답을 모른다면 솔직하게 아이에게 이야기하고 스스로 문제해결을 위해 탐구하도록 격려하면 된다.

부모의 답으로 절반의 만족만 느낀 것 같다면, 아이 혼자서 더 깊게 탐구하도록 해야 한다. 어릴 때부터 강한 탐구심을 키워주는 것으로도 아이의 장래에 큰 도움이 된다. 탐구욕이 강할수록 사고의 원동력도 함께 커지기 때문이다.

아이에게 배워라

부모도 아이에게 배울 수 있다. 가르쳐 달라는 부모의 요구에 아이는 무엇과도 비교할 수 없는 탐구심과 성취감, 자존감을 느낀다. 부모 중 한 명이 잘 알고 있는 문제라면, 한 명은 아이에게 배움을 구하고, 다른 한 명은 아이의 보조자가 되어줄 수 있다. 아이에게 질문을 던지면 아이는 ‘부모의 아이’라는 입장에서 벗어나기 때문에 더 효과적으로 탐구심을 자극하여 적극적 사고를 할 수 있다.

아이의 탐구활동을 독려해라

호기심에서 출발한 아이의 다양한 탐구활동을 적극적으로 지지

하고 충분한 '해방'과 '자유'를 만끽하도록 하자. 스스로 사고하고
탐구하고 토론하고 변론하며 문제의 발견과 해결을 이루어야 한다.

'말 잘 듣는 착한 아이'를 원하는 부모의 마음은 아이에게 구속감
으로 다가온다. 양질의 발전에 도움이 되지도 않는다. 따라서 탐구
심을 자극하고, 머릿속에 물음표가 없는 착한 아이가 되길 바라지
말자.

교실 밖 지식으로
아이의 두뇌를 키워라

　　　　　　오늘날 가정교육은 아이의 지능개발을 비롯하여 정규교육 외의 지식 확장을 매우 중요하게 여긴다. 소질 개발이 강조되면서 많은 부모들이 교실 밖에서 얻는 지식의 중요성을 이미 인식하여 갖가지 학원으로 아이를 보내 더 많은 재능을 키우고, 끊임없이 아이의 영역을 넓히고자 한다.

　교육가 수호믈린스키는 '아이를 똑똑하게 하는 방법은 보충수업을 하거나 숙제 양을 늘리는 것이 아니라, 아이들의 교실 밖 지식을 넓혀주는 것이다.'라고 말했다. 교실 밖에 있는 수많은 지식으로 물을 주고, 풍부한 인류문화의 정수를 아이 마음의 자양분으로 삼아 아이의 두뇌를 풍요롭게 한다면, 아이의 삶을 유익하게 해줄 중요한 바탕이 되리라 의심하지 않는다. 교실 밖의 지식 확충은 정보사회를 사는 오늘날 두말 할 나위 없이 중요하다. 아이로서 지식을 축적하고 정보를 습득할 수 있는 가장 쉽고 간단한 방법은 끊임없이 활동에 참여하고 적극적으로 사고하는 것이다.

실제로 학습력의 차이는 교실 안이 아니라 교실 밖 지식의 많고 적음에 의해 결정되는 경우가 많다. 즉 교실 밖 지식을 어떻게 늘리느냐가 우수한 성적을 받을 수 있는 관건인 것이다.

절대다수의 아이가 수업시간에는 선생님의 설명을 잘 듣고, 수업이 끝나면 선생님이 내준 숙제를 잘하고, 시험 전에 열심히 복습하는 것을 공부라고 생각한다. 이런 틀 안에 갇히면 아이의 공부는 몇 개의 과목으로 한정되고, 수업과 숙제를 다 끝내면 더 이상 할 공부가 없다고 여긴다. 수업 전 예습은 수업이 끝난 뒤 필기한 내용을 정리, 이해, 소화, 흡수한 것에, 교실 밖에서 얻은 지식을 정기적으로 총결하는 것이다. 하지만 단순히 배운 지식을 테스트하고 체계적으로 복습하는 학습 과정으로는 이런 예습 방법을 적용할 수 없다. 왜냐하면 지식에 대한 이해도가 낮고 교실 밖 지식이 부족하기 때문이다.

교실 안에서의 공부를 '소가 여물을 먹는 것'으로 비유한다면 교실 밖에서의 공부는 '되새김질'이라고 할 수 있다. 교실에서는 교사가 반복적으로 확인해주며 상세한 설명으로 정확히 정보를 전달해주기 때문에 집중하여 듣기만 하면 대부분의 내용을 이해할 수 있다.

하지만 교실 밖에서는 소가 되새김질을 하듯 정리하고 이해하고 사고를 하여 지식을 소화, 흡수하고 총정리, 확장, 자가진단테스트, 체계적 복습 등의 과정을 따라 공부하지 않으면 지식 기반을 견고히 하거나 응용력을 높일 수 없다. 아이들의 학습 수준은 대부분 글자체만 표면적으로 이해하는 데 머물러 있기 때문에 만족스럽게 이해하고, 깊이 사고하거나 오랫동안 기억하지 못한다. 되새김질을 못 하는 소는 소화불량에 걸릴 수밖에 없다.

우리 아이의 성적이 왜 나쁠까? 가장 큰 이유가 바로 방과 후 시간을 충분히 할애하여 교실 밖에 펼쳐진 지식을 습득하지 않기 때문이다. 더 좋은 성적을 위한 경쟁의 범위는 이미 교실 밖으로 확대되었다. 만약 교실 밖 지식을 가벼이 여긴다면 우리 아이의 학업성적에도 간극이 생길 수밖에 없다.

치열한 경쟁의 시대를 맞이하면서 수업시간에 잘 듣고 열심히 숙제하면 되던 단순함에서 벗어나 다양한 교육과정으로 경쟁의 범위가 확대되었다. 그리고 확대된 과정의 대부분은 교실 밖에서 얻어야 하는 지식이다.

━━━ 베린다에게는 자신만의 효과적인 자녀교육법이 있었다. 아이의 교실 밖 지식을 넓혀주기 위해 아이와 함께 도서관이나 서점에 가고 시간이 허락하는 한 다양한 사회활동 참여에 힘썼다. 어린이 기자 수업 같은 활동은 사회에 대한 이해와 시야를 넓혀주어 아이의 관심을 보다 풍성하게 만들었다.

하버드대 학부모 역시 교실 밖 교육방식을 중요시한다. 학교에서 돌아온 아이에게 "오늘은 어떤 재밌는 일이 있었니?" 아니면 "오늘 학교 성적은 어땠니?"라고 묻는 두 질문에서 바로 교육의 차이가 생긴다. 하버드대 학부모는 교실 밖에서의 지식함양과 확대를 중요시하고, 아이가 매일 더 많은 새로움과의 만나 깊이 있는 상황이해 능력을 키운다면 주도적 사고와 양질의 성장을 이룰 수 있다고 생각한다.

이는 매우 바람직한 교육철학이다. 교실 밖 지식을 통해 아이의 두뇌능력을 키우면 적극적으로 문제를 인식하고 왜 그러한지 자문한 뒤 스스로 답을 찾고 문제를 해결하고자 적극적으로 탐구한다. 이런 자세가 습관화되면 아이의 성장과 성적 모두 눈에 띄는 변화가 일어날 것이다. 더 많은 것을 이해하고, 더 많은 소질을 키우면 능력 또한 올라가기 마련이다.

물고기 잡는 법을 알려주어
스스로 지식을 캐내도록 해라

한 엄마 고양이에게 하얀색과 회색 아기 고양이가 있었다. 아기 고양이들은 엄마 고양이가 매일매일 물어다 주는 먹이를 먹고 무럭무럭 자라났다. 하루는 엄마 고양이가 말했다. "엄마가 계속 먹이를 가져다 줄 수 없단다, 이제 다 컸으니 스스로 생활하는 법을 배우렴."

다음 날부터 정말로 엄마 고양이는 먹이를 주지 않았다. 아기 고양이들은 고픈 배를 끌어안고 강가를 거닐다가 물고기 잡는 엄마 고양이를 보았다. 회색 아기 고양이가 말했다. "엄마, 한 마리만 더 잡아주세요. 배가 너무 고파요. 한 번만 더 잡아주세요." 회색 아기 고양이는 이렇게 말했다. "엄마, 물고기 달라고 안 할게요. 대신 배가 너무 고프니 저에게 물고기 잡는 법을 가르쳐 주세요."

엄마 고양이는 두 아기 고양이의 부탁을 모두 들어주었다. 흰색 아기 고양이는 엄마가 잡아준 물고기를 물고 행복해하며 맛있게 먹었다. 회색 아기 고양이는 엄마에게 물고기 잡는 법을 열심히 배웠다. 며칠이 지나자 완벽하게 물고기 잡는 법을 배운 회색 아기 고양이는 먹고 남을 만큼 많은 물고기를 잡았다. 그럼 흰색 아기 고양이는 어떻게 되었을까? 매일 사람들에게 먹을 것을 달라고 울며 겨우겨우 굶주린 배를 채워갔다.

아기 고양이에게 물고기는 목적, 물고기 잡는 법은 수단이다. 한 마리의 물고기로 당장 한 끼는 해결할 수 있지만 몇 날 며칠 동안 먹을 수는 없다. 영원히 물고기를 먹고 싶다면 물고기 잡는 법을 배워야 한다. 아이 교육도 마찬가지다. 단순히 어떤 사실을 알려주는 것이 아니라 지식을 얻는 방법을 가르쳐 주어야 한다. 그래야 아이 스스로 적극적으로 사고하며 더 많은 '지식사냥'을 할 수 있다.

하버드대학의 교육방식은 지식의 전달뿐 아니라 그것을 얻는 방법의 교육이다.

단지 배우는 것에 그치지 않고 배우는 법을 아는 것이 더 중요하다. 따라서 부모가 아이에게 주도적인 습득법을 가르쳐 주어야 한다. 가시적인 결과에 연연해 글자 깨우치기, 책 읽기, 외국어, 악기 연주 등 지식과 기술을 아이 머릿속에 주입하는 방법은 마치 물고기를 잡아주는 것과 다르지 않다. 아이에게 가장 중요한 초기 몇 년을 잘 활용하여 솔선수범의 자세로 아이에게 공부하는 방법과 자도주도 학습 능력을 키워주는 것이 바로 물고기 잡는 방법을 알려주는 것이다.

지식이나 기술은 아이가 자라면서 자연스럽게 배울 수 있다. 무리하여 주입하면 반발심이라는 역효과가 생길 뿐 아니라 금방 잊어버리게 된다. 쉽게 잊어버리는 능력 또한 아이의 특징임을 잊지 말아야 한다. 더욱이 과도한 지식의 주입은 상상력과 창의력을 제한하기도 한다.

6살 제리는 어느 날 아빠에게 질문했다. "아빠, 새는 어떻게 날아요?" 아빠는 미소 지으며 제리의 머리를 쓰다듬었다. "굉장한 질문이네. 그럼 아빠가 제리한테 물어볼게. 사람과 새는 뭐가 다를까?" 제리는 곰곰이 생각하더니 답했다. "새는 날개가 있어요." 자신이 대답한 말에 스스로 깨우침을 얻은 듯 다시 말했다. "아! 맞네요! 새한테는 날개가 있네요."
세상을 향한 제리의 호기심은 언제나 가득했고 기발한 생각들을 질문했다. "아빠, 꽃병에 있는 꽃은 왜 안 떨어져요?", "아빠, 물은 왜 높은 곳에서 낮은 곳으로 흘러요?", "아빠, 나는 왜 날개가 없어요?", "아빠, 물고기를 땅에 심으면 새끼 물고기가 자라요?"
제리의 질문에 아빠는 바로 대답하지 않고 아이가 스스로 답을 찾고 발견할 수 있는 방법을 알려주었다.

아이를 가르치고 지도할 때 자기주도 학습능력을 키워준다면 앞으로 펼쳐질 아이 삶에 좋은 도움이 된다. 효율적이면서 자주적인 학습관 형성을 위해 부모가 할 수 있는 역할은 기존의 지식을 주입하는 것이 아니라 주도적으로 공부하여 어떻게 알고자 하는 지식을 습득할 수 있는지 알려주는 인도자다.

아이의 성장과정이 항상 순풍에 돛 단 배처럼 순조로울 수만은 없다. 더 강해지고, 자립적이고, 소질을 개발하고, 스스로 지식을 습득할 줄 알아야 비바람이 몰아치는 인생 풍랑에서도 자신의 길을 찾아갈 수 있다.

부모가 전전긍긍하며 아이보다 앞서 모든 일을 처리해주는 것은 아이가 주도적 사고를 비롯하여 문제해결능력과 지식 습득하는 것보다 나을 것이 없다.

아이가 완벽하게 문제를 해결하는지는 크게 중요하지 않다. 더 중요하고 의미 있는 것은 아이가 독립적인 사고와 문제해결 과정을 즐기는가이다. 이런 과정은 능력과 지능 개발을 돕고, 특히 인격 형성에 긍정적인 역할을 한다. 주도적 학습과 문제해결 과정에서 아이는 자신감과 자주성이 높아진다. 따라서 아이에게 스스로 성장할 수 있는 더 많은 기회를 만들자. 물고기 잡는 법은 나쁠 것이 전혀 없는 교육방법이다.

모범답안을
최대한 알려주지 말자

생각의 힘은 무궁무진하고, 단순히 하나를 아는 것과는 비교할 수 없을 만큼 중요하다. 정확한 답을 찾는 것보다 먼저 스스로 문제를 이해하는 것이 더 중요하다. 그래야 사회에서도 더 도움이 된다. 사람마다 범하는 실수가 다르고, 실수하는 방식도 천차만별이다. 그럼에도 많은 이들이 쉽게 하는 실수는 과도한 노력에만 치중한 나머지 방향성을 상실하는 것이다. 우리 아이가 이러한 문제에 직면한다면, 도와주기에 앞서 끝까지 해보도록 두는 것이 더 현명한 방법이다. 아이가 한 번 시작한 일을 끝마치게 해야 하기 때문이다.

━━━━ 요셉은 아빠를 따라 그림을 배운 적이 있었다. 아빠가 가장

많이 하는 말은 "하고 싶은 대로 그려!"였다. 조심스러운 성격인 아이는 그림을 그릴 때면 연한 선으로 먼저 그리곤 했다. 그러면 아빠는 소묘란 강하고 확실한 선으로 그려야 한다고 했다. 아이가 수채화를 그리며 짙은 색으로 전체적인 균형을 깰까 조마조마하게 그리면 아빠는 "걱정하지 말고 대범하게 해봐!"라고 조언했다.

전문적 회화에서 검정색과 희색은 모두 자기만의 역할이 있기 때문이다. 아이들에게 하늘을 그리라고 하면 대부분이 연한 파란색을 사용한다. 요셉도 마찬가지였다. 하지만 실제 하늘은 짙은 파란색을 띨 때도 있고, 밝고 하얀 하늘도 있기 마련이다. 요셉의 아빠는 짙은 파랑 물감을 팔레트에 짜더니 "이렇게 확 칠해봐."라고 말하며 힘차게 붓질을 했다. 요셉은 붓이 지나간 자리를 보며 "이렇게 해도 되는군요."라고 말했다.

평소에 아이가 시도해 보지 않은 것에 대해 미리 모범답안을 주지 않도록 최대한 노력해야 한다. 이 답이 탐구심의 적극성이 사그라들게 할 수 있다. 한 발 앞에 놓인 답을 따라 걸음을 옮길 수는 있어도 창의력을 발휘하지는 못하기에 결국 앞으로의 성장과 발전에는 도움이 되지 않는다. 오히려 모범답안이 없어야 스스로 생각하고 상상하며 능력을 자극할 수 있다.

우리는 아이에게 그저 "잘 안 되면 다시 칠하면 돼."라는 마음을 심어주면 된다. 아이가 '마음 놓고 대답'하도록 격려해 주는 것이 핵심이다. "잘못하면 절대 안 돼."라고 이야기한다면 아이는 더 이상 아무것도 하지 못한다.

━━━ 미국에서 학부모가 유치원을 고소한 일이 있었다. 아이에게 사과 사진을 보고 사과를 그리게 한 것이 대략의 이유였다. 부모는 아이의 상상력과 창의력을 짓누르는 교육이라고 주장했다. 사과를 떠올리며 동그라미, 달빛 등 많은 것을 연상할 수 있는데, 이런 교육 이후 불가능해졌다고 했다. 재판부는 부모의 손을 들어주었다. 미국의 학부모들은 아이에게 주어진 문제에 선생이 직접 정답을 알려주지 말고 아이가 스스로 충분히 생각하고 그것이 무엇인지, 어떤 모양인지 궁리해야 한다고 생각한다. 경직되지 않고 스스로 생각하는 아이로 만들어야 한다.

오늘날 대부분의 부모가 이런 실수를 했으리라. 정답을 알려주는 것이 옳고, 더 정확하다고 생각하는데, 오히려 부모의 내놓은 기존의 답이 제한적이거나 잘못된 경우도 많다. '모범정답' 속에서 자란 부모보다 아이는 사고방식이 더 크고 자유로운 상상력을 담고 있을 수 있다. 그러니 그 어느 때라도 아이에게 정답을 미리 알려주지 말고 아이의 생각을 더 자극하고 이끌어내라. 미래를 만드는 주인공은 바로 우리 아이들이다.

아이에게 정답 대신 적극적으로 사고하고 자발적으로 더 깊이 탐구하는 법을 알려줘라. 아이에게 독립적으로 생각할 여지를 주고, 스스로 판단하는 즐거움을 만끽하게 해주는 일은 어렵지 않다. 아이의 손을 놓자. 그리고 스스로 생각하게 하자. 아이의 가장 좋은 선생은 부모다. 부모가 아이 손을 꼭 잡은 채 주입식 교육의 길을 따라 멀리 걸어갈수록 아이는 스스로 잠재된 능력을 발휘할 수 있는 길에서 점점 더 멀어진다. 부모가 '평가기준'이라는 권위를 내려놓고 정확한 답을 알려주고 싶은 마음을 버리자. 스스로 관찰하고 문제를 찾아내어 모색할 여지를 남겨주어야 한다.

이제 부모가 아이의 질문을 받고 주로 하는 실수 두 가지를 살펴보자.

감춰진 진리를 바로 꺼내어 설명하는 부모

어떤 부모는 사물의 갖가지 현상 뒤에 숨어 있는 이치를 상세하게 설명해준다. 하지만 아이는 부모의 시선으로 바라본 세상을 이해하지 못한다. 아이가 직접 생각하고 선택하는 편이 더 좋다. 부모는 그저 아이의 생각을 지지해야 한다. 어른들보다 아이가 더 큰 격려를 필요로 하기 때문이다.

'바보야!'라고 말하는 부모

부모는 아이에게 많은 관심, 격려, 칭찬을 주는 법을 필수로 배워야 한다. 아이를 혼낼 때 "바보야.", "도움이 안 돼.", "누구보다 훨씬 못하네."라는 자극적이고 상처 주는 말을 쉽게 뱉어서는 안 된다.

결론적으로 유년기 아이의 건강한 성장을 위한 가장 중요한 원칙은 아이에게 생각하는 법을 가르쳐주는 것이 정답을 바로 알려주는 것보다 훨씬 유익하다는 점이다.

지혜의 문을 열어
주도적 사고를 이끌어라

　　　　　점점 더 많은 부모가 아이 사고력 학습의 중요성을 인식하고 있다. 하지만 날카로운 사고력은 어느 날 하늘에서 뚝 떨어지는 능력이 아니라 엄격한 훈련과 재능개발이 수반되어야 한다. 많은 부모가 똑똑한 아이가 예리한 사고력도 타고난다고 생각하지만 사실은 그렇지 않다.

━━━━　아이의 사고력은 잠들어 있는 곤충 같을 때가 있다. 즉 부모가 교사가 적당한 시기에 건드리면 깨어난다. 민감한 사고 신경을 자주 건드려 주면 아이의 사고습관 발전에 매우 좋다. 그런데 아직도 많은 부모가 아이의 이런 발전에 무신경하다. 스트롱 선생은 자신의 반 아이들에게서 심각한 문제점을 발견했다.

체육 시간 준비를 위해 아이들이 운동화로 갈아 신던 중 평소에 짓궂은 아이 한 명이 뛰어와 스트롱 선생에게 물었다. "선생님, 체육시간에는 왜 꼭 운동화를 신어야 해요?" 선생은 황당했으나 웃으며 되물었다. "네 생각으로는 왜 그런 것 같아?"

아이가 답했다. "몰라요."

대답을 해주려던 선생은 잠시 생각한 뒤 다시 말했다. "먼저 생각해 봐."

선생님의 답을 듣지 못하자 아이는 짜증이 난 듯, "빨리 말해주세요. 생각하기 귀찮잖아요. 생각하기 싫어요."

선생은 불현듯 왜 생각하는 걸 싫어하는지 의문이 들어 아이에게 물었다. "집에서는 어떤 문제에 대해 고민할 필요가 없니?"

의외의 질문을 들은 아이는 잠시 멈칫하더니 대답했다 "우리 엄마·아빠는 저를 많이 사랑하세요. 집안일도 한 번도 시키지 않고, 제가 못 푸는 문제가 있으면 항상 답을 알려주세요. 아직 어리니까 생각하지 말자고 했어요. 힘들다고요. 혼자 생각하려면 얼마나 귀찮겠어요. 엄마·아빠가 바로 알려주시니까 좋죠. 문제도 엄청 빨리 풀어요."

아이의 설명을 듣고 선생은 다소 걱정이 되었다. "학교에서는 어때? 공부할 때도 문제를 생각할 필요가 없니?"

"가끔은 좋아요. 기분이 좋으면 생각하는데 그렇지 않으면 그냥 안 해요." 아이는 아무렇지 않다는 듯 말했다.

이런 상황은 사례 속 선생님만의 걱정이라고 할 수 없다. 우리 주변의 많은 아이가 문제를 생각하기 귀찮아하고, 이해하기 힘들어지면 항상 부모님, 선생님, 친구들의 도움을 구하기 바쁘다. 이런 행동이 장기화되면 생각하지 않는 습관이 생겨 자신만의 독자적인 견해를 만들 수 없고, 당연히 앞날의 발전에 큰 제약이 따른다.

사실, 이런 나태한 생각은 평소에 자주 인지시켜주고 조절해주면 금방 극복할 수 있다. 예를 들어 이해하기 어려운 문제를 보고 부모에게 질문할 때, 답을 주되 '왜'라는 질문을 덧붙여 문제를 확장시키면 아이의 그 과정에서 지식의 양을 계속 축적할 수 있다.

"엄마, 유리로는 무엇을 만들어요?"라고 묻는다면 답을 알려준 뒤, "거울 뒤에는 무엇을 발랐을까?"와 같은 질문으로 연장할 수 있다. 아이와 함께 유리와 거울의 차이를 생각해 보고, 유리의 역할, 거울의 원리, 유리의 재료, 거울의 종류를 알아보는 방식으로 더 많은 질문을 연상하여 이어갈 수 있다.

"아빠는 왜 엄마보다 뚱뚱해?"라고 물어본다면 아빠가 밥을 더 많이 먹어서라고 답해준다. 아이는 다시 "나도 밥 많이 먹는데 나는 왜 아빠처럼 안 커?"라고 물어볼 수 있다. 그러면 엄마는 식사량, 영양구성, 키와 필수 영양소에 대해 설명해 줄 수 있다. 그리고는 "밥을 많이 먹으면 왜 뚱뚱해질까?"라고 되물어 엄마에게 들은 설명을 종합하거나 관련 책을 찾아보며 더 많은 답을 찾아갈 수 있다.

물론 아이의 질문 범위를 지식에 관한 문답으로 한정해서는 안 된다. 적당한 범주 내에서 기억력 훈련도 병행할 수 있다. 쇼핑 후 아이와 어디에서 무엇을 샀고, 무엇을 했고, 기분이 어땠는지 복기해 보거나, 아이가 들은 이야기의 줄거리를 다시 말하도록 하는 등 다양한 방법을 활용할 수 있다.

이런 방법은 아이의 기억력 단련에 도움을 주어 언제 어디서든

생각과 동시에 표현력도 함께 높일 수 있다. 하버드의 교육방식에
서 주입식 교육은 언제나 배제된다. 대신 아이가 스스로 두뇌를 사
용해 생각하는 방식을 선호한다.

독립적 사고를
할 줄 알아야 일류 학생

미국의 유명한 흑인 코미디언 빌 코스비Bill Cosby가 진행하는《어린이는 엄청난 사실을 말한다Kids Say the Darndest Things》의 한 코너에서 빌이 여자 아이에게 물었다. "나중에 크면 어떤 사람이 되고 싶니?", "대통령이오!" 아이는 자신감 넘치는 목소리에 사람들은 환호와 박수를 보냈다.

빌은 놀란 척하며 익살스럽게 다음 질문을 했다. "그럼 미국에 아직까지 여자 대통령이 없는 이유를 알려 주겠니?" 아이는 한 치의 고민 없이 답했다. "남자들이 여자에게 투표하지 않으니까요." 관객석에서 웃음이 터졌다. 빌은 웃으며 몸을 돌려 관객들에게 말했다. "이 꼬마 숙녀에게 투표하실 남성분들은 손을 들어주세요." 한바탕 웃음이 지나며 많은 남자가 손을 들었다.

빌은 만족한 듯 다시 여자 아이에게 말했다. "자, 보렴. 꽤 많은 남성이 너에게 투표하겠대." 아이는 눈을 가느다랗게 뜨고 쓱 보더니 담담하게 말했다. "3분의 1도 안되는데요." 빌은 믿을 수 없고, 만족할 수 없다는 듯 관객을 향해 "지금 이 자리에 계신 모든 남성분들은 손을 들어주세요!"라고 말했다. 빌의 말 속에는 손들지 않으면 남자가 아니라는 숨은 뜻이 있었으니, 어떤 남자가 손을 들지 않겠는가? 큰 웃음이 다시 터지고 모든 남자가 손을 들었다.

빌은 짐짓 엄숙한 목소리로 "이 꼬마 숙녀께 투표하고 싶은 남자분들은 손을 들고 계시고, 투표하지 않은 분들만 손을 내려주세요."라고 요청했다. 생각해 보자. 모두가 지켜보는 상황에서 들었던 손을 내리기란 결코 쉽지 않다. 몇몇 사람은 내렸지만 아이에게 투표하겠다는 남자가 월등히 많아졌다.

빌은 크게 만족하며 아이에게 물었다. "어떻습니까? 대통령 여사님, 이제 3분의 2의 남자들이 투표를 하겠답니다."

시끌시끌했던 현장이 조용해지면서 아이가 어떤 말을 할지 궁금하여 귀를 기울였다. 아이는 미소, 그냥 미소도 아닌 냉소를 담은 미소를 지으며 말했다. "거짓말이잖아요. 저분들은 저한테 투표할 마음이 없는걸요." 아이의 말에 사람들은 감탄하며 박수를 보냈다.

이 이야기는 아주 전형적인 미국의 독립적 사고방식을 보여준다. 우리 주변에서 이런 상황이 펼쳐진다면, 우리 아이들은 어떤 반응을 보일까? 대다수의 아이가 기뻐하고 끝났을 것이다. 손을 든 사람의 수가 왜 차이가 있는지 생각하지 않고 많은 사람이 자신을 선택했다는 사실에 즐거워 할 것이다.

하버드대학에서 가장 소중한 정신이 바로 독립적인 사고라는 점을 명심해야 한다. 아이의 독립적 사고력을 키워주기 위해서는 아이가 스스로 생각하도록 기회를 줘야 한다. 절대 모든 일이나 정답을 아이에게 바로 알려주면 안 된다. 아이 스스로가 느끼고, 주변에서 벌어지는 일의 옳고 그름을 판단하며, 해야 하는 일과 해서는 안 되는 일을 구분해야 한다.

문제를 해결하는 시간이 아이가 가장 오랫동안 사고하는 시간일 수 있다. 그렇다면 공부할 때 어떻게 해야 독립적 사고력을 키워줄 수 있을까? 다음에 소개하는 부모의 소감을 살펴보자.

"최근 들어 링컨이 혼자 생각해 내려 하지 않는다는 것을 느끼고 '철수작전'에 돌입했다. 어려운 문제에 직면하면 예전처럼 아이에게 직접 알려주지 않고 힌트만 살짝 알려주어 스스로 몸을 쓰거나 머리를 써서 문제를 해결하도록 했다.

나는 아이가 공부할 때 가장 중요한 것은 최종 점수나 결과가 아니라고 생각한다. 대신 아이가 숙제하는 모습을 더 세심히 살펴봐야 한다. 한 문제를 놓고 다양한 접근방식이 있지만 우리는 한 가지 방식만 아이에게 알려준다. 그렇기 때문에 아이의 사고 틀은 경직되고 생각 주머니는 점차 줄어든다. 그리고는 정해진 방식대로만 사고하게 된다."

아이의 독립적인 사고력 발전을 위해 다음의 세 가지에 주의하자.

문제를 용감히 바라보도록 격려해라

평소에 과도한 관심과 도움을 주었다면 아이는 사고력도 점차 의존적으로 변한다. 부모는 최대한 아이 스스로 문제를 바라보도록 해야 한다. 문제를 직면하는 것이 부모의 손을 놓고 혼자서 생각하는 첫걸음이다. 아이의 손을 놓아야 아이도 스스로 생각하는 즐거움을 느낄 수 있다.

아이의 시험 결과에 연연하지 말자

아이의 최종 결과가 아닌 생각의 과정에 더 집중해야 한다. 한 번의 시험 성적으로 아이의 상태를 판단해서는 안 된다. 만약 생각의 과정을 부모에게 인정받는다면 아이의 자신감 상승은 물론 독립적 사고의 즐거움도 느껴 점차 높은 사고력을 지니게 된다.

우리 아이의 우수함을 영원히 믿어라

부모는 아이가 문제나 일을 해결했다면 격려와 칭찬으로 자부심을 느끼게 해야 한다. 그래야만 아이에게 더 큰 자신감이 생기고 독립적 사고가 더 강화된다. 부모의 칭찬은 성공의 기쁨을 만끽하게 해준다. 아이는 격려뿐 아니라 인정받는다고 여긴다. 혼자 사고하고 스스로 문제를 마주했다는 사실에 자부심을 느낄 것이다. 부모가 보내는 신뢰의 눈빛에서 자신이 우수하다고 믿기 때문이다.

물론, 아이의 독립적 사고를 위해 너무 조급해하지 말아야 한다. 성장에 맞추어 단계별로 진행해야 한다. 너무 빨리 아이의 손을 놓으면 갑자기 찾아온 무력감으로 오히려 역효과를 낳을 수 있다.

DAY 09

창의력 훈련

집중하며 깊이 생각하기

아이의 창의적 사고는 참으로 대견한 일이다. 사회는 발전을 필요로 하고, 발전은 창의력에 기반을 둔다. 고로 아이의 창의적 사고는 사회의 발전을 이끈다. 아인슈타인의 '특수상대성 이론'도 어린 시절 '사람과 빛이 같은 방향으로 뛴다면 어떻게 될까'라는 궁금증에서 시작했고, 세계 최초의 비행기도 하늘을 나는 새를 만들고 싶다는 생각에서 비롯되었다. 상상력은 아이가 새로운 것을 발견하도록 할 뿐만 아니라 몰입하여 새로운 것을 시도하고 탐구하며 창의적 활동을 이끈다.

창의적 사고가
아이 미래의 성과를 결정한다

한 신사가 뉴욕의 거리를 걷고 있었다. 구두 닦는 사람들이 우르르 몰려와 그에게 호객 행위를 했다. "선생님, 여기 앉으셔서 구두 한번 닦으시죠.", "아니오, 바쁜 일이 있어서 시간이 없습니다." 또 다른 사람이 그를 잡았다. "선생님, 구두가 너무 더러운데 제가 닦아드리겠습니다.", "바빠서 시간이 없어요."

계속 길을 걷던 신사는 "97, 98, 99, 100"이라고 수를 세고 있는 아이의 앞을 지나쳤다. 아이는 100이 되자 숫자를 멈추더니 신사에게 말했다. "선생님, 실례하겠습니다. 오늘이 제 생일인데 하나님께서 저에게 새로운 1년을 허락하신 것에 감사하기 위해 매년 제 앞을 지나는 100번째 손님께 무료로 구두를 닦아드리고 있습니다. 오늘 저에게 선생님의 구두를 닦을 영광을 주시겠습니까?" 신사는 말했다. "물론이지." 신사가 안내받은 의자에 앉자 아이는 열심히 구두를 닦았다. 깨끗해진 구두를 보고 신사는 고마워하며 떠나기 전에 물었다. "평소에 구두를 닦으면 얼마를 받지?", "5달러요." 신사는 흔쾌히 돈을 건네며 말했다. "오, 5달러. 오늘은 생일이니 10달러를 주마. 거스름돈은 필요 없단다."

아이의 창의적인 발상은 더 많은 돈을 벌게 했다. 창의력은 오늘날 개인뿐 아니라 사회전반에 걸쳐 혁신형 인재의 필수 요소가 되었고, 우리는 아이의 창의적 사고 개발에 주목해야 한다.

주변에서 흔히 볼 수 있는 나뭇가지를 이용한 '말타기'나 '칼싸움' 등의 놀이도 바로 창의적 사고의 응용이라 할 수 있다. 필요에 따라 단순한 나뭇가지가 말도 되고 총도 되는 것처럼 모든 아이의 언행에 숨어 있는 창의력의 불씨를 찾아내어 키워야 한다.

━━━━ 벨기에 수도 브리쉘 시내의 휴 드 레드뷰^{Ru de l'Etuve}와 쉔느가 ^{Rue du Chêne} 모퉁이에 '브리쉘 제일의 시민'이라 불리는 '오줌싸개 소년' 동상이 있다. 스페인 군대가 벨기에를 침략하고 도시를 떠나기 전, 시청 지하 화약고로 통하는 폭탄의 도화선에 불을 붙여 도시 전체를 폭파하려 했다. 그때 한 소년이 불붙은 도화선을 보고 기지를 발휘하여 오줌으로 불을 껐다. 소년 덕분에 사람들은 재앙을 피할 수 있었고 이 어린 영웅을 기리기 위해 지금의 동상을 제작했다.

창의적 사고는 일반적 사고를 기초로 훈련과 학습을 통해 얻어지는 결과다. 찰리 채플린Charles Chaplin은 이와 관련하여 의미 있는 말을 했다. "피아노나 바이올린을 연주하는 것처럼 생각 또한 매일매일 훈련해야 한다." 심리적인 '자기통제' 능력을 활용하여 아이의 창의력을 끌어 올려주어야 한다.

아이들이 떠올리는 구체적인 이미지나 상황은 언제나 본인의 시각에 기인하여 인식한다. 예를 들어 엄마가 병에 들은 우유를 바닥이 넓은 컵에 따르면 아이는 컵 둘레만 보고 컵에 따른 우유의 양이 더 많다고 생각한다. 또는 양손으로 본인 눈만 가린 채 숨으면 사람들도 자신을 못 볼 거라 생각한다. 이러한 단순한 사고방식은 창의적 발상으로 연결되지 못하기 때문에 다양한 시각으로 문제에 접근할 수 있도록 해야 한다.

그렇다면 창의적 사고방식은 어떻게 키울까?

어떻게 사용하는지, 어떻게 해결할지 질문해라

젓가락은 어떻게 사용하지? 목이 마를 땐 어떻게 하지? 길을 잃으면 어떻게 할까? 만약 태양이 사라지면 어떻게 하지? 이런 질문에 대한 답은 많을수록, 새로울수록 좋다. 부모는 어른의 이해력으로 아이의 넓은 사고를 제한하지 말자. 어떤 의미에서 창의적인 사고는 논리적이기보다 기발할 때가 더 많다.

아이의 '왜'라는 질문을 소중히 해라

아이를 세심하게 관찰한 부모라면 연령이 높아질수록 질문도 더 많아진다는 사실을 알 수 있다. 관련 연구에 따르면 4살 이후에

'왜', '어떻게'라는 질문의 빈도수가 많아지고 끝까지 답을 추구하는 경향을 보인다. 물론 이에 따라 부모의 골치도 더 아파진다.

아이가 던지는 온갖 질문에 부모가 모두 대답해 줄 수는 없다. 하지만 최소한 아이의 관심이 짙게 묻어나는 질문이라면 중요하게 받아드려야 한다. 간단한 문제라면 먼저 "너는 왜 그런 것 같아?"라고 되물어 더 깊은 생각을 유도해 답을 찾을 수 있다. 복잡한 문제라면 아이와 함께 고민하고, 자료를 찾거나 다른 사람들에게 가르침을 부탁할 수 있다. 만약 간단하게 설명할 수 없고 아이가 이해하기 힘든 질문이라면 조금 더 자라야 이해할 수 있는 문제라고 솔직하게 말해주어야 한다.

창의적 사고는 무無에서 창조하는 것도, 신비하여 알 수 없는 차원의 것도 아닌 인간 사고의 결정체라 할 수 있다. 아이의 창의력은 부모가 키워줄 때 더 강해지기 때문에 어릴 때부터 관심을 가져야 아이의 건강한 성장에 도움이 된다.

현명한 부모는 아이에게
권위의식을 강요하지 않는다

부모의 권위는 일방적인 힘이 아니라 상호소통과정을 통해 형성된다. 따라서 부모의 권위를 아이에게 무조건 강요하는 것은 좋은 관계가 아니다.

━━━ 어느 날 마이크라는 사람이 친구의 집을 방문했다. 친구의 5살짜리 아들 오스카는 작은 책상에 엎드려 놀라운 집중력으로 그림을 그리기에 몰두하고 있었다. 한참 시간이 지나고 친구는 아들을 보며 말했다. "오스카, 콧물 닦아야지." 오스카의 코에서 나온 콧물이 입술까지 흘러내려 금방이라도 입으로 들어갈 것 같았다. 하지만 오스카는 아빠의 말에 미동도 하지 않았다. "오스카! 빨리 닦아. 콧물이 입에 들어가잖아." 친구가 단호하게 말해도 오스카는 전혀 들리지 않

는지 반응하지 않았다.

마이크는 친구의 아들을 보며 부모의 말을 안 듣는 아이는 혼이 나야 한다고 생각했다. 그때 친구의 부인이 잠깐 주변을 둘러보더니 손거울을 가지고 몸을 굽혀 오스카 앞으로 내밀었다. "거울 속 오스카가 얼마나 예쁜지 한번 볼까?" 오스카는 거울로 자신의 얼굴을 보고 웃더니 장난스럽게 고개를 들고 턱을 내밀며 말했다. "엄마가 닦아줘." "엄마가 없으면 콧물은 누가 닦지? 엄마가 올 때까지 그렇게 기다릴 거니? 자기 일은 스스로 해야 훌륭한 아이란다." 친구의 부인은 이렇게 말하며 아들에게 손수건을 건넸고, 오스카는 예쁘게 콧물을 닦았다.

부모의 언행은 아이의 성격, 행동, 습관 형성에 지대한 영향을 준다. 훈계와 벌로 아이를 교육한다면 당장은 순종적일 수 있지만 마음속으로는 자신의 행동의 의미를 이해하지 못하고 주도적으로 하려는 의지도 사라진다.

부모는 소위 '권위'를 세우는 데 조급하면 안 된다. 그러면 어떻게 해야 할까?

부모로서 책임을 다해라

가장 선행되어야 할 일은 부모로서 합격을 받는 것이다. 아이에 대한 의무와 책임을 정확하게 이행해야 한다. 부모로서 책임을 다하고 조건 없는 애정을 쏟아부을 때, 부모의 권위 역시 자연스럽게 생긴다.

권위 있는 부모와 친구 같은 부모, 그 사이에서 균형을 찾아라

부모는 자신의 역할을 어떻게 설정해야 할까? 권위 있는 부모와 친구 같은 부모 두 가지 역할 사이에서 균형을 찾아야 한다. 권위만 내세우는 부모는 청소년기에 접어드는 자녀의 반항에 직면할 수 있다. 부모의 사랑과 이해, 응원과 격려를 필요로 하는 아이에게 부모는 친구의 역할이 필요하다.

또한 아이의 도덕관, 가치관, 인생관이 형성되는 과정에서 부모의 영향은 매우 중요하다. 어떤 행동에 대한 부모의 반응은 아이가 인지하는 첫 번째 사회적 자료라 할 수 있다. 올바른 관리와 교육은 아이를 바른 길로 이끌어 준다. 따라서 아이의 올바른 생활습관과 잠재적 위험으로부터의 보호라는 측면에서 부모의 권위 또한 필요하다.

아이를 존중하고 친구가 되어 준다면 아이에 대한 진정한 이해와 권위를 올바르게 사용할 수 있다. 물론 아이의 성장 단계에 따라 약간의 조정은 필요하다. 아이에게 부모는 유익한 친구이자 권위를 지닌 가장 좋은 스승이다. 그런 만큼 친구 같은 부모, 권위 있는 부모 모두 아이에게 필요한 존재다.

아이에게 신뢰와 자주권을 주어라

━━━ 블레이크 선생의 딸은 7살로 초등학교 2학년이다. 아이는 부모의 사랑, 조부모의 총애, 이모와 삼촌의 관심 속에서 원하는 것은 거의 모두 얻을 수 있었다. 그런데 시간이 지날수록 아이는 돈을 아

끼지 않고 밥보다 간식을 더 좋아하는 등 나쁜 습관이 생겼다. 블레이크는 더 지속되면 딸의 습관을 고칠 수 없을 것 같아 고민했다.

얼마 후, 블레이크 선생은 동료의 조언에 따라 교육 방법을 바꿨다. 이 문제로 더 이상 아이를 혼내지 않고, 대신 매달 초 20달러의 용돈을 주었다. 용돈은 아이 마음대로 쓸 수 있었고 남고 모자라는 것 역시 아이 스스로 책임지도록 '협정'을 맺었다. 그리고는 아이의 담임선생님을 찾아가 '용돈'과 '간식'에 관한 학급회의를 부탁하여 학급 공용 저금통을 만들게 했다.

처음 한두 달은 그간의 지출 습관 때문에 열흘이 채 되지도 않아 용돈이 바닥났다. 하지만 시간이 더 지나자 딸의 지출은 균형을 찾아가고 간식도 조금씩 줄이며 남은 용돈을 모으기까지 했다. 1년이 지나자 불필요한 간식을 먹는 습관은 완전히 고쳐졌고 식습관도 개선되었다. 절약하는 즐거움을 느끼면서 딸은 자신의 저금통에도 저금을 시작하고 자선활동에 20달러를 기부하기도 했다.

부모의 권위를 세울 때, 빈번한 질책과 훈육, 체벌보다는 아이를 신뢰하고 자주권을 부여하여 스스로 관리하고 주관을 갖도록 해야 한다. 그리고 때에 따라 적당한 지도와 지적을 해주면 아이의 나쁜 버릇은 충분히 개선된다. 또한 자기 통제력을 높여 문제해결까지 하는 일거양득의 효과를 볼 수 있다.

위대한 발명가는
물건 분해부터 시작한다

　　　　　미지의 세계, 미지의 영역에 대한 탐구는 아이의 본능이다. 많은 아이가 호기심에 선물받은 장난감을 뜯어 보고 재조립하길 좋아한다. 심지어 부모가 잠시 한눈 판 사이에 녹음기, 라디오, 컴퓨터, 스피커, 자전거 등이 부품 신세가 되곤 한다. 아이의 이런 행동은 어떻게 받아들여야 하며, 어떻게 이끌어야 할까?

　모든 것을 분해하는 행동은 미지의 영역과 세계에 대한 매우 적극적인 탐구 행위다. 모르는 것을 참지 못하고 이해되지 않으면 온갖 방법을 동원하여 알아내는 것으로, 이는 창의적 인재에게 빠지지 않는 성향이다. 따라서 '잘못'을 저지른다 생각되어도 부모는 함께 이야기하고 토론하며 아이의 탐구정신을 인정해 주어야 함을 기억해야 한다.

설계 원리부터 궁금증을 해소해라

가장 기본적인 설계 원리부터 이해하도록 하여 질문을 해소해 나가야 한다. 라디오에서는 어떻게 사람이 말과 노래 소리가 나오는지 궁금해한다고 생각해보자. 물론 라디오의 원리를 있는 그대로 설명해 주면 이해할 수 없다. 아이에게 익숙한 물건이나 비유 방법을 동원하여 쉽게 알아들을 수 있도록 설명해야 한다. 부모가 라디오 조립법을 안다면 아이 스스로 분해와 조립을 해보도록 도와주어도 좋다.

아이가 이런 방면에 관심이 많다면 중고시장이나 재활용센터에서 저렴한 가격대의 부품을 사서 아이가 조립하여 만들 수도 있다. 이런 방법을 통해 아이의 상상력과 창의력이 높아지고 손 근육의 섬세함과 감각을 익혀 훌륭한 엔지니어의 꿈을 키울 수 있다.

상품의 가치를 알려줘라

무엇인가를 분해하려 한다면 부모는 먼저 안전을 비롯하여 상품의 가치에 대해 정확하게 설명해 주어야 한다. 아이가 관심 갖는 상품 하나하나가 모두 사용가치가 있고 부모가 힘들게 번 돈으로 장만한 것이기에 함부로 분해하기 아까운 것이라고 알려주어야 한다. 그럼에도 뜯어서 살펴보고 싶어 한다면 다른 방법을 제안하자. 크게 두 가지인데, 부모가 분해와 조립 방법을 알고 직접 지도해 주든가, 안 쓰거나 못 쓰는 물건을 이용하는 방법이다.

아이 때문에 물건이 고장 났다고 화내거나 혼내면 아이의 탐구심과 창의력도 함께 사라지기 때문에 이는 절대적으로 피해야 하는 행동이다.

아이가 손을 많이 쓰도록 해라

지능개발의 좋은 방법은 손 근육을 많이 사용하는 것이다. 손의 움직임으로 대뇌의 여러 부분이 자극받고 성장한다. 똑똑한 아이에게 '손끝이 야무지다'라는 말을 많이 하는데 실제로 손재주가 많은 아이가 똑똑한 경우가 많다. 손재주는 아이의 자신감을 높여주고 탐구를 시도해볼 용기를 주기도 한다. 또한 손을 잘 사용하고 단련하면서 책임감과 인내심을 기를 수 있다.

어쩌면 모든 아이마다 발명가의 기질이 있다. 호기심으로 이리저리 물건을 뜯어본다고 부모가 꾸짖기만 한다면 아이의 탐구심과 열정은 꺾여 버리거나 사라질지도 모른다. 그러니 '손끝이 야무진 아이'일수록 부모는 더 많은 포용력을 보여주자.

관찰과 창의력은
비례한다

　　'관찰'은 사물을 인식하는 주요한 방법이자 두뇌 활동의 기초다. 또한 학습목표를 완성하는 필수 능력이다. 하지만 실제로 현실의 많은 부모는 아이의 관찰력을 소홀히 하거나 관찰력을 키워줄 시기를 놓치곤 한다. 결국 아이의 사고력 발전까지 막는 나쁜 결과를 초래할 수 있다. 생물학자 파블로프Pavlov는 "관찰하고, 관찰하고, 또 관찰하라."라고 말했다. 그만큼 아이의 지능개발에 관찰습관은 매우 중요하다.

　　━━━ 한 외과의사가 학생들에게 말했다. "외과의사가 되려면 두 가지 중요한 능력이 필요합니다. 첫째 강한 비위를 가져야 하고. 둘째, 관찰력이 뛰어나야 합니다." 이어 그는 보기만 해도 역겨운 액체가

담긴 통 안에 손가락 하나를 집어넣었다고 뺀 후 핥았다. 그리고는 강의실에 있는 모든 학생에게 똑같이 하라고 했다. 학생들은 머리카락이 쭈뼛 설 정도로 끔찍했으나 어쩔 수 없이 눈을 질끈 감고 액체에 손가락을 집어넣은 후 핥았다. 의사는 만족스러운 미소를 지으며 말했다. "여러분, 첫 번째 관문을 통과하신 것을 축하합니다. 하지만 불행하게도 아무도 두 번째 관문은 통과하지 못했습니다. 제가 핥은 손가락과 액체에 넣었던 손가락이 다른 손가락이었다는 것을 눈치챈 사람이 없었으니까요."

단 며칠만의 교육으로 오차 없는 정확함과 현상의 본질을 꿰뚫을 정도의 관찰 수준에 도달할 수는 없다. 부모는 아이가 꾸준하게 제대로 관찰할 수 있도록 잘 이끌어주어야 한다. 유명한 철학가 헤겔 Georg Wilhelm Friedrich Hegel 은 관찰력을 기르는 가장 좋은 방법에 대해 "만물의 같지만 다르고, 다르지만 같은 점을 찾아내는 것"이라고 말했다.

관찰의 목적을 명확히 해라

관찰을 하려면 먼저 관찰 목적을 확실히 해야 한다. 목표에 대한 이해도에 따라 관찰 효과 또한 많은 영향을 받는다. 따라서 관찰의 목적이 명확할수록 아이의 집중도도 높아지고 더 세밀하고 심도 있게 관찰하여 전체적으로 더 좋은 효과를 이끌어 낸다. 관찰 목적의 유무에 따라 관찰결과가 달라진다고 생각하면 된다.

예를 들어보자. 아이를 데리고 공원에 갔는데 아무런 목적도 없이 반나절 동안 여기저기 기웃거리기만 하고 돌아오면 아이가 무엇을 봤는지 제대로 설명하기 힘들다. 만약 '새'라는 목표를 두고 관찰했다면 아이는 새의 생김새, 깃털 색깔, 눈의 크기, 새소리의 높낮이 등을 더 상세하게 말할 수 있다. 목적을 분명히 해야 과녁을 향해 쏜 화살처럼 더 정확한 성과를 낼 수 있다.

관찰준비를 철저히 해라

관찰의 목적을 세웠다면, 관찰 준비를 철저히 해야 한다. 특히 관련된 지식을 미리 살펴보아 아이의 이해를 도우며 탐구심과 관찰에 대한 자극을 주어야 한다. 관심은 가장 좋은 선생님이다. 깊은 관심이 있으면 아이는 주도적으로 사물을 인지하려고 노력한다. 부모는 아이에게 가장 익숙하고, 아이가 좋아하고 쉽게 판별할 수 있는 사물을 관찰하도록 하여 적극적인 관찰 의지를 키워주어야 한다.

아이의 시야를 넓혀라

새로운 지식에 대한 준비와 흥미를 자극하였다면 다음으로 아이의 관찰력을 높여야 한다. 이때 중요한 것이 아이의 시야를 넓혀주는 것이다. 관찰력의 좋고 나쁨은 아이의 시야가 얼마나 넓은지에 따른다. 견문이 좁고 실제로 체험할 수 있는 기회가 적다면 당연히 관찰력도 영향을 받을 수밖에 없다. 똑같은 현상을 보더라도 어떤 아이는 많은 것을 유추해 내는 반면, 어떤 아이는 몇 마디밖에 못한다. 차이의 원인은 무엇일까? 바로 아이의 지식 배경 때문이다. 기초지식을 탄탄하게 다져놓으면 이치를 쉽게 받아들이고 문제에 대한 관찰력도 깊어진다. 이런 측면에서 풍부한 지식과 경험은 관찰력의 기반이 될 뿐만 아니라 촉진제 역할까지 한다.

질문을 유도해라

아이가 질문을 많이 하도록 유도해라. 아이를 아무것도 모르고 텅 비어 있는 공백이라고 생각하면 안 된다. 아이는 연령에 따라 "날씨가 추워지면 물이 왜 얼어요?", "저는 어디에서 왔나요?"와 같은 다양한 질문을 한다. 종종 부모가 예상치 못하거나, 재미있거나, 혹은 당황스러울 수 있는 질문을 던진다. 어떤 부모는 이런 질문을 받아주지 않고 짜증내며 "저리 가, 뭘 그렇게 많이 묻니?"라고 아이의 질문을 받아쳐내곤 한다.

아이와 함께 관찰해라

부모와 아이가 함께 관찰하는 것이 가장 좋다. 하지만 아이가 너무 어리다면 시선의 이동속도, 주의력 전환, 주의력의 범위 등이 부모를 따라갈 수 없다. 만일 부모가 앞서서 관찰한 후 아이에게 미리 알려준다면 아이의 관찰은 영향을 받을 수밖에 없다. 어떤 의미로는 아이의 관찰할 권리를 부모가 앗아가는 것이다.

아이의 관찰 파트너가 되고 싶다면 시간적, 공간적 여지를 남겨두어 아이 스스로 관찰대상을 자세히 살펴보고 즐거움을 느끼도록 하는 것이 가장 중요하다. 관찰과 창의력이 비례하기 때문이다.

기상천외한 생각으로
발산적 사고를 해라

심리학자들이 이런 실험을 한 적이 있다. 칠판에 동그라미를 그려놓고 강의실의 학생들에게 무엇인지 물었다. 대학생을 대상으로 하면 일제히 '원'이라고 답했다. 하지만 유치원 꼬마 친구들에게 묻자 다양한 답을 내놓았다. 태양, 고무공, 거울 등 갖가지 답변이 속출했다. 어쩌면 대학생이 내놓은 답이 더 정확한 답일 수 있겠지만, 아이들의 답변에 비해 단조롭고 경직된 것 같지 않은가? 아이들의 재기발랄한 답에 더 많은 박수를 보내고 싶지 않은가?

어른들은 이미 사물에 익숙해져 재고하거나 고심하지 않고 정형화된 사유를 한다. 때로는 이런 정형화된 틀을 누가 먼저 극복하는지에 따라 승자가 결정되곤 한다.

아이의 교육과정에서 사물에 대한 전통적 시각과 방법을 벗어나 적극적인 마음가짐으로 완전하게 새로운 세계를 구하고 인식하는 것은 발산적 사고와 재기 넘치는 생각으로 이어진다. 어릴 때부터 발산적 사고 훈련을 하면 자라서 지식의 학습과 응용력이 좋아져 문제해결 능력을 높일 수 있다.

그렇다면 어떻게 해야 발산적 사고가 가능할까?

생활 속 창의력 교육을 해라

우리의 일상 속에는 창의력 교육의 기회가 널려 있다. 구름을 관찰한다고 가정해보자. '뭉게구름이 피면 비가 온다'라는 속담 등을 활용하여 아이와 함께 하늘의 구름을 관찰할 수 있다. 그럼 아이는 구름 모양을 보며 '지금은 어떤 모양이고, 어떤 동물이 어떻게 하는 모습 같다.'라고 이야기해주며 어른이 생각지도 못한 말을 할 것이다. 아이의 관찰결과를 노래로 만들어 함께 부른다면 아이의 생각을 더 견고히 할 수 있다.

이야기의 속편을 만들어보자

스토리텔링을 통해 아이의 발산적 사고를 이끌 수 있다. 이야기의 결말 뒷이야기를 만들어보거나 자유롭게 이야기 퍼즐을 맞추는 방법으로 상상력과 창의력을 발휘하여 아이의 발산적 사고력을 키워보자.

"엄마, 옛날이야기 해주세요." 저녁 식사 후 아이가 엄마 품에 안겨 잠들지 않고 이야기를 해달라고 졸랐다.

"아들, 오늘은 이렇게 하자. 가위바위보 게임을 해서 지는 사람이 이 야기를 들려주는 거야. 어때?"

한 번도 해 본 적 없는 엄마의 제안에 아이는 즉각 반응했다. 아이가 지자 엄마는 평소 아이의 말투를 흉내 내며 "아들, 엄마 잠이 안 오는 데 이야기 해주세요."라고 말했다. 아이는 조금 긴장하면서도 만족스 러운 표정을 지었다. 엄마는 아이가 '빨간 모자와 늑대' 이야기를 하 도록 유도했다.

"어느 날, 엄마가 빨간 모자 소녀한테 할머니께 가서 음식을 전하고 오라고 시켰어요." 아이는 자그마한 목소리로 이야기를 시작했고 엄 마는 미소를 지으며 아이의 말에 귀 기울였다.

"그런데 큰 늑대를 만났어요. 빨간 모자 소녀는 늑대라는 걸 알았어 요…… 그런데 소녀는 모르는 척했어요…… 그리고 큰 늑대에게 할 머니가 어디에 사는지 알려줬어요.…… 그런데……." 아이는 띄엄띄 엄 이야기를 이어갔다.

"그런데 어떻게 됐지?" 엄마가 이야기를 연결시키듯 물었다. "그런데 큰 늑대에게 알려준 곳은 다른 곳이었어요. 늑대가 뛰어가는 모습을 보고 빨간 모자 소녀가 할머니 집으로 빨리 달려가서 할머니께 큰 늑 대를 조심하라고 말했어요." 아이는 단숨에 이야기를 마쳤다.

엄마는 이야기를 다 들은 후 아이에게 칭찬해주며 전보다 이야기가 더 재미있다고 말했다. 이날 이후 아이는 이런 방식으로 엄마에게 이 야기를 들려주려 하였고 매번 다른 줄거리로 이야기를 만들어나갔다.

탐구하도록 지도해라

아이의 독립적 사고습관을 키워야 한다. 어린아이일수록 어려운 문제 앞에서 부모에게 답을 구하곤 한다. 이때, 어떤 부모는 바로 답을 알려주며 문제해결을 도와주는데, 장기적으로는 아이의 지능 개발에 도움이 되지 않는 방법이다.

현명한 부모일수록 아이가 직면한 문제에 스스로 답을 찾는 방법을 가르쳐 주며 아이를 일깨운다. 또한 아이의 발산적 사고력에 유의하여 문제에 대해 어떻게 생각하고 분석하는지, 지금까지 배운 지식과 경험을 어떻게 적용할 것인지, 어떻게 책과 참고자료를 검색할 수 있는지 알려준다. 아이가 스스로 답을 찾아낸다면 그만큼 큰 성취감을 느끼고 사고능력도 높아지며 새로운 원동력으로 삼는다.

아이의 사고력은 아이만의 것이다. 따라서 고착되거나 형식화되지 않도록 주의해야 한다. 자기 통제력을 발휘하여 개방적이고 자유롭게 사고하고 압박감 없이 지식의 바다를 자유롭게 유영하며 생각하도록 해야 한다. 아이의 '기상천외'함을 격려하여 사고력을 발산시키자.

역발상,
평범한 생각은 버려라

    미국 과학자들이 우주의 무중력 공간에서 사용할 수 있는 볼펜을 개발하고자 했다. 변형도 일어나지 않고, 잉크가 새지 않고, 물속에서도 사용 가능하며, 유리에도 쓸 수 있는 볼펜 개발을 위해 과학자들은 수십 년의 시간과 수억 달러를 쏟아부었다. 훗날 미국 항공우주국NASA에서 새롭게 개발된 이 펜을 들고 우주로 갔을 때 소련은 이미 이런 펜을 쓰고 있었다. 소련의 우주비행사들이 사용하는 펜은 과연 어떤 것이었을까? 바로 연필이었다. 미국 과학자들이 새로운 사고와 발명에만 집중하여 주변에 존재하는 가능성을 간과한 것이었다.

아이가 사고의 한계에 부딪혔다면 우리는 적절하게 역발상을 이끌어 내는 방법을 고민하여 막힌 사고의 문을 열고 다른 각도에서 접근할 수 있도록 유도해야 한다. 역발상은 아주 중요한 사고방식의 하나로 때로는 복잡한 문제도 순식간에 단순화한다.

아이의 역발상은 어떻게 유도할 수 있을까?

'역방향' 놀이를 동원해라

평소에 어느 정도 의도를 담아 놀이를 통해 역발상 연습을 할 수 있다. 쉽게 할 수 있는 게임 몇 가지를 소개하려 하는데, 이 게임은 하버드대 우수생들도 어린 시절에 했던 게임이니 절대 가볍게 여기면 안 된다. 적당한 시기에 아래에 소개하는 게임을 활용하여 아이와 함께 놀면서 지능개발에 속도를 더해보자.

게임 1 | '가위바위보'게임을 변형해보자. 게임에서 이긴 사람은 '우는' 동작을, 진 사람은 '웃는' 동작을 하면서 점점 가위바위보 속도를 빠르게 한다. 먼저 틀린 동작을 하는 사람이 지는 게임이다.

게임 2 | 한 사람은 명령을, 한 사람은 동작을 하는 게임이다. 예를 들어 한 사람이 '일어서'라고 하면 다른 아이는 반대로 앉아야 한다. '왼손 들어'라는 명령을 하면 오른손을 들어야 하고 '앞으로 가'라고 하면 뒤로 후퇴해야 한다. 다시 말해 명령과 반대되는 동작을 해야 하고 틀리면 지는 게임이다.

게임 3 | 언제 어디서든 쉽게 할 수 있는 게임으로 한 아이가 어떤 단어를 제시하면 다른 아이가 빠르게 반대말을 말해야 한다. 예를 들어 '흐림'이라고 말하면 '맑음'이라고 답해야 하고, '어른'이라고 하면 '아

이'라고 대답하는 방식이다.

이런 게임을 통해 아이의 역발상 능력을 크게 높일 수 있다.

역발상 교육을 해라

역발상을 적용한 교육을 통해 아이가 역발상이 가능하도록 해야 한다. 역발상 교육의 효과는 아이에게 어떤 결과를 알려주고 되짚어 보며 문제를 인식하도록 하여 잘못을 개선하도록 해주고 조금씩 성장케 한다. 다음은 한 선생이 역발상 사고개발을 적용한 교육법이다.

■■■ 반 아이 중 한 명이 거의 매일 옷에 소변을 보는 버릇이 있었다. 선생은 올바른 소변습관을 가르쳐주려 모든 방법을 써봤지만 바뀌지 않고, 아이들의 놀림과 무시도 심해졌다. 선생은 개선을 위해 일대일 면담을 진행했다.

먼저 아이에게 젖은 바지를 입힌 후 불편한지 물었다. 아이는 고개를 저었다. 선생은 다시 물었다. "매일 바지에 오줌 싼다고 친구들이 놀리는데 속상하지 않니?" 아이는 그제야 고개를 끄덕였다. "그럼 왜 마음대로 되지 않을까? 오줌 싸지 않으면 친구들도 더 좋아할 테고 너도 훨씬 편할 텐데 말이야."

선생이 아이에게 이 문제를 고칠 수 있는지 물어보자 아이는 고개를 끄덕이며 손가락을 걸고 약속했다. 그 뒤 며칠 동안 약속을 잘 지키자 선생은 칭찬시간에 친구들 앞에서 아이를 칭찬하고, 친구들의 축하 속에서 칭찬스티커를 붙여주었다.

선생은 역발상 교육법을 적용하여 아이의 오줌 싸는 문제를 해결
했다. 먼저 오줌 싸는 것의 나쁜 점부터 이야기하고, 아이가 오줌
싸는 문제를 해결하면 훨씬 더 편해진다는 점을 납득시킨 후, 아이
의 문제 극복 의지를 격려했다. 이 방법은 결과부터 접근하여 자신
이 한 일의 의미를 이해하고, 이를 기점으로 거꾸로 거슬러가며 자
신의 행동을 처음부터 개선해 갈 수 있어서 아이의 나쁜 습관 교정
에 매우 효과적이다.

따라서 아이를 교육할 때 역발상 연습뿐 아니라 역발상을 적용한
교육방법을 활용해야 한다. 각 분야를 어우르며 능력을 동원한다
면 아이가 생각하는 즐거움을 느끼고 사고력도 더욱 활발해질 것
이다.

지능게임,
눈빛 마술을 펼쳐라

　　　　　　세계적인 작가 막심 고리키Maxim Gorky 는 "놀이는 아이가 세상을 인지하고, 세상을 변화시키는 통로다."라고 말했다. 물론 놀이에도 여러 유형이 있는데 여기에서는 주로 지능게임을 논하고자 한다.

　아이에게 지능게임은 일종의 학습이고 중요한 교육형태다. 심리학자들은 아이의 창의력에 대해 '과거의 경험을 기억하고, 경험을 취사선택하여 새로운 방식, 새로운 사고, 새로운 것으로 재생산 및 가공하는 능력'이라고 묘사했다. 게임을 통한 교육은 아이가 직접 체험과 도전을 통해 즐거우면서도 과학적으로 인식하도록 해준다. 또한 사고력과 지능을 높여준다. 게임으로 지능개발에 대한 아이의 적극성을 극대화하는 이 방법은 아이의 본능과도 가장 부합한다.

여기에서는 저연령대 어린이를 대상으로 하는 간단한 지능게임 두 가지를 소개하고자 한다. 이를 참고하여 적절하게 적용해보도록 하자.

게임 1 : 물건 사기

아이가 잘 알고 있는 물건을 '팔아야 할 물건'으로 설정하자. 해당 물건을 한 줄로 세워놓고 아이는 판매원, 부모는 고객으로 역할놀이를 한다. 물건을 살 때 부모는 상품이름을 직접 말하는 대신 묘사하여야 한다. 예를 들어, 풍선을 사고 싶다면 "저는 납작하지만 공기를 불어 넣으면 커지는 물건을 사고 싶어요."라고 말하는 방식이다. 그러면 아이는 그 물건이 무엇인지 생각한 뒤 내어주고, 그에 따른 물건값을 계산하면 된다. 계산할 때도 아이가 먼저 얼마인지 말하도록 하자. 만약 아직 돈의 개념을 모른다면 동전 몇 개를 주고받아야 하는지 정도로 진행할 수 있다.

아이가 집 안의 물건을 알 수 있을 만큼 자라면 물건을 펼쳐놓지 말고 어떤 상품인지 말로 묘사할 수 있다. 물론 이 게임 역시 어린 연령대에 적합하다.

게임 2 : 동작 따라 하기

날씨가 좋다면 아이와 함께 야외에서 동작 따라 하기 게임을 해보자. 아이에게 동물이나 로봇의 동작을 모방하도록 해보자. 부모도 동참하여 함께 할 수 있다.

이 게임은 주로 아이의 모방 능력과 상상력, 동작의 연계성을 훈련할 수 있는 종합게임으로 큰 아이들도 좋아하는 놀이다.

물론 어른들 눈에는 이 두 게임이 너무 단순하고 무료할 수 있겠지만 적합한 연령대의 아이들에게는 충분히 흥미 있는 게임이며 관련 능력을 키울 수 있다. 한 가지 문제를 언급하고자 하는데, 이이의 지능 개발 훈련을 진행할 때 너무 조급해하지 말고 아이의 실제 상태에 맞추어 단계별로 나아가야 한다. 이런 원칙을 어기면 오히려 역효과를 낼 수 있다.

모든 단계마다 아이들은 각자의 성장 범위가 있다. 부모는 지능개발을 할 때 아이의 두뇌발달에 따라 매 단계의 특징에 맞춰 훈련해야 하며, 두뇌 발육 단계에 따라 각 시기의 발전 포인트를 파악하여 아이의 지능과 잠재력을 높이는 환경과 조건을 만들어 줘야 한다. 또한 지능의 자극과 교육만큼 아이의 선한 성품과 착한 행동을 키워주는 것도 중요하게 생각해야 한다. 부모의 생각만 고집하여 아이의 두뇌 발육과 관련된 객관적 조건을 무시해서는 안 된다.

아이의 개인별 특징에 따라 그에 맞는 교육법이 아닌, 부모의 흥미와 취미를 강요해서는 안 된다. 뒤처진 아이들도 그 아이만의 특기를 발굴하여 흥미를 자극하고 자신감을 키워줌으로써 발전 속도를 올려주어야 한다. 일률적으로 지능개발과 관련된 일반화된 방법을 맹신하지 말고 아이의 현재 상황이 어떠한지 더 깊이 분석해야 한다.

아이가 받아들이는 양은 제한적이다. 따라서 과도한 공급은 소화도 못 시킬 뿐더러 교육에 대한 두려움만 심어주어 과유불급의 상태에 빠진다. 지능개발의 훈련과 진행과정에서 아이와 더 많이 소

통하고, 아이의 생각을 이해하며 일방적인 계획이 아닌 아이에 맞
춘 합리적 계획을 만들어야 한다.

결론적으로 적합한 원칙을 지키는 선에서 게임 방식을 결합하여
아이의 지능개발 교육을 진행하는 것이 아이의 사고력 훈련에 큰
도움이 된다. 단 방식과 방법에 주의를 기울이지 않으면 역효과를
부른다는 것도 유념해야 한다.

창의력 훈련

호두를 까는
다른 방법은 없나?

프리드리히 엥겔스Friedrich Engels는 "사고 정신은 인류의 가장 아름다운 꽃"이라고 말했다.

어쩌면 우리는 무거운 업무에 짓눌려 피곤함에 생각하는 것조차 힘겨울지도 모른다. 하지만 아이는 사고력이 폭발하는 시기이기 때문에 더 많이 생각하도록 부모가 인도해야 한다. 일상생활에서 아이가 다각도로 사고하고 분석할 수 있는 습관을 길러주면 정형화된 틀 안에 갇히지 않을 수 있다. 문제에 대한 다각도 접근이야말로 발산적 사고를 위한 좋은 훈련법이다.

이런 다각도 접근법은 일상 속에서도 쉽게 지도할 수 있다. 종이에 글씨를 쓰는 것 말고 무엇을 할 수 있는지, 의자는 앉는 용도 말고는 다른 사용법이 있는지 등 소소한 것부터 아이의 다양한 사고를 유도하고, 질문과 답을 주고받으며 사물과 현상을 좀 더 깊이 있게 바라보도록 하자.

발산적 사고는 과학자들이 중요하게 생각하는 사유법이다. 과학자 칼 루드비히 하딩Karl Ludwig Harding 은 "창조적인 사상가는 모두 환상가다. 그리고 환상은 사고의 발산을 통해 나온다."라고 했다. 사실 사고의 발산은 기존 지식의 틀에서 벗어나 하나의 점에서 출발하여 다방면, 다각도로 사고를 펼쳐가는 방식이다. 이를 통해 지식과 관념의 재조합을 이루고 더 많이, 더 새롭게, 더 가능한 답이나 해결방안을 찾는다.

일상에서도 쉽게 아이의 발산적사고 훈련을 진행할 수 있다. 우리 주변에 많은 것들이 다양한 속성과 기능을 가진 좋은 교육 자료이기 때문에 부모에게는 아이 교육을, 아이에게는 발산적 사고의 즐거움을 느끼도록 할 수 있다.

예를 들어 커튼의 용도를 통해 발산적 사고를 훈련할 수 있다. 커튼은 햇빛을 가려주고, 야외에서는 식탁보로도 쓸 수 있고, 긴급한 상황에서 길게 엮으면 생명의 끈이 되고, 침대를 덮어 먼지를 막아주고, 옷으로도 수선할 수 있다.

또는 부모님이 집에 안 계실 경우 어떻게 밥을 먹을까? 스스로 밥을 짓거나, 밖에서 사먹거나, 부모님에게 전화해서 물어보거나, 이웃집에서 먹는 등 여러 방안을 생각할 수 있다.

집이 좁다면 어떤 방법으로 최대한의 공간절약을 할 수 있을까? 거울을 설치하여 시야를 넓히거나, 수납이 가능한 침대를 놓거나, 옷장이나 수납장으로 공간분리를 하는 방법을 생각할 수 있다.

이런 식으로 다양하게 사고를 자극하면 아이의 생활능력과 생활의 지혜도 쌓이고, 더 폭넓은 사고를 통해 의외의 발견과 수확을 얻을지도 모른다.

일상 속 발산적 사고 훈련을 했다면, 동일한 방식으로 학습과정에 적용하여 문제풀이에 다각적 사고방식으로 접근할 수 있다. 예를 들어 한 가지 방식으로만 수학문제를 푼다면 칭찬에 앞서 문제해결을 위한 다른 접근법이 없는지 독려해보자. 수학문제를 일상생활에 대입하여 제시할 수도 있다. 어른이 보기에는 간단해 보이는 문제일지라도 아이에게 조금 더 여유를 주고 기다리거나, 아니면 조금씩 도와주며 더 많은 생각을 유도해보자.

집에 50명의 손님을 초대한다고 가정해보고, '식탁마다 최대 9명만 앉을 수 있다면 손님배치는 어떻게 해야 할까?'와 같은 문제를 주어 아이에게 답을 찾도록 해보자. 아이가 답을 찾았다면 다른 방법은 없는지 다시 생각해보도록 할 수 있다. 아이의 깊은 고민을 최대한 부모가 함께 해주는 것이 중요하다. 이런 상호 협력 속에서 아이는 가정의 소속감과 부모의 애정을 느끼게 된다. 또한 문제를 풀고 난 뒤에는 높아진 자신감으로 수학에 대해 더 많은 흥미를 느낄 수 있다.

앞에 소개한 것과 비슷한 방법은 얼마든지 있고, 조금만 주의를 기울인다면 쉽게 찾아낼 수 있다. 몇 차례의 훈련을 거치면 아이의 사고력도 좋아지고 피곤함에 지쳐 있던 부모의 사고 활동 역시 함께 열정적으로 변하게 될 것이다.

과학서적으로
어린이 발명가 되기

　　　　　　　　과학계에 대한 아인슈타인의 공헌은 말로 다 표현할 수 없다. 그는 어린 시절부터 성공한 과학자의 길을 걷는 동안, 그리고 최고의 과학자가 되어 사람들에게 새로운 세상을 열어줄 때까지 과학서적의 탐독자였다. 그는 과학이 인류에 미치는 영향에 대해 이렇게 말했다. "과학이 인류의 삶에 미치는 영향은 크게 두 가지 방향이다. 첫 번째는 우리가 익히 알고 있듯 인류의 삶을 직접적, 간접적으로 바꾸어 놓을 무엇인가가 발명되는 것이다. 두 번째는 교육적 측면으로 우리의 마음에 끼치는 영향이다." 아인슈타인의 성공 기반은 어린 시절부터 과학서적을 읽으며 키워나간 과학에 대한 깊은 관심이었다.

　　자신의 자녀가 과학 분야에 관심이 없다고 생각하는 부모들이 있는데, 실제로는 아이에게 과학교육을 하지 않은 경우가 많다. 관련 연구에 따르면 많은 아이가 초등학교 3학년 때쯤 과학에 대한 흥미가 줄어든다고 한다. 따라서 과학교육은 5세부터 시작하여 12세 사이의 아동에게 지속적으로 진행해야 한다. 또한 생동감 없는 무미건조한 과학교육 또한 아이의 흥미를 잃게 할 수 있으니 유의해야 한다. 그렇다면 아이의 과학교육은 어떻게 진행해야 할까?

과학 이야기, 과학영화를 자주 접하게 해라

'즐거움'을 추구하는 것은 아이의 천성이다. 따라서 과학 교육을 시킨다고 이론부터 시작하면 안 된다. 간단하고 가볍게 과학을 접하면서 시작해야 한다. 이야기를 들려주거나 과학 소재 영화를 보여주는 방법을 활용해보자.

해양세계에 대한 교육을 예로 들어보자. 문어 같은 물속 생물부터 시작할 수 있다. "문어는 큰 머리와 8개의 긴 다리를 가지고 있어." 아이가 문어의 긴 다리에 호기심을 느낀다면 관련 그림책을 함께 보며 궁금증을 풀어주자.

문어에 대한 공부가 끝났으면 불가사리, 성게 등으로 확장하여 다양한 해양생물과 해양과학에 더 깊이 접근할 수 있다. 아이와 함께《신비의 바다Deep Sea》와 같은 애니메이션을 보며 시각적 자극을 통해 해양관련 지식에 대해 더 깊은 흥미를 끌어올리자.

자연 속에서 진정한 '과학'을 느껴라

휴일에 아이와 자연 속에서 노닐며 진정한 '과학'을 체험해보자.

개미가 이사하는 모습, 거미가 실을 뽑아 먹이를 잡는 모습을 살펴보고, 다양한 식물을 알아가면서 아이가 던지는 '왜'라는 질문에 차분히 답해주자. 자연에 대한 아이의 흥미를 자극하며 부모도 아이에게 질문을 던져 독립적 사고를 유도하자. 이런 방법을 통해 아이의 관찰력도 좋아지고, 관찰 대상이 자연현상에서 사회와 일상으로 자연스럽게 확장될 수 있다. 이해하기 어려운 문제에 부딪히면 별도로 체크한 다음 자료를 찾아 스스로 답을 알아보게 하여 발명가로서의 잠재적 소질을 깨워보자.

■■■■ 루이스의 부모는 항상 자연을 만끽할 수 있는 곳으로 아이를 데려가 과학을 체험하도록 했다. 어느 날, 함께 가던 중 차가 고장 나자 아버지는 루이스에게 차를 수리하는 모습을 보여주며 관련 장비도 만져보도록 했다. 그날 이후 꼬마 정비사가 된 루이스는 너무 복잡한 자동차 대신 집안의 알람시계, 라디오 등 작은 물건을 분해하고 조립하기 시작했다.

그러던 어느 날, 루이스는 집 에어컨 본체에서 물이 계속 새어 나와 식구들이 불편해한다는 사실을 알게 되자 평소에 관찰했던 여러 수리 방법을 종합하고 여러 각도로 예상해보고 테스트해 본 뒤 나름대로 '에어컨 누수 문제에 대한 4가지 방법'을 고안해냈다.

이렇게 과학 상식은 아이의 시야를 넓혀줄 뿐 아니라 창조적 발명으로 이끌어 주기 때문에 아이의 성장에 매우 중요하다.

과학에 가까이 다가가자

과학에 대한 아이의 열정을 키우고 싶다면 과학과 관련 있는 장소에 자주 가자. 아이와 자주 여행하면서 자연에 대한 애정과 만물에 대한 흥미를 키워주도록 하자. 엑스포, 과학관, 박물관, 미술관 등 지식정보가 집결되어 있는 곳에서 즐거움과 지식을 함께 만끽하게 해주어야 한다.

이 외에도 과학경진대회에 참여함으로써 아이의 사고능력의 개발과 발명에 대한 흥미를 높이면 '어린이 발명가'로서의 면모를 드러낼지도 모른다.

과학 지식은 아이의 시야 확장과 흥미자극 모두에 중요한 역할을 한다. 따라서 지금부터라도 과학교육을 시작해 우리 아이의 소질을 개발해보자.

DAY 10

특별 당부

집중력이 부족한 아이의 성장, 부모가 도와야 한다

획일적인 교육방법을 그대로 적용하거나 극단적인 방법이 아닌, 우리 아이의 성향과 유형에 따라 그에 맞는 교육방법을 적용해야 한다. 아이는 아주 소소한 부분까지 부모에 대한 이미지로 기억한다. 집중력이 부족한 아이를 향한 부모의 고민과 우려를 이해 못 하는 바는 아니지만, 아이가 필요로 하는 것은 훈계나 과도한 잔소리가 아닌 부모의 올바른 도움이다.

부모의 일거수일투족이 아이의 행동, 습관, 인품, 소양 등에 미치는 영향은 매우 크다. 엄마 뱃속에서부터 서로 감정과 생각을 교감하고, 세상에 나와서는 가족이라는 관계하에서 뗄 수 없는 사이가 된다. 아이의 눈동자는 카메라와 같아서 한 번 깜박일 때마다 눈앞의 모든 장면을 빠짐없이 기록하고 분류하여 저장한다. 아이의 귀는 24시간 작동하는 슈퍼 녹음기와 같아 귀로 들리는 모든 내용을 마음에 담는다. 이처럼 어른의 언행은 아이에게 매 순간 살아 있는 교재이자, 모방의 대상이 된다. 그래서 아이는 특별한 가르침이 아니어도 자연스럽게 배운다.

솔선수범,
부모는 아이의 거울

━━━ 잭의 가족은 아빠, 엄마, 형까지 모두 4명으로 미국의 평범한 가정이다.

어느 날, 온 가족이 농장에서 일하고 있는데 갑자기 비가 쏟아질 듯 구름이 몰려들었다. 비옷이 한 벌밖에 없다는 사실을 알고, 아빠는 엄마에게 덮어주었다. 엄마는 다시 비옷을 벗어 형에게 덮어주었고, 형은 동생 잭에서 벗어주었다.

이 과정을 지켜보던 잭은 의아한 듯 아빠에게 물었다. "그런데 왜 자꾸 비옷을 벗어요?"

"왜냐하면 아빠는 엄마보다 튼튼하니까 비옷을 엄마에게 주었고, 엄마는 형보다 튼튼하니까 형에게 비옷을 주었고, 형은 너보다 튼튼하니까 너에게 덮어준 거란다. 우리 모두 자기보다 약한 사람을 보호해야 할 의무가 있거든."

아빠의 말을 들은 잭은 비옷을 벗고 어디론가 뛰어가더니 작은 들꽃 위에 비옷을 덮어주었다. 부모와 형의 단순한 말과 행동으로 잭은 사랑하는 마음과 선한 행농을 배웠다. 이처럼 부모의 언행은 부지불식간에 자녀에게 영향을 미친다.

하버드대의 학부모들은 아이가 부모의 거울이라는 사실을 모두 인지하고 있다. 종종 부모를 존경하라고 가르치면서 정작 자신은 노인을 공경하지 않거나, 열심히 공부하라고 아이를 타이르면서 자신은 도박에 빠져 있는 부모가 있다. 타인은 존중하라고 하면서 부모는 아이 앞에서 선생님이나 다른 사람을 험담하는 경우도 있고, 집중하라고 강요하면서 자신은 대충 일을 처리하거나, 자신의 꿈을 키우고 지키라고 하면서 정작 자신은 꿈보다 나태함을 택하는 모습도 자주 볼 수 있다. 이런 부모가 어떻게 아이를 설득하고 신뢰를 얻을 수 있을까? 교육에 앞서 모범적인 부모의 모습을 보여주기 위해 고민해야 한다.

다음의 이야기를 살펴보자.

■■■■ 아빠와 딸이 함께 오후에 서재에서 각자 자신의 일과 공부를 하기로 약속했다. 서재에서 각자의 일을 시작하고 얼마 지나지 않아 딸은 가만히 앉아 있지 못하고 이리저리 몸을 꼬고, 사탕을 먹었다가 펜을 굴렸다 산만하게 행동했다. 반면 아빠는 흐트러짐 없이 자신의 일에 집중했다. 아빠의 모습을 보고 깨달은 바가 있었는지, 딸은 열심

히 공부하기 시작했고, 두 부녀는 오후 내내 자신의 일에 집중할 수 있었다.

집중하는 아빠의 모습을 그대로 따라 하는 이 모습은 얼마나 훈훈한 광경일까? 부모가 잘하면 자녀도 당연히 잘할 수밖에 없다. 어린아이들은 백지와 같아서 무엇과 만나느냐에 따라 물드는 색깔도 다르다. 하지만 한 번 색이 칠해지면 바꾸기 쉽지 않다.

습관은 평생 영향을 미치기 때문에 좋은 습관이 좋은 인생을 만든다. 아이가 좋은 습관을 가지려면 부모가 먼저 모범을 보여야 한다. 생각해보자. 자신의 일에 인내심 없는 부모가 어떻게 자녀에게 인내심을 키워줄 수 있으며, 시간개념이 없는 부모가 어떻게 아이에게 시간을 잘 지키는 습관을 길러줄 수 있겠는가? 또한 자신의 일에 소홀한 부모가 어떻게 아이에게 최선을 다하라고 요구할 수 있겠는가?

결국 부모의 행동이 아이의 가장 귀한 교육 자료가 된다. 쉽게 넘길 수 있는 우리의 말과 행동 하나하나가 아이의 마음속에 기록되었다가 어느 순간 표출된다. 그러니 더더욱 아이 앞에서 자신의 언행을 삼가고 조심해야 한다.

만약 매사 집중하고 인내심을 갖고 모든 일에 최선을 다하는 아이로 키우고 싶다면 내가 현재 집중을 잘하는지, 인내심은 좋은지, 맡은 일에 최선은 다하는지 되돌아보자. 그리고 행동하기 전에 이것이 우리 아이에게 어떤 영향을 미치게 될지 생각해보자. 자신의 언행에 부주의한 순간 아이는 그 찰나를 배우게 된다.

레닌Lenin', Vladimir Il'Ich의 부인 크루프스카야Nadezhda Konstantinovna Krupskaya가 말한 "가정교육이란 부모 스스로에 대한 교육이다."라는 말의 의미를 깊이 이해해보자.

잠재력의
날개를 펼쳐라

6세 전에 아이의 잠재력을 발견하고 키워준다면 아이는 평범함을 넘어 더 많은 만족감과 성취를 얻을 수 있다. 6세 이하의 아이들 대부분이 가정에서 보내는 시간이 많다는 사실을 인지한다면, 부모가 최대한 아이의 잠재력을 조기에 발견하고 마음껏 꽃피우도록 관찰하고 주의를 기울여야 한다.

━━━ 윌슨은 아이가 깨닫지 못한 잠재력을 발굴해 주기 위해 노력했다. 그런데 딸 제니는 내성적이고 순한 성향으로 집에서 매일 책만 보고 바이올린만 연습했다. 윌슨은 딸의 취약점에 대해 조금씩 걱정되기 시작했다. 그래서 아이의 사회적 성향을 발굴하기 위해 딸의 생활을 좀 더 다채롭고 풍부하게 만들고자 고심했다. 각종 활동에 딸과

동행하고 사람들 앞에서 바이올린을 연주하도록 격려하며 숨어 있는
사회성과 표현능력을 끌어내기 위해 훈련했다.

우리도 윌슨처럼 관찰을 통해 아이의 부족한 면을 찾아 발굴하여
보완될 수 있도록 해야 한다. 다른 한편으로 아이가 어떤 면에서 뛰
어난지, 다른 사람보다 무엇을 잘하는지 파악한 뒤 이 재능을 중점
적으로 발전시킨다면 최대한의 잠재력을 발휘할 수 있다. 이 과정
에서 가장 중요한 핵심은 바로 '관찰'이다. 다음의 사례를 다시 살
펴보자.

━━━ 줄리아의 엄마는 딸이 누가 가르쳐 주지 않았음에도 듣는 감
각을 이용해 생일축하곡과 같은 간단한 피아노곡을 연주할 수 있다
는 사실을 발견했다. 더욱 놀라운 점은 다른 사람보다 음감이 뛰어나
본인이 틀린 부분을 스스로 느끼고 고친다는 것이었다.
잭의 아버지는 아들이 아무렇게나 그린 그림을 보고 아들에게 뛰어
난 구도감과 색감뿐 아니라 아들이 그림에 대해 강한 흥미를 느끼고
집중한다는 점을 알게 되었다.
앤의 유치원 선생은 앤의 표현력과 표정이 매우 풍부하여 가끔 다른
사람을 따라 하는 모습을 보여주고 창의적으로 바꾸기까지 한다고
엄마에게 이야기해주었다.

이런 상황이 우리 아이에게도 펼쳐진다면 절대로 간과하지 말아
야 한다. 아이가 어떤 방면에서 다른 사람보다 뛰어난 재능을 가지

고 있다는 의미일 수 있다.

　이렇게 말하면 어쩌다 한 번 있는 우연이라고 여길 수도 있지만, 잠재력이 어떻게 표출되는지는 부모도 알지 못한다. 그렇다면 어떻게 관찰해야 아이의 잠재력을 알아볼 수 있을까?

아이의 주의력을 관찰해라

　아이가 어떤 일을 할 때 또래 아이보다 더 오래 견디는지 살펴보자. 예를 들어 어떤 TV 프로그램을 집중해서 보는지, 어떤 이야기를 들을 때 온전히 집중하고 산만해지지 않는지 보자.

아이의 기억력을 관찰해라

　아이에게 노래나 글자, 산수를 가르칠 때 얼마나 빨리 배우는지 관찰하자.

아이의 언어능력을 관찰해라

　아이가 다른 아이보다 빨리 말을 시작하고, 단어에 따른 미묘한 차이를 스스로 구분하여 정확한 의미를 표현하는지 관찰해라. 혹은 '그러나', '예를 들어' 등과 같이 추상적인 단어를 상대적으로 더 빨리 학습하거나 스스로 이야기를 만들어 낼 수 있는지 살펴보자.

아이의 공간감각력을 관찰해라

　아이가 외출할 때 길을 잘 찾는지, 나무블록 쌓기를 좋아하는지, 평면과 입체 도형을 빨리 식별할 수 있는지, 퍼즐 게임을 잘하는지 관찰해라.

아이의 시간안배능력을 관찰해라

시간을 표현하는 어휘구사가 또래 아이보다 빠른지, 또는 시간과 순서에 따른 표현을 또래보다 더 빨리 배우는지 관찰해라.

천부적인 운동신경이 있는지 관찰해라

아이의 움직임이 유기적인지, 동작의 평형감각이 좋은지, 춤 동작을 빨리 배우는지, 또래 아이보다 펜을 잡고 글자를 쓰는 속도가 빠른지 관찰해라.

아이의 추상적 사고를 관찰해라

아이가 논리적인지, 수학과 추리 문제를 쉽게 받아들이는지 관찰해라.

아이의 사회성을 관찰해라

아이가 낯선 환경에서도 거부감 없이 또래 아이들과 사이좋게 잘 지내며 다른 사람과의 교류를 좋아하는지 관찰해라. 리더십이 있어 모두가 함께 어울려 놀도록 이끌거나 문제에 직면했을 때 상황에 따라 해결 방법을 빨리 생각해 내는지 살펴보자. 또는 우리 아이를 싫어하는 사람이 거의 없고, 열정적이고 명랑하여 사람들과 어울리기 좋아하는지 관찰하자.

하버드대의 우수한 학생들이 다른 사람보다 더 성공할 수 있었던 이유는 그 부모가 아이의 재능을 제때 발견하여 그 분야에서 더 뛰어날 수 있도록 만들어 주었기 때문이다.

아이의 잠재력 발굴을 위해 아이 스스로 드러낼 때까지 기다리지 말고 의지를 갖고 주도적으로 해야 한다. 잠재력을 발견했다고 내버려 두어서도 안 된다. 아이와 함께 잠재력이 알아서 자라지 않기 때문에 그에 맞는 환경과 조건을 제공하여 아이를 가르쳐야 인재로 발돋움할 수 있다.

국을 끓이기 위해 불 조절 하듯
교육해야 한다

어느 하버드대 학생의 어머니가 자신의 자녀교육 경험을 공유한 적이 있다. 그녀는 "밥을 짓고 국을 끓여본 사람이라면 아마 다 이해하실 겁니다. 맛있는 밥과 국을 만들려면 적당하게 불의 세기를 조절해야 하지요. 약한 불을 써야 할 때 센 불을 쓰면 요리가 너무 익어버리거나 타버리고, 반대로 센 불을 써야 할 때 약한 불을 쓰면 재료 속 영양이 유실되고 잘 익힐 수 없으니까요. 요리에 맞는 불을 사용하고, 순서에 맞게 요리해야 더 맛있고 향긋한 밥이 만들어지고, 신선하면서도 얼큰한 국을 끓일 수 있습니다."

자녀교육도 마찬가지다. 아이의 성향에 따라 취해야 하는 교육방법과 태도 모두 달라져야 한다. 획일적으로 모두가 동일한 방법을 취할 수는 없다. 다른 부모가 그들의 자녀를 성공적으로 교육시켰다고 그 방법을 우리 아이에게 적용한들 소용없거나 오히려 부작용을 초래할 수 있다. 나의 아이와 다른 사람의 아이는 각기 다른 습관과 개성, 사고방식과 성장환경을 가지고 있기 때문이다. 따라서 우리 아이에게 더 많이 신경 쓰고, 관찰하고, 소통하고, 인내하는 것이 가장 중요하다.

비록 구체적이고 상세한 교육방법을 그대로 우리 아이 교육에 따라 할 수는 없지만, 전체적으로 보면 아이를 크게 몇 가지 유형으로 분류할 수 있고 그 유형에 따라 교육의 원칙과 방향을 적용할 수 있다. 다음의 몇 가지 방법을 참고하여 우리 아이가 어떤 유형에 속하는지 먼저 살펴보자.

활발하고 충동적이며 말과 행동을 좋아하는 아이

이런 유형의 아이는 일반적으로 열정적이고, 활발하고, 민첩하며 에너지가 충만하여 환경적응력이 뛰어나다. 사람들과 어울리기 좋아하여 확실하게 외향적인 성향을 보인다. 감정의 영향을 많이 받지만 심각하게 받아들이지 않고, 흥미는 많지만 안정적이지는 않다. 감정 반응이 빠른 만큼 확고하지도 않다. 전체적으로 이런 유형의 아이는 활발한 사고와 영민한 반응, 높은 자기표현 욕구를 가지고 있고 사교성도 좋다. 하지만 자기 통제력이 약하고 인내심이 부족한 경향을 보인다.

따라서 이 유형의 아이와 대화할 때는 말투와 속도를 최대한 차분하고 느리게 하여 아이가 조급해지지 않고 천천히 심사숙고하도록 지도해야 한다. 충동적인 생각으로 잘못을 저지르는 이야기를 들려주어 교훈으로 삼도록 해야 하고, 혹여 아이가 실수를 했다면 사람들 앞에서 혼내지 말고 나중에 부드럽게 타이르며 사실을 일깨워주어 아이의 이성적 통제력을 키워주어야 한다. 만약 부모가 과격한 언행으로 아이를 가르친다면 아이의 예민한 신경을 자극하여 취약한 부분이 더 심화되어 올바른 성장을 방해할 수 있다.

온화하고 말 잘 듣는 참한 아이

일반적으로 이런 유형의 아이는 비교적 자존심이 강하고 또래에 비해 상대적으로 자기 주관이 뚜렷하여 조리 있고 진지하게 일을 처리한다. 침착하고 조용하고 말없이 자신의 일을 하고, 자기 통제력이 뛰어나 인내심이 강하지만 그만큼 융통성이 부족하다. 그리고 안정적인 정서이나 내성적인 성향이 강하다. 또한 체면을 중요시하여 자칫 '위축되는' 모습을 보이기도 한다. 자존심이 강한 유형이기 때문에 실수를 해도 그 자리에서 혼내면 안 된다.

이런 유형의 아이는 속도와 효율성에 초점을 맞춰 훈련하고, 아이의 흥미를 광범위하게 키워야 한다. 근면성실하고 인내심과 이성적이라는 장점을 유지하되 적극적이고 열정적인 태도를 갖도록 격려해야 한다. 일상생활과 학업에서 시합과 같은 활동에 참여하도록 하여 효율적인 시간개념을 키워주어야 한다. 또한 자연과 사회 방면으로 광범위하게 접하도록 하여 풍부한 오감체험을 통해 열정과 적극성을 끌어 올려야 한다. 이런 유형의 아이가 실제 교육과 훈련, 체험을 경험하면 점점 활발해지고 밝은 성격을 가질 수 있고 본래 가지고 있던 장점도 점점 더 극대화할 수 있다.

까탈스럽고, 소심하고, 우울한 아이

이런 유형의 아이는 정서적으로 예민하고 아주 사소한 일에도 쉽게 마음이 흔들린다. 반응도와 주도력이 비교적 약하기 때문에 함께 무엇인가를 할 때에도 내성적이고 융통성이 없다. 행동에 대한 반응이 느리기 때문에 관계형성도 쉽지 않아 다소 사회성이 떨어지고 열등감을 잘 느낀다. 새로운 환경에 대한 두려움과 불안함을 느껴 익숙한 환경에서 조용하게 생활하고 싶어 하고, 긴장되거나 압박이 큰 상황에서는 쉽게 피로함을 느낀다.

이런 유형의 아이는 칭찬요법으로 아이의 마음을 연 다음, 다른 사람과의 교제를 하거나 공공장소에서 말할 수 있는 기회를 마련해 주어야 한다. 단체 활동과 교제 등 외향적인 방식으로 아이가 마음을 터놓을 수 있도록 하여 점차 담력을 키우는 훈련을 진행해야 한다. 또한 낙관적인 자세로 교육하여 온순함, 세밀함, 풍부한 동정심, 총명함 등 아이의 장점을 극대화 하고 열등감, 소심함, 비겁함, 괴팍함, 우유부담한 등과 같은 단점을 쉽게 극복하게 해야 한다.

그리고 일생생활에서 아이의 장점이나 성취를 발견하면 바로 칭찬해야 한다. 조건이 허락된다면 각종 교제활동에 참여하도록 하고, 집에서도 스스로 가사의 일부분을 책임지도록 하며, 특히 아이 혼자 밖에서 일을 처리하도록 기회를 제공하여 강인한 의지를 키워주어야 한다. 부모는 격려와 행동, 칭찬으로 성공의 즐거움을 만끽하게 해주고, 이를 통해 아이가 자신감과 용기를 갖도록 해야 한다.

　　물론 이런 분류방식은 매우 대략적이긴 하지만 이 안에서 우리 아이의 유형을 파악하고 이에 상응하는 교육방법을 선택해 불 조절을 하듯 아이 교육의 가장 좋은 불의 세기를 찾아보자.

아이의 성격을 진단하여
사례분석을 해라

　　　　　　　　사람과 사물에 대한 태도와 행동방식에
서 나타나는 심리적 특징을 성격이라고 한다. 가령 용감하거나, 강
직하거나, 유약하거나, 난폭하다는 말로 성격을 표현할 수 있다. 모
든 사람마다 각기 자신만의 성격을 가지고 있기 때문에 사회, 단체,
개인에 대한 표출방식 또한 각기 다른 모습을 보인다. 모든 교육가
들이 아이의 성격과 교육의 관계성에 관심을 갖는 이유는 성격에
따라 교육방식도 달라져야 하기 때문이다.

　아이마다 성격이 다른 만큼 부모는 그에 맞는 교육방침을 세워야
아이의 숨어 있는 장점까지 찾아낼 수 있다. 그렇다면 성격과 교육
의 관계를 어떻게 설정해야 할까?

명랑하고 활발하며 활동성과 사회성이 높은 아이 : 지나친 애정은 금물

이런 성격의 아이는 시고력도 활발하고 민첩한 반응도를 보이며 자기표현력과 사회성이 높을 뿐 아니라 언어표현력도 매우 뛰어나다. 반면 자기통제력이 약하고 상대적으로 인내심이 부족한 경향도 있다. 우리 아이의 성격이 이와 같다면 지나친 애정보다는 높고 엄격한 기준으로 적절히 행동을 통제하고, 한 가지 일을 시작하면 끝을 맺도록 도와주어야 한다.

부끄러움이 많은 아이 : 조급해하지 말자

부끄러움이 많은 아이는 비교적 안정적인 성품을 가지고 있어서 실수를 잘 하지 않는다. 집중력이 높고 말을 잘 듣지만 친구들과의 교제를 힘들어하거나 자기표현 욕구가 낮으며, 자신의 생각을 잘 밝히려 하지 않는다. 우리 아이의 성격이 이와 같다면 아이의 행동에 조바심 내며 급급해 하지 말기 바란다. 이런 아이들은 어느 정도 시간이 지나 편안한 분위기가 조성되어야 새로운 환경이나 사물에 적응한다. 온순한 성격이지만 다소 적응 속도가 느리기 때문에 부모가 활발함을 강요하면 오히려 심리적 불안감을 느끼고 자신감이 떨어져 제자리에서 맴돌게 된다.

순종적인 아이 : 과도한 요구를 자제해라

순종적인 아이는 활발하지 않지만 그렇다고 부끄러움이 많은 것은 아니다. 표면적으로는 항상 기분이 좋고 매일 즐겁게 생활하는 것처럼 보인다. 이런 성격의 아이들은 불만이 있어도 큰 소리로 표출하는 경우가 거의 없기에 부모가 높은 기준의 요구를 제시하며 아이에게 강요하는 경우가 발생한다. 따라서 속으로만 스트레스가 쌓여 재능발휘에 도움이 되지 않기 때문에 결과적으로 좋지 않은 결과를 낳는다.

문제형 아이 : 과중한 책임을 피해라

언제나 부모의 속을 끓이는 유형으로 아침부터 저녁까지 차분한 순간이 거의 없다. 이런 성격으로 계속 자란다면 남을 배려하지 않거나, 공부에 관심도 없고, 친구들과 자주 다투며 인터넷에 중독되는 등 더 큰 문제를 보일 수 있다. 이런 유형의 아이에게 가장 좋은 교육방법은 많은 대화를 통해 문제점을 정면으로 깨뜨려야 한다. 자신의 문제를 어떻게 극복할 수 있는지 알려주면서 어릴 때부터 해야 할 일과 해서는 안 되는 일을 제대로 구별하도록 해야 한다.

성실한 아이 : 꾸짖지 말자

성실한 아이 중 간혹 자신감이 부족하여 결정을 앞두고 너무 깊이 고민하는 경우가 있다. 자신의 선택에 의심이 들고 확신이 없기 때문에 결정 직전에 초초함과 심란함을 느끼곤 한다. 따라서 부모는 아이의 이런 감정을 제대로 캐치하여 적극적인 격려로 자신감을 세워주고, 아이가 담대하게 행동하도록 응원해야 한다.

까탈스럽고 제멋대로인 아이 : 무턱대고 혼내지 말자

이런 성격의 아이는 적응력이 강하고 때로는 당돌하게 말하고 행동한다. 창의성과 개성이 풍부하나 의협심도 너무 높아 종종 문제를 일으키고 또래와 사이좋게 지내지 못하기도 한다. 규칙준수 의식도 비교적 낮은 편이다. 우리 아이의 성격이 이와 같다면 채찍과 당근을 함께 써야 한다. 타인에 대한 애정을 키워주며 친구들과 즐겁게 시간을 보낼 기회를 만들어 주어야 한다. 함께 즐기고 우정을 나누는 시간을 통해 아이가 즐거움을 느끼도록 해보자.

온화하고 말 잘 듣는 침착한 아이 : 대놓고 혼내지 말자

이런 성격의 아이는 자존심이 강하고 주관도 뚜렷하여 모든 일에 나름대로 계획을 세운다. 합리적으로 행동하고 인내심도 강하며 매사 신중하다. 하지만 자존심이 강하기 때문에 실수에 대해 대놓고 질책하면 매우 힘들어한다. 우리 아이의 성격이 이와 같다면 의외로 간단하고 즉각적인 효과를 보이는 교육방법이 있다. 많이 격려하고 칭찬하고 상대적으로 덜 꾸짖으며 아이의 행동변화를 세심히 관찰하자. 그리고 아이 스스로 새롭게 찾아낸 것을 설명하도록 하여 아이의 탐구심과 창의성을 한 단계씩 높여주어야 한다.

결국 부모는 천편일률적인 교육방법에서 벗어나 우리 아이 성격에 따른 맞춤형 교육을 진행해야 한다.

울고 떼쓰는 아이의 수법에 휘둘리지 말자

"초콜릿 사줘! 초콜릿!" 마트에서 귀엽게 생긴 여자 아이가 엄마에게 매달려 떼쓰고 있었다. 엄마가 몸을 숙여 아이에게 귓속말로 무슨 이야기를 했지만 통하지 않았는지 아이는 바닥에 앉아 더 크게 울기 시작했다. 엄마는 어쩔 수 없다는 얼굴로 머리를 저으며 아이를 데리고 초콜릿 코너로 갔다.

아이는 눈에 넣어도 아프지 않을 만큼 소중한 존재다. 아이의 우는 모습에 가슴 아프지 않을 부모는 없다. 아이의 웃는 얼굴을 볼 수만 있다면 하늘의 별이라도 따줄 수 있는 존재가 바로 부모다. 그래서 이치를 가르치고, 스스로 해야 할 일을 하게끔 하려던 교육목표 앞에서 아이의 눈물에 견디지 못하고 심리적 방어선이 무너지곤 한다. 그리고는 우는 아이의 말에 전적으로 귀를 열어 버린다.

하버드의 한 교육가는 가정에서 금기해야 하는 교육 태도로 이러한 행동을 꼽았다. 아이를 교육할 때 부모의 기준이 흔들리는 것이 가장 위험하다. 부모의 기준이 흔들린다는 것을 포착하면 아이는 부모를 두려워하지 않는다. 결국 부모로서의 권위도 점점 상실되어 이후의 아이교육도 어려워진다.

수호믈린스키는 "아이의 기쁨을 그저 부모의 기쁨으로 여기며 오래 지속하면, 아이는 자신의 행동이 절대적으로 옳다고 생각한다. 하고 싶은 대로 행동하며 제멋대로 구는 일이 심해질 수 있다. 아이에게 아무것도 요구하지 않기 때문에 아이의 욕구는 갈수록 강해지고 나쁜 행동도 서슴없이 한다."라고 했다.

아이는 종종 마음의 상처 때문이 아니라 부모의 동정과 관심을 얻기 위해 울며 떼쓴다. 또한 부모는 아이가 우느라 지치고 힘들까 봐 전전긍긍하는데, 어떤 아이는 손으로 눈물을 닦는 척하면서 몰래 부모의 반응을 살피기도 한다. 아이는 부모가 더 이상 자신을 사랑하지 않는다는 사실 외에는 두려울 일이 없다. 따라서 부모는 이를 역으로 이용해 아이의 행동에 대처해야 한다. 아이가 아무 이유 없이 울고 떼를 쓴다면 부모는 다음의 세 가지에 주의하여 행동하자.

부모의 입장과 생각을 정확하게 전달해라

만약 아이가 확실하게 아무 이유 없이 제멋대로 울고 떼쓴다면 절대 마음 약해지지 말자. 아이의 울음이라도 멈추게 하기 위해 달래지도 말아라. "그럼 계속 울어. 엄마는 우는 사람이 제일 싫어. 특히 아무 이유 없이 마음대로 울고불고 하는 아이는 더 싫어. 엄마는

우는 아이 하나도 무섭지 않다."라고 정확하게 의사를 전달하자. 그
럼 아이는 자신이 계속 울어도 소용없다고 짐작하고 점점 우는 강
도를 낮추게 된다.

마음을 굳게 먹고 우는 아이를 모른 체해라

아이가 억지로 눈물을 짜내며 울 때, 부모가 안절부절못하거나
어쩔 줄 몰라 하는 모습을 보이면 안 된다. 부모로서 해야 할 일은
하되 먼저 말을 건네지 말고 아이가 최대한 불만을 발산할 때까지
기다리자. 아이의 우는 행동은 자신이 얻고자 하는 욕구가 채워지
지 않아 감정을 표출하는 것으로 이런 감정이 완전히 발산되면 다
시 안정을 되찾는다.

어떤 엄마는 아이가 울며 "콧물 나오잖아요. 닦아주세요."라고 말
하면 휴지로 콧물만 닦아주고, 또 아이가 엄마의 관심을 끌기 위해
"눈물 닦아주세요. 휴지가 없어요."라고 말하면 휴지를 건네주었다.
하지만 이 과정에서 엄마는 아이에게 한 마디 말도 하지 않았고 결
국 아이는 "엄마 이제 다 울었어요."라고 말할 수밖에 없었다. 그제
야 엄마는 아이의 손을 잡고 함께 즐겁게 놀았다.

아이가 울음이 멈추면 그때 교육하며 소통해라

아이가 실컷 울고 나면 세수를 하거나 얼굴을 정리하게 하여 아이
의 정서가 완전히 안정과 평온함을 되찾도록 해야 한다. 그리고 나
서 함께 앉아 이야기를 나누며 아이 스스로 자신의 잘못을 알도록
해주고, 운다고 모든 일이 해결되지 않는다는 사실을 가르쳐 주자.

아이와 이런 교감을 나눌 때에는 평소보다 낮은 목소리와 진지한 어투를 사용해야 한다. 부모의 음색이 낮아지면 아이는 그 목소리에 모든 신경을 모으기 때문에 자신이 울고 떼썼던 사실을 잊고 온전히 집중하게 된다. 또한 낮은 목소리를 사용함으로써 제3자의 개입 없이 부모와 아이 둘만이 주고받는 이야기라는 점을 강조할 수 있어 아이와의 거리를 좁힐 수 있다.

우는 아이 앞에서 부모가 잊지 말아야 할 것은 절대로 아이 앞에서 흔들리지 말아야 한다는 것이다. 아이의 행동을 받아주다가 또 바뀌면 아이의 성격개선은 점점 더 어려워진다.

아이의 시선으로 자신의 잘못을 바라보게 해라

에일린의 아들 보터는 올해 14살로 중학생이다.

컴퓨터 게임에 빠진 보터는 매일 학교가 끝난 뒤 집으로 돌아오면 컴퓨터 앞에 앉아 정신없이 게임을 즐긴다. 이런 아들의 모습에 에일린은 답답했으나, 혹여 아들을 말리거나 엄하게 혼냈다가 반발심만 생길까 봐 우려되었다. 그래서 그녀는 통제하려 하지 않고 다정한 목소리로 "컴퓨터 게임 잘하는 것 보니 우리 아들 꽤 똑똑한가 보네. 그런데 컴퓨터 게임을 어떻게 프로그래밍하는지 혹시 아니?"라고 질문을 던진 후, 소프트웨어와 관련된 잡지를 사주었다.

엄마의 조심스러운 접근 덕분인지 아들은 게임 외에도 컴퓨터와 관련된 다른 부분까지 흥미를 갖기 시작했고, 점차 컴퓨터 전문가로서의 면모를 보였다.

에일린은 작은 노력으로 아이를 잘못된 길로 빠지지 않고 즐겁고 건강하게 성장하도록 했으며, 부모와 아이의 소통도 원활해졌다. 그녀의 교육방법을 통해 배울 수 있는 중요한 한 가지는 바로 아이의 잘못과 실수를 스스로 인지하도록 해주어 직접 개선하도록 하는 것이다.

이 점을 명심하여 부모의 시선이 아닌 아이의 입장에서 문제를 고민해야 한다. 또한 눈앞의 성과에 연연해하지 말고 순차적이고 점진적으로 진행해야 한다. 그렇지 않으면 아이는 도망갈 곳 없이 답답함만 느끼고 만다.

종종 아이들은 자신의 잘못이 어디에 있는지 몰라서가 아니라 단지 자신에 대한 부모의 이해와 배려가 부족하다고 여긴다. 따라서 부모가 충분한 관심과 사랑으로 아이를 보듬어 준다면 아이는 스스로 자신의 잘못을 고치고 개선해 나간다. 그리고 이러한 과정이 지속될수록 가정의 분위기도 점차 좋아질 것이다.

잘못을 저지른 아이를 가르치는 궁극적인 목적은 단순한 처벌이 아니라 아이가 자신의 잘못을 깨닫고 고치는 것이다.

6살짜리 어린아이가 우유를 마시려다가 실수로 바닥에 흘렸다면 어떤 반응을 보여야 할까? 이때 부모에게 세 가지 선택이 가능하다. 첫째, 불같이 화를 내며 "왜 이렇게 덤벙대니? 우유 하나도 똑바로 못 들어?"라고 소리 지른다. 둘째, 엎어진 우유를 바로 치우고 아이에게 "괜찮아. 괜찮아. 우유 밟지 않게 저쪽으로 가 있으렴."이라고 말한다. 셋째, 아이에게 우유를 깨끗하게 치우게 한 뒤 우유 컵을 어떻게 잡아야 흘리지 않는지 알려준다.

특별 당부

현명한 부모라면 당연히 세 번째 방법을 택할 것이다. 아이가 일부러 쏟은 것도 아니고, 다만 통제력이 아직 부족하여 어쩔 수 없이 벌어진 실수다. 하지만 그 결과에 대해서는 인식시켜주고 책임을 지도록 해야 한다.

이런 방법의 긍정적인 효과는 아이가 앞으로 실수나 잘못을 해도 두려워하지 않고 용기와 믿음으로 다시 시도할 수 있다는 점이다. 물론 그 결과가 안 좋을 수도 있겠지만 아이가 평정심을 잃지 않고 상황을 받아들이며 자신의 행동에 책임지는 용기는 사라지지 않을 것이다.

따라서 부모는 아이의 실수에 과민한 반응을 보이거나 무조건 엄하게 혼을 내서는 안 된다. 이런 경우 아이 입장에서는 억울할 수밖에 없다. 아이의 자존심을 존중해야 한다. 무심결에 자존심에 상처를 주거나 다른 사람 앞에서 큰 소리를 아이를 혼내지 않도록 하자. 교육의 목표는 아이의 잘못 인식과 그 반성이니, 아이가 그런 모습을 보여주었다면 더 이상 벌을 주지 말아야 한다.

폭력은 절대금지,
더 좋은 방법을 선택하자

데이지는 미국 사립학교의 선생이다. 하루는 학생 두 명이 다른 학생들이 모두 지켜보는 복도에서 그녀에게 말대답을 하며 대들었다.

그날 데이지는 답답한 기분을 겨우 참아내며 집으로 돌아왔다. 그런데 집에 돌아오니 아들은 그때까지 숙제도 안 하고 놀면서 말도 듣지 않았다. 순식간에 머리끝까지 화가 치밀어 오른 데이지는 아무런 예고나 경고도 없이 아이를 때렸다. 모든 짜증과 억울함을 아들에게 다 풀어버린 자신의 모습에 기분은 더 나빠졌다.

아이를 때리며 데이지도 울었다. 다 혼난 후 울면서 숙제를 하는 아들을 보며 데이지는 아들이 놀고 싶은 것은 당연한 일이고, 만약 오늘 하루 자신이 화나는 일도 없고 바쁘지도 않았다면 이렇게 아이를 닦달하며 때리기까지 했을까 하는 생각이 들었다.

아마 많은 부모가 순간의 충동으로 아이에게 매를 들고 나중에 후회했던 가슴 아픈 경험이 있을 것이다. 남는 것은 후회뿐이라는 사실을 미리 알았더라면 처음부터 아이에게 매를 들었을까? 아이를 때려서 아픈 것도 부모의 마음이고, 아이를 때려서 상처받는 것도 부모다. 그렇다면 우리는 아이를 체벌할 필요가 있을까? 아이가 아무리 잘못을 하고 부모의 화를 돋우어도 체벌은 교육의 기능을 한다고 할 수 없다. 잠깐의 위협으로 아이가 복종은 할 수 있을지라도 진정한 반성을 이끌어 낼 수는 없다.

체벌을 동반하는 교육은 언제나 부작용을 야기한다. 다음의 이야기를 살펴보자.

━━━ 저녁 식사를 끝낸 베라와 아빠는 함께 소파에 앉아 TV를 보고 있었다. 처음에는 둘이 모두 좋아하는 프로그램을 보았다. 하지만 그 프로그램이 끝나자 아빠는 스포츠 중계를, 베라는 만화를 보고 싶어 하면서 의견이 충돌했다.

베라는 재빨리 소파에서 내려와 리모컨을 들고 자신이 좋아하는 어린이 채널을 선택했다. 아빠는 딸이 자신을 무시한다고 생각하자 딸의 손에서 리모컨을 빼앗아 스포츠 채널로 바꾸었다. 베라가 큰 소리로 울기 시작하자 아빠는 참다못해 베라를 화장실에 가두어버렸다. 그날 이후 베라는 아빠 앞에서 소심하고 유약해졌고, 감히 아빠와 TV 채널을 놓고 겨룰 생각조차 하지 않았다.

아이에게 체벌은 절대 금물이다. 하버드대의 교육철학에서 체벌은 절대 상상할 수 없는 일이다. 부모가 아이를 때리는 원인은 아이가 아니라 바로 부모 자신이다. 체벌을 통한 훈육을 피하기 위해 부모는 다음의 몇 가지 노력을 해야 한다.

아이를 이해하고 더 많이 소통해라

아이를 때리는 부모는 아이의 현재 마음상태와 생각을 파악하지 못하는 경우가 많다. 따라서 아이, 아이의 선생, 또는 아이를 돌봐주는 사람과 함께 시간을 내어 소통하여 학교와 가정에서의 아이 상황을 최대한 파악해야 한다. 그래야 간혹 아이가 잘못된 행동을 하더라도 어디서부터 문제인지, 정말 우리 아이의 책임인지 알 수 있고, 아이가 억울할 일을 겪거나 비합리적인 체벌을 받지 않을 수 있다.

충동은 괴물을 낳는다

성격이 급한 부모일수록 더 충동적이다. 특히 아이가 자신의 교육을 잘 따라오지 않으면 쉽게 화가 나 아이를 체벌하곤 한다. 이런 부모는 일단 본인 자신부터 안정시킨 후 아이의 마음을 들여다보며 아이의 행동 원인이 무엇인지 차분히 살펴보아야 한다. 실제로 아이의 생각이나 마음을 알아보기 위해 이런저런 시도를 하고 아이의 문제 해결을 도울 방안을 고민하는 과정에서 아이가 그렇게 할 수밖에 없었던 이유를 발견하거나 화났던 자신의 마음이 가라앉기도 한다. 충동적으로 아이를 체벌하면 반드시 후회한다. 나무를 베어 만든 배로 다시 나무를 만들 수 없듯, 상처받은 아이의 마음도 다시 돌이킬 수 없음을 잊지 말자.

동등한 마음으로 아이를 존중해라

전통적인 사고방식에 갇혀 아이에게 언제나 권위적이고, 마치 상사가 부하를 대하듯 아이가 자신에게 복종하기만을 바라는 부모들이 종종 있다. 교육가들은 아이 앞에서 체면을 지키고 싶다면 먼저 마음속 깊은 곳에서부터 아이를 하나의 인격체로 존중하라고 조언한다. 부모에게 진심 어린 존중을 받는 아이만이 부모를 진심으로 사랑하고 올바른 부모자녀 관계를 형성할 수 있다.

'1분 훈육'을 활용하자

'1분 훈육'은 아이가 잘못된 행동을 하거나 부모의 합리적 요구를 제대로 이행하지 않았을 때 즉각적으로 아이의 잘못을 바로잡고 벗어났던 길로 다시 불러올 수 있는 방법이다.

아이가 잘못을 했다면, 20초 동안은 아이의 행동으로 놀라고 실망하고 상처받은 마음을 최대한 표현하자. 이후 20초 동안은 별다른 말없이 화나지만 가슴 아프고 슬픈 감정을 눈빛에 담아 아이를 쳐다보자. 마지막 20초 동안은 아이를 얼마나 사랑하고 자랑스러워하는지 따뜻한 말로 전하고, 아이가 꿈꾸는 자신의 이상적인 모습을 설명하여 아이 본연의 좋은 모습을 상기시켜주자.

그럼 1분간의 매우 간단한 훈육이 끝난다. 혹여 우리 아이를 타이를 일이 생긴다면 한번 활용해 보자.

10일 안에 만드는
아이의 집중력

초판 1쇄 인쇄 2018년 1월 31일
초판 1쇄 발행 2018년 2월 05일

지은이 | 커언
옮긴이 | 장려진
펴낸이 | 최근봉
펴낸곳 | 도서출판 넥스웍
표지 디자인 | 김윤남
본문 디자인 | 디자인 [연:우]
등록번호 | 제2014-000069호
주소 | 경기도 고양시 덕양구 행신동 햇빛마을 2004동
전화 | 031) 972-9207
팩스 | 031) 972-9208
이메일 | cntpchoi@naver.com

ISBN   979-11-88389-04-9 (13370)

값은 표지 뒷면에 표기되어 있습니다.
잘못된 책은 구입하신 서점에서 바꾸어 드립니다.